AF378097

Nuestro patrimonio salvaje

Peter Wohlleben

Nuestro patrimonio salvaje

Cómo nos controlan los instintos
y qué significa esto para nuestro futuro.
Ideas fascinantes para una vida en armonía
con la naturaleza.

EDICIONES OBELISCO

Si este libro le ha interesado y desea que le mantengamos informado
de nuestras publicaciones, escríbanos indicándonos qué temas son de su interés (Astrología, Autoayuda,
Ciencias Ocultas, Artes Marciales, Naturismo, Espiritualidad, Tradición…)
y gustosamente le complaceremos.

Puede consultar nuestro catálogo en www.edicionesobelisco.com

Colección Espiritualidad y Vida interior
Nuestro patrimonio salvaje
Peter Wohlleben

1.ª edición: abril de 2025

Título original: *Unser Wildes Erbe.*
Wie Instinkte uns steuern un was das für unsere Zukunft bedeutet –
faszinierende Einsichten für ein Leben im Einklang mit der Natur

Traducción: *Wencke Brauns*
Corrección: *M.ª Ángeles Olivera*
Diseño de cubierta: *Enrique Iborra*

© 2023, Ludwig Verlag, división de Penguin Random House
Verlagsgruppe GmbH, Alemania. www.penguinrandomhouse.de
Derechos en español negociados a través de Ute Körner Lit. Ag. www.uklitag.com
(Reservados todos los derechos)
© 2025, Ediciones Obelisco, S. L.
(Reservados los derechos para la presente edición)

Edita: Ediciones Obelisco, S. L.
Collita, 23-25. Pol. Ind. Molí de la Bastida
08191 Rubí - Barcelona - España
Tel. 93 309 85 25 - Fax 93 309 85 23
E-mail: info@edicionesobelisco.com

ISBN: 978-84-1172-259-9
DL B 23236-2024

Printed in Spain

Impreso en España en los talleres gráficos de Romanyà/Valls S. A.
Verdaguer, 1 - 08786 Capellades (Barcelona)

Reservados todos los derechos. Ninguna parte de esta publicación, incluido el diseño de la cubierta,
puede ser reproducida, almacenada, transmitida o utilizada en manera alguna por ningún medio, ya sea
electrónico, químico, mecánico, óptico, de grabación
o electrográfico, sin el previo consentimiento por escrito del editor.
Diríjase a CEDRO (Centro Español de Derechos Reprográficos, www.cedro.org)
si necesita fotocopiar o escanear algún fragmento de esta obra.

De árboles y personas

Un gran grupo de criaturas sociales reclaman sin piedad hábitats para sí mismas y los alteran de tal manera que está despareciendo un número considerable de especies animales fascinantes. Rinocerontes, elefantes y muchos otros tienen que abrirse paso y se están extinguiendo a gran escala.

Lo que describo en este libro no se refiere a nosotros, los humanos, sino a los árboles. Se les considera gigantes amables, aunque pueden transformar paisajes enteros a su favor cuando se agrupan. ¿Plantas que se imponen a los animales e incluso los exterminan? Esto se puede hacer de verdad y de una manera muy sutil, cambiando poco a poco las condiciones de luz en el suelo y reduciendo, así, en gran medida las hierbas y pastos que son importantes para los herbívoros. Así que no es nada nuevo para la Tierra que los seres vivos extiendan sus brazos y simplemente lo pongan todo patas arriba.

Participan incluso los más pequeños. Hace unos tres mil millones de años, las bacterias provocaron una catástrofe porque producían oxígeno, un veneno mortal para la mayoría de las especies de la época, lo que causó su extinción. Al mismo tiempo, anunciaron el reinado de las plantas sobre este planeta. Ahora pequeños (bacterias) y grandes (árboles) trabajan a la perfección juntos, por ejemplo, en la formación de las nubes de lluvia.

Ya de niño me fascinaba esta interacción entre las distintas especies e, incluso entonces, me preguntaba cómo encajábamos los humanos en este sistema. ¿Nos comportamos como los árboles y los animales, o tal vez ya no pertenecemos en absoluto a la naturaleza?

Una de las diferencias entre los árboles y los humanos es que, con la ayuda de hongos, bacterias, insectos y miles de otras especies, los árboles construyen ecosistemas estables que pueden resistir el cambio y crear condiciones más o menos constantes, al menos durante un período de muchos miles de años. Los bosques mantienen el ciclo del agua, refrescan el aire en verano y producen suelos cada vez más fértiles. De este modo, sus medios de subsistencia siguen mejorando hasta que un día la llegada de las glaciaciones o los períodos cálidos vuelven a barajar las cartas.

Nosotros, por el contrario, explotamos el planeta de tal manera que nuestros medios de vida se deterioran constantemente, incluso en condiciones climáticas óptimas, y nuestro nicho ecológico se reduce. El cambio es algo del todo normal, pero el ritmo actual abruma a la mayoría de las especies, incluida la nuestra.

Homo sapiens ya estuvo varias veces al borde de la extinción, hasta que un día la tendencia se invirtió y nos convertimos en la especie de mamífero con más éxito, incluso demasiado. ¿Cómo ha podido llegar tan lejos? ¿Hemos llegado al final de una larga evolución?

La vida en la Tierra existe desde hace unos 3500 millones de años o, tal vez, incluso 4000 millones.[1] Evolucionó poco a poco a partir de organismos unicelulares y acabó dando lugar a plantas y animales. Con altibajos, extinciones y nuevas especies, al final las cosas siguieron avanzando hacia la biodiversidad y la estabilidad de los ecosistemas hasta que nuestros antepasados entraron en escena hace unos 300 000 años[2] y, desde entonces, se unieron a la danza de la vida, aunque al principio de forma muy civilizada.

1.   Dodd, M. *et al.* «Evidence for early life in Earth's oldest hydrothermal vent precipitates». *Nature* 543, pp. 60-64 (2017). https://doi.org/ 10.1038/nature21377.

2.   Richter, D. *et al.* «The age of the hominin fossils from Jebel Irhoud, Morocco, and the origins of the Middle Stone Age». *Nature,* 7 de junio de 2017; 546(7657): 293-296. doi: 10.1038/nature22335. PMID: 28593967.

En algún momento de un pasado no muy lejano, sin embargo, las cosas empezaron a descontrolarse; primero lentamente con pocos cambios; luego, cada vez más rápido con el conocido resultado de las últimas décadas: la población crece, el planeta es saqueado, los ecosistemas se destruyen.

¿Cómo puede una sola especie de mamífero ser tan autodestructiva? ¿Han dejado de funcionar nuestros mecanismos reguladores naturales? Esto sucedería si nuestras mentes nos permitieran anular las leyes de la naturaleza.

Pero con una mente como la que tenemos, ¿no deberíamos ser capaces de revertir la situación? Parece que no, porque a pesar de todos los esfuerzos, a pesar de todas las normativas, las emisiones de gases de efecto invernadero siguen aumentando, cada vez se talan más bosques y se sigue pescando en los océanos del mundo hasta agotarlos del todo. Desde hace años, sospecho cada vez más que estamos enfocando los problemas de forma del todo equivocada. Aunque las estrategias perseguidas con la energía solar o los métodos de reciclaje son ciertamente buenas por sí solas, en conjunto no frenan el consumo de recursos y el saqueo desenfrenado de la naturaleza.

Creo que estamos adoptando un enfoque equivocado porque ignoramos por completo nuestra naturaleza animal y pretendemos que la solución sea un asunto que sólo compete a la mente. Sin embargo, si esto fuera del todo cierto, tendríamos que ver gradualmente éxitos importantes y rotundos en la lucha contra el cambio climático y la destrucción del medio ambiente.

Hace tiempo que la mayoría de la humanidad se ha dado cuenta de que las cosas no pueden seguir así. Por supuesto, siempre hay algunos grupos de personas influyentes y adineradas que insisten de manera egoísta en que «todo siga igual», pero al menos en las democracias debería ser posible aplicar con celeridad soluciones a problemas reconocidos.

Sin embargo, los diagnósticos científicos muestran claramente que las medidas son demasiado escasas y que surten efecto demasiado tarde. Esto plantea cuestiones cruciales: ¿somos realmente dueños de nuestro destino o actuamos, como cualquier otra especie animal, sobre todo teniendo en cuenta el instinto?, ¿sigue estando nuestra población sujeta a mecanismos naturales de regulación, como todas las demás especies?

Me gustaría analizar estas cuestiones contigo. Para ello, nos fijaremos en los paralelismos que existen entre humanos y animales en el manejo de los recursos y los mecanismos de regulación de la población. Porque si vivimos, sentimos y pensamos de acuerdo con unas reglas fijas en nuestro entorno vital, entonces se podrán también aplicar estas reglas por igual a nuestra especie.

Por tanto, incluso la actual destrucción del medio ambiente por parte del hombre es inicialmente un proceso natural. Todas las especies animales y vegetales utilizan sus recursos lo mejor que pueden, y nosotros lo estamos haciendo bastante bien en este momento. Y no somos, ni mucho menos, la primera especie que explota demasiado a fondo estas oportunidades, haciendo que innumerables especies se precipiten al abismo durante el proceso. No obstante, estas alteraciones no significan el fin de todos los ecosistemas, sino que se limitan a barajar de nuevo las cartas de la vida. Es sólo cuestión de tiempo que la naturaleza cure estas heridas e innumerables criaturas nuevas aprovechen su oportunidad.

Las preguntas sobre nuestra naturaleza animal son cruciales en la lucha contra el cambio climático y la destrucción del medio ambiente. En la actualidad, intentamos resolver todos los problemas acuciantes como si fuéramos superiores a otras especies gracias a nuestras capacidades mentales. Sin embargo, cuando somos conscientes de que al final todos seguimos juntos en el mismo barco, tenemos que pensar urgentemente en otras estrategias para una solución. ¡Y esas estrategias existen! No obstante, apelan menos a nuestro intelecto y más a nuestros instintos, y podrían ayudarnos a dar el paso decisivo que se necesita para salvar el medio ambiente y, por tanto, a nosotros mismos.

Capítulo 1

Seguimos siendo animales

Desde que existen las ciencias naturales, los hombres de las culturas occidentales se han considerado a sí mismos como algo especial, tanto que, según parece, están por encima de las demás especies. Esta concepción se refleja también en la terminología biológica, cuando se distingue entre «animales superiores e inferiores», es decir, se realiza una clasificación que a su vez efectúa una evaluación. Según esta interpretación, el ser humano destaca incluso científicamente entre millones de especies.

Nuestros antepasados de la Edad de Piedra (de los que no nos distinguimos a nivel genético) se habrían reído sin duda de nuestras extrañas opiniones si no hubieran tenido preocupaciones del todo distintas. Sabían que no eran más que una de tantas especies, y también que no estaban por encima de los demás seres vivos, sino que vivían entre ellos. Algunos de estos seres les mostraban a diario por dónde discurrían los límites de *Homo sapiens*. Lo hicieron de manera tan clara que la existencia de nuestra especie permaneció en el filo de la navaja durante mucho tiempo.

En peligro de extinción

El mayor milagro de nuestra historia evolutiva es probablemente que sigamos existiendo, porque por naturaleza no estamos demasiado bien equipados para defendernos. Por eso nuestra especie ha estado ya varias veces al borde de la extinción. Antes de profundizar en estos acontecimientos que han dado forma a nuestras estrategias de supervivencia, echemos un vistazo a los arsenales de nuestros competidores.

Muchas plantas y animales tienen estrategias mucho mejores para defenderse de los ataques de otras especies. Algunas plantas segregan toxinas a través de sus raíces u hojas para deshacerse de molestos competidores. Una de estas plantas venenosas es el nogal. Los árboles parecen ser compatibles entre sí, como hace evidente el último bosque de nogales que queda en el sur de Kirguistán.[3] Sin embargo, el árbol es despiadado con otras plantas. Para mantener a raya a la competencia, produce un ingrediente activo llamado *Juglona*. Se libera en el suelo a través de las hojas en descomposición e inhibe las plántulas de especies foráneas.[4]

Las moras son mucho más bestias; apenas tienen posibilidades contra árboles poderosos, porque éstos crecen hacia arriba por encima de ellas a lo alto. Luego, literalmente, bloquean la luz a las plantas del suelo con sus gruesas y frondosas copas. Sin embargo, las zarzamoras suelen ser las primeras en reaparecer en las zonas desnudas, por ejemplo, después de una plaga de escarabajos de la corteza o de tormentas. Son las primeras en volver a empezar. Forman zarcillos de un metro de largo y sobrepasan a los árboles jóvenes. Después, el arbusto espinoso espera el invierno. Mientras que las hayas, los robles y los tilos pierden sus hojas, las zarzamoras conservan su follaje verde. Cuando nieva, el esplendor blanco permanece en las hojas y puede llegar a ser extremadamente pesado. Esto hace que todo el arbusto se hunda en el suelo, incluido el crecimiento del árbol, que, doblado o incluso roto, no tiene ninguna posibilidad de alcanzar un tamaño majestuoso y a menudo muere por completo. La mora, en cambio, renueva gran parte de sus zarcillos cada año y puede volver a empezar el juego en cualquier momento.

3. «Der Walnuss-Urwald in Kirgistan». *Deutschlandfunk*, www.deutschlandfunk.de/der-walnuss-urwald-in-kirgistan100.html (Consultado el 27.07.2024)

4. «Geburtenkontrolle unterm Walnussbaum». *Scinexx*, www.scinexx.de/dossierartikel/geburtenkontrolle-unterm-walnussbaum/

Los animales también disponen de una amplia gama de armas. Los dientes y las garras alcanzan a veces proporciones aterradoras, como en el caso del *Megaraptor*, un dinosaurio carnívoro depredador que tenía garras de hasta 35 centímetros de largo (y que se extinguió hace unos 70 millones de años).[5]

Los dardos venenosos, como los que utilizan las medusas, son más sofisticados. Con hasta 150 bares, es decir, hasta 60 veces la presión de un neumático de un automóvil, sus cnidocitos estallan con el contacto[6] y lanzan al intruso proyectiles venenosos similares a arpones, que están conectados a la medusa por un cabo. Tal vez ya conozcas estas plagas, que se encargan de que muchas masas de agua permanezcan desiertas a pesar de ser playas de ensueño. En casos extremos, las medusas pueden incluso matar a personas. El veneno de una sola cubomedusa, por ejemplo, sería en teoría suficiente para causar unos 250 accidentes mortales de natación.[7]

Hay mucho más que contar sobre los escarabajos que disparan líquidos ardientes o las serpientes que inyectan su veneno mortal directamente en los ojos del atacante. La naturaleza suele exagerar y probar suerte con un diseño que parece excesivo hasta la extrañeza: y *Megaraptor* no es una excepción. Por ejemplo, el ciervo gigante, que no se extinguió en Europa hasta hace unos 7000 años, tenía una cornamenta de hasta cuatro metros de envergadura.[8] En los densos bosques que se extendieron tras la Edad de Hielo, esto era, sin duda, un gran obstáculo para regocijo de los lobos.

5. Aranciaga Rolando, A. M.; Motta, M. J.; Agnolín, F. L. *et al.* «A large Megaraptoridae (Theropoda: Coelurosauria) from Upper Cretaceous (Maastrichtian) of Patagonia, Argentina». *Sci Rep* 12, 6318 (2022). https://doi.org/10.1038/s41598-022-09272-z.

6. «Quallen mit Schnellschuss: Nesselfäden mit fünf Millionenfacher Erdbeschleunigung katapultiert». *Scinexx.de*, www.scinexx.de/news/biowissen/quallen-mit-schnellschuss/

7. Uebelstedt, S. (2008). www.planet-wissen.de/natur/tiere_im_wasser/quallen/quallengift-100.html

8. Immel, A.; Drucker, D.; Bonazzi, M. *et al.* «Mitochondrial Genomes of Giant Deers Suggest their Late Survival in Central Europe». *Sci Rep* 5, 10853 (2015). https://doi.org/10.1038/srep10853.

Otro candidato, que también se extinguió no hace mucho, era el tigre de dientes de sable (*Smilodon*). Recorría América del Norte y del Sur y, salvo algunos ejemplares excepcionales, no era mucho más grande que los grandes felinos actuales. Sin embargo, el mayor espécimen encontrado hasta la fecha pesaba unos 400 kilogramos y tenía dientes que sobresalían hasta 20 centímetros del cráneo.[9] Se desconoce si estos dientes al final no eran tan prácticos o si su caza por parte del hombre o el cambio climático afectaron al depredador. El hecho es que estos dientes monstruosos no han demostrado su eficacia a largo plazo, al menos en los gatos.

¿Y los humanos? Por naturaleza, estamos muy poco equipados en comparación con otras especies. Nuestros caninos son ridículamente pequeños y nuestras uñas no son lo que se dice aterradoras. Tampoco tenemos veneno en el cuerpo y correr rápido no es nuestra especialidad. Sin embargo, tenemos un cerebro excepcionalmente grande. Con la ayuda de nuestro centro de cálculo basado en proteínas, podemos compensar muchas cosas, pero para ello necesitamos otras capacidades físicas.

Para entenderlo mejor, hacemos una excursión para ver las ballenas. También tienen cerebros grandes, se les considera inteligentísimas, cantan canciones, tienen lenguas y dialectos propios, desarrollan sofisticadas estrategias comunes de caza e incluso culturas. Sin embargo, no se apoderaron del globo como nosotros. La razón de ello es que no tienen manos. De hecho, las ballenas tampoco las necesitan, porque son rápidas y fuertes y, sobre todo, saben defenderse. Viajan por el agua, donde es casi imposible encontrar materiales para fabricar herramientas y donde llevar equipaje sólo estorbaría. En su lugar, los brazos y las manos se han remodelado en aletas que permiten un control perfecto.

Algunas especies de aves tienen una inteligencia similar, como los loros o los córvidos. No obstante, sus manos también se han converti-

---

9. Manzuetti, A. *et. al.* «An extremely large saber-tooth cat skull from Uruguay (late Pleistocene–early Holocene, Dolores Formation): body size and paleobiological implications, Alcheringa». *An Australasian Journal of Palaeontology* 44(2): 332-339, doi: 10.1080/03115518.2019.1701080.

do en el equivalente de unas aletas para el aire. Se trata de alas con las que tampoco pueden asir. Sin embargo, tienen ventajas sobre las ballenas, ya que sus patas siguen siendo móviles y les permiten agarrar ramas, que les sirven para pinchar y, por tanto, como herramientas sencillas. En algunos experimentos, los cuervos de Nueva Caledonia consiguen incluso fabricar herramientas de hasta cuatro piezas individuales sin instrucciones. Por ejemplo, juntan dos elementos más cortos para formar otro más largo.[10] Por lo demás, estas habilidades sólo se observan en el reino animal en los simios (y los humanos).

No obstante, los órganos de prensión de los seres humanos son en especial sensibles y, sobre todo, somos capaces de utilizar ambos órganos de agarre al mismo tiempo y crear así herramientas y armas mucho más sofisticadas. Fue esta combinación entre mente y motricidad lo que permitió que *Homo sapiens* sobreviviera. Cuchillos, lanzas y más tarde arcos y flechas ayudaron a nuestros antepasados a estar un poco más seguros.

Durante mucho tiempo, sin embargo, su capacidad para armarse fue suficiente, en el mejor de los casos, para establecer cierta paridad con el resto de las especies, pero no ofreció grandes oportunidades de expansión a costa de otras especies. Desde una perspectiva evolutiva, el mayor problema de la humanidad no es la superpoblación, sino la amenaza constante de extinción. Es una amenaza que existe desde hace siglos.

El dramatismo de la situación puede ilustrarse con el ejemplo de Europa. En la actualidad, tan sólo en la Unión Europea viven más de 446 millones de personas. En el Paleolítico, el vacío era enorme en esta zona. Quien viajaba entonces tenía que caminar durante semanas para encontrarse con otro clan. Entre hace 42 000 y 33 000 años, sólo vivían en Europa una media de 1500 personas. Éstas se concentraban en un área determinada; la mayor densidad de nuestros antepasados se encontraba en el suroeste de Francia, con una población de 440 individuos. La siguiente mayor aglomeración era el norte de España, con

---

10. www.forschung-und-lehre.de/forschung/kraehen-bauen-werkzeuge-aus-mehreren-komponenten-1132 (Consultado el 27.07.2024).

260 habitantes y sólo había otros tres puntos con más de 150 individuos, el tamaño mínimo necesario para mantener una población viable. Los clanes más pequeños, con entre 10 y 80 individuos, sólo podían existir porque, evidentemente, eran grandes viajeros y, por tanto, mantenían contacto con los grupos más grandes.[11] Es posible que nuestro deseo de viajar durante las vacaciones y, en general, de desplazarnos a grandes distancias provenga de esta época.

No cabe duda de que el medio hubiera soportado algunas personas más, pero el tipo de alimentos disponibles en la época impedía una colonización intensiva. Recoger bayas, frutos secos y raíces era el menor de los problemas. La sobreexplotación de tales recursos es difícilmente concebible, incluso con una población mucho mayor. En el caso concreto de las bayas y los frutos secos, son las propias plantas las que se ofrecen a ser utilizadas y las que, lejos de ser erradicadas, resultan muy favorecidas. Las moras, por ejemplo, pueden propagarse de manera eficaz tras su consumo y paso por el tracto gastrointestinal al excretar sus semillas y germinar en nuevos lugares.

Sin embargo, la situación cambia por completo con la carne. Sin duda, era un componente esencial en la dieta de nuestros antepasados y garantizaba que no se dispersaran demasiado. Como es natural, hay que matar a un animal antes de poder comérselo. Esto puede hacerse con relativa facilidad una sola vez, es decir, cuando te encuentras con una población que aún no se ha topado con humanos cazadores. Estas condiciones paradisíacas aún prevalecen hoy en algunos lugares, por ejemplo, en las islas Galápagos. En esta zona, los animales no temen a los turistas y les permiten acercarse a pocos metros de ellos.

Pero una vez que se ha tirado la primera lanza y la primera flecha ha encontrado su objetivo, la situación cambia de manera brusca. A partir de ese momento, los bípedos son vistos como peligrosos depredadores y la distancia de seguridad aumenta de repente, al menos hasta el punto en que los animales quedan fuera del alcance de lanzas y flechas.

---

11. Schmidt, I.; Zimmermann, A. «Population dynamics and socio-spatial organization of the Aurignacian: Scalable quantitative demographic data for western and central Europe». *PLOS ONE* 14(2): e0211562. https://doi.org/10.1371/journal.pone.0211562.

Esto todavía puede observarse en cierta medida en zonas densamente pobladas como Alemania. Incluso allí, corzos y ciervos se vuelven un poco más dóciles cuando comienza la veda a finales de invierno. En cuanto se silencian las armas de caza, se vuelven cada vez más despreocupados. Esto cambia de un modo brusco con el primer disparo del inicio de la temporada de caza en mayo, cuando los animales se vuelven de inmediato extremadamente huidizos de nuevo. Si, por el contrario, la caza se suspende por completo, como en las ciudades, los animales salvajes se aventuran incluso en los jardines delanteros y se comen tranquilamente los macizos de flores vacíos.

En general, la naturaleza era una fuente de alimentación mucho menos fiable en el pasado de lo que es hoy; la agricultura, combinada con el comercio mundial, ha hecho que los suministros sean más predecibles y fáciles de planificar.

Una población reducida, la inestabilidad de las fuentes de alimentos y las catástrofes naturales han llevado a nuestra especie al borde de la extinción en varias ocasiones. La erupción del volcán Toba en la isla indonesia de Sumatra, hace unos 74 000 años, tuvo ese potencial. Enormes cantidades de ceniza fueron lanzadas a la atmósfera, lo que oscureció el planeta durante seis años y provocó un enfriamiento masivo. Nuestros antepasados, muchos de cuyos clanes ya habían emigrado de África hace unos 120 000 años,[12] quedaron reducidos a pequeños grupos en África, cerca del ecuador, tan escasos que apenas pueden rastrearse sus huellas. Todos los humanos modernos proceden de esta población de unos 30 000 individuos.[13]

La última gran sacudida puede haber ocurrido hace 7000 años. En aquella época, según los investigadores, se produjo un drástico descenso del número de hombres en toda el área de representación de *Homo sapiens*. El declive era tan grave que sólo había un hombre por cada

---

12. Bae, C. J.; Douka, K.; Petraglia, M. D. «On the origin of modern humans: Asian perspectives». *Science* 358(6368): e9067. https://doi.org/10.1126/science.aai9067.

13. «Am Rand des Abgrunds: Ein Vulkan löscht beinahe die gesamte Menschheit aus». *Scinexx*, 03/04/2009, www.scinexx.de/ dossierartikel/am-rand-des-abgrunds/.

17 mujeres. Esto puede deducirse del acusado descenso de la diversidad genética del cromosoma Y. Una posible causa podría haber sido las disputas tribales. En aquella época probablemente dominaban los grupos masculinos, y sus miembros estaban todos emparentados entre sí. Las mujeres fueron traídas de otras zonas (de manera voluntaria o no), por lo que la línea familiar siempre estuvo dominada por los hombres. Estos grupos de hombres lucharon contra otros grupos con la llegada de la agricultura y, por tanto, fijaron territorios, hasta que fueron aniquilados. Esto podría explicar el empobrecimiento genético de los hombres en comparación con las mujeres, que no estaban firmemente ligadas a clanes y para las que la diversidad genética tendió a aumentar durante el mismo período.[14]

Este peligro constante de extinción de nuestra especie es también la razón por la que todos nuestros sentidos se centran en asegurar nuestra existencia en forma de cosas materiales, así como de información. Hoy en día, solemos llamar avaricia al hecho de que nuestro armario esté a rebosar y sigamos pidiendo el siguiente par de pantalones, pero hace poco tiempo, en términos evolutivos, esta avaricia, o más bien este deseo, era uno de los impulsos más importantes para la supervivencia.

El peligro de extinción sigue existiendo hoy en día, pero los motivos se han convertido aparentemente en lo contrario. Hemos tenido demasiado éxito, podemos colonizar demasiados hábitats, podemos explotar demasiados recursos y convertir todo esto en una población cada vez mayor. Como no sólo estamos consumiendo los rendimientos de los ecosistemas, sino los propios sistemas, nuestros cimientos parecen encogerse de manera inexorable. ¿Hemos anulado las leyes de la naturaleza?

Comportamiento territorial

Si el ser humano sigue formando parte de la naturaleza, se le deberían aplicar las mismas normas que a cualquier otra especie. Si esta suposición

---

14. Zeng, T. C.; Aw, A. J.; Feldman, M. W. «Cultural hitchhiking and competition between patrilineal kin groups explain the post-Neolithic Y-chromosome bottleneck». *Nat Commun* 9, 2077. https://doi.org/10.1038/s41467-018-04375-6.

es correcta, entonces el pronunciado aumento de nuestra población debe: a) ser explicable y b) no ser incontrolable. De hecho, hay algunos indicios de ello, así que veamos estas normas una por una.

No existe ninguna especie en este planeta que pueda reproducirse sin regulación. La norma más sencilla es física y está relacionada con el espacio: cuando todo está lleno, ya no cabe nadie más. Para los animales, tal aglomeración es inimaginable, porque otros factores habrían surtido efecto mucho antes, en especial uno, y es que se les agotarían los alimentos. Los animales son inconcebibles sin las plantas, porque no pueden producir su propio alimento. Si todos los lugares estuvieran ocupados por animales, no quedaría espacio para su fuente de alimento.

Todo esto parece lógico y aparentemente superfluo, pero cuando nos adentramos en el reino de las plantas, las cosas son muy distintas, porque para ellas su propio espacio es del todo suficiente para existir, siempre que haya la bastante luz para las hojas. Las exuberantes praderas demuestran que cada pequeño rincón está cubierto de hierba o gramíneas, de modo que no se ve ni una sola mancha de suelo desnudo.

Sin embargo, esta densidad no hace que el ecosistema sea débil, sino todo lo contrario. Cuanta más biomasa haya, más robusto será el sistema. Bajo la capa de hierba puede formarse humus, que almacena agua y libera nutrientes reciclados. Las plantas grandes, como los árboles, pueden refrescarse evaporando grandes cantidades de agua cuando crecen juntas formando bosques viejos y densos, lo que hace más llevaderos los calurosos días de verano. Al mismo tiempo, crean gérmenes de condensación en el aire al desprender hidrocaburos y bacterias que se depositan en las hojas. En ellos se forman gotas de agua, lo que significa que llueve mucho más sobre esos bosques.

Las poblaciones vegetales no pueden ser lo bastante densas, mientras que los animales necesitan mucho espacio para disponer siempre de alimento suficiente. No obstante, existe una excepción en la que los animales han burlado estas normas. Se trata de los seres que han creado los edificios más grandes de la Tierra, y no son humanos, sino cnidarios, los corales. Han formado una alianza con las algas, que hacen la fotosíntesis en ellas y que dejan parte del dulce rendimiento a sus socios animales. A esto se añade la corriente oceánica, que aporta todo tipo de material aprovechable que los cnidarios pueden filtrar con sus tentáculos. Así es como se las arreglan para aparecer juntas en grandes áreas y crear formaciones tan impresionantes como la Gran Barrera de Coral. El arrecife de coral de la costa oriental de Australia se considera la mayor estructura jamás creada por seres vivos en la Tierra y tiene aproximadamente el tamaño de Alemania.

Para la mayoría de las demás especies animales, sin embargo, tales densidades de asentamiento serían inimaginables, ya que su sustento no suele ser transportado por una corriente, sino que tiene que ser buscado activamente y, en el caso de carnívoros como los lobos, incluso depredado. En las regiones de Alemania, por ejemplo, comen ciervos y jabalíes, pero sobre todo corzos.[15]

Estos herbívoros se han beneficiado muchísimo de la silvicultura con sus bosques raleados y talados. Cuanta más luz, más crecen las hierbas y arbustos que tanto les gustan a los ciervos. En muchos lugares, su población ha pasado de uno o dos animales en el antiguo bosque primitivo a unos 40 animales por kilómetro cuadrado de bosque. Estos 40 animales «producen» al menos 20 cervatillos al año. Un territorio medio de una manada de lobos tiene una superficie de 250 kilómetros cuadrados, de los que alrededor un tercio son bosques, es decir, unos 80 kilómetros cuadrados. Esto supone al menos 1600 ciervos nuevos al año, cantidad más que suficiente para una manada, que sólo caza 400 ciervos de media.[16]

Entonces, ¿por qué un coto es cuatro veces mayor de lo necesario? Esto se debe a la timidez de las presas, ya sean jabalíes, ciervos o corzos; cuando el lobo está de caza, los animales se vuelven más cautelosos. Se corre la voz por todo el bosque, como me contó una vez un colega. Se dio cuenta de que por la zona andaban linces, grandes felinos a los que también les gustan los ciervos y los corzos, porque su gato ya no se atrevía a salir de casa. Al parecer, la radio del bosque llega hasta nuestros jardines. Es posible que hayas oído a un radioaficionado como éste trabajando en el bosque. Es el arrendajo, un córvido extremadamente inteligente. Advierte del peligro con un fuerte graznido y no es en especial popular entre los cazadores humanos porque también advierte a

---

15. «Zur Nahrungsökologie der Wölfe in Deutschland, Staatsbetrieb Sachsenforst».
16. «Büro für Wildökologie, Klagenfurt».

los animales de su presencia. Por tanto, el tamaño del territorio de los depredadores también depende de la información disponible sobre los animales que viven en él.

En el caso de los corzos, juega un papel análogo la disponibilidad de alimento vegetal, que tiene la ventaja de no poder huir. Sin embargo, incluso los territorios de los corzos (que sólo se defienden en verano), son mucho mayores de lo necesario. Cinco hectáreas parece ser el mínimo absoluto para los gamos, incluso cuando la disponibilidad de alimentos es óptima.[17] A modo de comparación, una vaca con un peso corporal de más de 600 kilogramos[18] podría mantenerse con facilidad en una hectárea de vegetación frondosa y rica en energía, que tendría que comer proporcionalmente más que un corzo con un peso máximo de 25 kilogramos.

Los corzos necesitan más espacio porque, de lo contrario, les resulta demasiado estresante. Cuando llega la época de celo, con las altas temperaturas del verano, hay que defender con ferocidad el territorio. Un ciervo no tiene que luchar todo el tiempo, ya que con su olor marca su territorio como zona prohibida para los competidores. Si hay demasiados corzos, algunos de los machos (sobre todo los muy jóvenes) recorren los bosques y campos en busca de un lugar libre. Esto crea estrés para todos los implicados. Aunque las hembras no son tan intolerantes, necesitan una pequeña zona propia donde poder alimentarse en paz, sobre todo después de que nazcan los cervatillos. Una superpoblación también les crea estrés.

Esta tensión nerviosa tiene consecuencias. En primer lugar, los animales pierden peso, ya que a quienes les molestan una y otra vez no pueden consumir tantas calorías. Además, un mayor contacto entre los animales aumenta también la infestación con parásitos. Asimismo, las hembras más débiles a menudo empiezan a reducir los embriones en su cuerpo, por lo que en lugar de gemelos, como sería habitual, sólo tienen un cervatillo o ninguno.

---

17. Kurt, F. *Das Reh in der Kulturlandschaft. Ökologie, Sozialverhalten, Jagd und Hege*, Stuttgart: Kosmos Verlag, 2002, p. 120.
18. www.ima-agrar.de/wissen/agrilexikon/gewicht-rind (Consultado el /08/2024).

Por tanto, el estrés regula la población y, junto con la disponibilidad de alimentos, es uno de los principales factores de la tasa de reproducción. Esto se aplica a muchas especies animales, tal vez a todas, incluso a aquellas tan alejadas evolutivamente como las ranas. Si el entorno se vuelve más estresante, las hormonas del estrés en la sangre, incluso de las ranas herbívoras, aumentan y la población se reduce.[19]

Esto nos lleva a preguntarnos cuál es la situación de *Homo sapiens*. La mayoría de nosotros nos sentimos estresados con regularidad y, si seguimos comportándonos como animales a pesar de todos los logros de civilización, esto debería tener efectos similares en nuestro comportamiento reproductivo.

Como muchas especies animales, los humanos vivimos en territorios. Las ventajas de estos territorios fijos son la seguridad alimentaria y la tranquilidad a la hora de la crianza, al igual que ocurre con los ciervos y los lobos. Asimismo, marcamos nuestros territorios, aunque no con marcas de olor, sino con señales de delimitación (fronteras nacionales), vallas de jardín o puertas de entrada. Para todos los animales, la densidad del territorio depende de la abundancia de recursos naturales y, en este punto, nos diferenciamos de las demás especies, ya que podemos asentarnos de forma tan densa porque podemos comprimir los recursos en forma monetaria y, por tanto, llevarlos con nosotros a las ciudades. Esto permite separar el lugar de residencia de los recursos. Visto con ojos de animal, un bloque de pisos con docenas de viviendas no es más que un sistema territorial densamente apilado. Los ciervos y los lobos se estresarían ante esta situación, porque, aunque los recursos sean suficientes, la proximidad de otros seres vivos ajenos a su propia familia es en extremo estresante, ya que habría que defender una y otra vez los límites. En la jerga humana, esto se denomina disputa vecinal.

Las personas que son bastante buenas defendiendo su territorio tienen poder, ya sea a través de un alto cargo político o a través de la autocracia, pero sobre todo porque tienen mucho dinero. Cuanto más

---

19. «Mehr Stress, weniger Frösche?», Technische Universität Braunschweig, 12/05/2021, https://magazin.tu-braunschweig.de/m-post/mehr-stress-weniger-froesche/ (Consultado el 21/08/2024).

poderosa es la posición, mayor es el territorio, como en el reino animal. Así, por ejemplo, uno de los mayores bosques de propiedad privada de Austria, por ejemplo, abarca 345 kilómetros cuadrados,[20] lo que, sin duda, resulta excesivo para una sola persona o familia. Un «territorio» aún mayor se encuentra en Australia. La granja más grande del país, Anna Creek Station, tiene la mitad de superficie que Bélgica, con algo menos de 16 000 kilómetros cuadrados.[21]

Sin embargo, el comportamiento territorial conduce de manera automática a la agresión, que en la civilización moderna no sólo causa tragedias humanas, sino también una considerable destrucción medioambiental, en especial cuando se trata de fronteras nacionales. Pero los territorios individuales, que en la mayoría de los casos son una pequeña casa con jardín o un piso en un bloque de viviendas, también provocan tensiones que pueden repercutir en los niveles de población.

Echemos un vistazo a una característica especial de nuestra especie, en concreto, a nuestra capacidad para reducir al máximo nuestra zona de distanciamiento. Mientras que todos los mamíferos desconocidos entre sí se habrían enfrentado hace tiempo en luchas territoriales, nosotros permanecemos completamente tranquilos. Esto es necesario dada nuestra sofisticada división del trabajo, sin la cual no podría vivir tanta gente en este planeta, pero hablaremos de ello más adelante.

En la cultura occidental, nuestra zona de distanciamiento personal, nuestra «milla de destierro», por así decirlo, en la que nadie puede entrar sin permiso, se ha reducido a una minúscula franja de uno a cuatro metros; sólo los conocidos o los familiares pueden acercarse.[22] La infracción no autorizada de estas zonas de distancia causa estrés y ocurre todo el tiempo en la vida cotidiana. Ya sea en el transporte público de camino al trabajo, en fiestas o conciertos, en mercadillos navideños o en zonas peatonales, la gente se nos acerca en todas partes más de lo que instintivamente desearíamos. Además, hay guerras territoriales y

---

20. www.wald-prinz.de/waldbesitzer-wem-gehort-der-wald/665#gr%C3%B6%-C3%9Ften (Consultado el 21/08/2024).

21. www.williamscattlecompany.com.au/anna-creek (Consultado el 21/08/2024).

22. «Distanzzonen, Lexikon der Psychologie». *Spektrum.de*, www.spektrum.de/lexikon/psychologie/distanzzonen/3543 (Consultado el 21/08/2024).

batallas de rangos, en nuestro caso bajo la apariencia de negociaciones salariales y ascensos profesionales.

Se pueden observar estructuras similares en animales sociales como los conejos salvajes. Tienen familias, amistades y una jerarquía. Todo ello influye en el bienestar, los niveles de estrés y, como es evidente, en la reproducción. En los conejos, la dinámica de grupo regula el tamaño de la población.[23]

¿Tienen nuestras interacciones sociales efectos similares a los del reino animal, pueden detectarse cambios en la natalidad? Tal vez, porque si nos fijamos en el comportamiento reproductor actual de nuestra especie, no cabe duda de que existen algunos rasgos llamativos. Un metaanálisis de 2022, por ejemplo, concluye que la fecundidad de los hombres está disminuyendo con rapidez en todo el mundo.[24] En total, se analizaron los datos de 57 000 hombres de 53 países de todos los continentes. En conjunto, todo sigue en verde, por ahora. Esto se debe a la enorme cantidad de espermatozoides, de los que normalmente hay 100 millones en un mililitro de líquido seminal. Sin embargo, desde la década de 1970, la cantidad no ha dejado de disminuir hasta los 49 millones actuales. Resulta difícil imaginar que esta reducción a la mitad se mantenga sin consecuencias; después de todo, apenas hay nada en la naturaleza que se produzca de forma completamente superflua. Y el ritmo de disminución del número de espermatozoides parece acelerarse.

Las causas son objeto de investigación científica, pero en la actualidad no existe una explicación concluyente de un único factor. El estrés es, sin duda, uno de ellos, como han demostrado diversos estudios. Científicos de la Universidad de Columbia descubrieron en pruebas

---

23. «Soziale Prozesse der Selbstregulation einer Wildkaninchenpopulation», Dissertation zur Erlangung des Doktorgrades der Fakultät Biologie, Chemie und Geowissenschaften der Universität Bayreuth, vorgelegt von Dipl. Biol. Paul Ernst Kaetzke, enero de 2010 https://epub.uni-bayreuth.de/id/eprint/373/1/doktor_kaetzke.pdf.
24. Levine, H. *et al.* «Temporal trends in sperm count: a systematic review and meta-regression analysis of samples collected globally in the 20th and 21st centuries». *Human Reproduction Update*, vol. 29, ed. 2, marzo-abril de 2023, pp. 157-176, https://doi.org/10.1093/humupd/dmac035.

realizadas a 193 hombres de mediana edad que el estrés reduce el número y la calidad de los espermatozoides.[25] Esto no se hace patente en los hombres a primera vista, en cambio, en algunos pájaros como las tetonas sí, ya que la calidad de su esperma se refleja en el color de su pecho. Si el color es amarillo brillante significa que todo va bien. Un color débil, por el contrario, indica un esperma pobre, razón por la que las hembras vuelan hacia los machos de color amarillo brillante. Investigadores de la Universidad de Berna han demostrado que las causas residen en el estrés de la búsqueda de alimento y la defensa territorial,[26] un problema clásico de las altas densidades de población.

De esta investigación surge la idea de que seguimos funcionando, al menos en parte, como animales normales en lo que se refiere a la reproducción.

¿No sería mucho más fácil echar un vistazo a la dinámica de la población humana, es decir, al desarrollo de la población? En el fondo, hicimos lo mismo con los ciervos. Entonces hagamos lo mismo en este caso, aunque no resulte tan fácil como con los animales.

En efecto, la tasa de natalidad en un país como Alemania, por ejemplo, está descendiendo desde hace muchos años, pero la civilización moderna ejerce una fuerte influencia con métodos que la naturaleza no tenía previstos como, por ejemplo, la píldora anticonceptiva. La discreta píldora revolucionó la vida sexual y permitió planificar los embarazos. Junto con su lanzamiento al mercado, la curva de natalidad descendió tan drásticamente a partir de mediados de la década de 1960 que este fenómeno se conoce en Alemania desde entonces como la *Pillenknick* («caída debida a la píldora»). Según la Oficina Federal de Estadística, cada mujer de Alemania Occidental tuvo una media de 2,5 hijos en 1964, el año con la tasa de natalidad más alta de la historia, pero en

---

25. Stress Degrades Sperm Quality, Comunicado de la Columbia School of Public Health, 29 de mayo 2014, www.publichealth.columbia.edu/news/stress-degrades-sperm-quality (Consultado: 21/08/2024).
26. Helfenstein, F.; Losdat, S.; Møller, A. P.; Blount, J. D.; Richner, H. «Sperm of colourful males are better protected against oxidative stress». *Ecol Lett*. 2010, febrero; 13(2): 213-222. doi: 10.1111/j.1461-0248.2009.01419.x. Epub 2009 Jan 4. PMID: 20059524.

el punto más bajo de la tendencia, a partir de mediados de la década de 1970, esta cifra se situó por debajo de 1,4. Desde entonces, esta cifra siempre ha rondado por debajo de la tasa de mortalidad, con pequeños altibajos.[27]

Así pues, la población está disminuyendo desde hace más de cincuenta años sin tener en cuenta la inmigración. ¿Es, por tanto, la píldora anticonceptiva la causa del proceso de disminución? La simultaneidad de los acontecimientos así lo sugiere. Pero no es tan sencillo. Centrémonos en Alemania, por ejemplo. El declive es innegable, pero ¿fue realmente causado por la píldora?

Para aclararlo, debemos remontarnos un poco más en el tiempo. Alrededor de 1870, lo normal era cinco nacimientos por mujer,[28] una cifra que recuerda a Nigeria, donde esas cifras siguen siendo la media hoy en día.[29]

Las condiciones de vida eran similares. El hambre y la pobreza eran constantes y el comienzo de la industrialización no llegaba a gran parte de la población rural. Los niños eran considerados trabajadores que ayudaban a complementar los ingresos familiares. Además, eran necesarios para mantener a sus padres en la vejez, ya que las pensiones no existieron hasta finales del siglo xix.

Este sistema de pensiones tuvo consecuencias que pueden haber sido mayores que las de la píldora. Esto se debe a que su introducción fue probablemente uno de los primeros casos en los que las medidas sociales provocaron un descenso inesperado de la natalidad. El impacto se basó, por lo visto, en dos efectos. En primer lugar, los hijos pasaron a ser superfluos como seguro de pensión viviente y, en segundo lugar, los ingresos de los que trabajaban disminuyeron. Una parte de sus salarios se retenía forzosamente como contribución y ya no pudo ser desti-

---

27. Natürliche Bevölkerungsentwicklung, Demografieportal der Bundesregierung, www.demografie-portal.de/DE/Fakten/natuerliche-bevoelkerungsentwicklung. html

28. Resumen de los nacimientos en Alemania: Zusammengefasste Geburtenziffer in Deutschland (1871-2021), Bundesinstitut für Bevölkerungsforschung, www.bib.bund.de/DE/Fakten/Fakt/F08-Zusammengefasste-Geburtenziffer-ab-1871.html

29. www.statista.com/statistics/382212/fertility-rate-in-nigeria/#statisticContainer

nada a la manutención de sus hijos. Con la expansión del estado del bienestar, esta estructura de efectos se intensificó,[30] por ejemplo, a través de la escolarización obligatoria, que aumentó aún más el factor de coste de los hijos (pido disculpas por esta formulación), ya que ahora pasaban una cantidad considerable de tiempo fuera de casa.

En consonancia con esta evolución, la tasa de natalidad siguió descendiendo, con la excepción de un repunte en las décadas de 1950 y 1960 (al que yo también debo mi nacimiento, ya que mis padres querían tener muchos hijos). Sin embargo, esto no impidió que se mantuviera la tendencia descendente a largo plazo, y los nacimientos volvieron a caer a finales de la década de 1960,[31] período en el que se introdujo la píldora anticonceptiva. Pero si se analizan los datos más de cerca, la pequeña píldora no es la razón principal. Ello se debe a que el descenso también se produjo en países en los que apenas se utilizaba la píldora, como Japón. En ese país, la curva de natalidad se desplomó de manera espectacular sin que la píldora estuviera tan siquiera en el mercado. También en Estados Unidos la cifra descendió mucho antes (en la década de 1950) que en Alemania, donde el lanzamiento al mercado coincidió más bien casualmente con el descenso de las cifras. Sólo una minoría de mujeres utilizaba la píldora anticonceptiva, porque en aquella época seguía siendo un tabú social.[32] Por tanto, es más probable que el descenso de la natalidad se deba a los métodos anticonceptivos convencionales.

Sin embargo, cada vez es más probable que los anticonceptivos involuntarios también desempeñen un papel, en concreto, en forma de toxinas ambientales que actúan como hormonas. Según la definición de la OMS, para la fertilidad se necesitan al menos 15 millones de es-

---

30. Fenge, R.; Scheubel, B. «Pensions and fertility: back to the roots». *J Popul Econ* 30, pp. 93–139 (2017). https://doi.org/10.1007/s00148-016-0608-x

31. Resumen de los nacimientos en Alemania: Zusammengefasste Geburtenziffer in Deutschland (1871-2021), Bundesinstitut für Bevölkerungsforschung, www.bib.bund.de/DE/Fakten/Fakt/F08-ZusammengefassteGeburtenziffer-ab-1871.html

32. «Pillenknick? Kannst du knicken!». *Der Spiegel*, 19/03/2014, www.spiegel.de/wissenschaft/medizin/datenlese-pillenknicknicht-verantwortlich-fuer-geburt-enrueckgang-a-959087.html

permatozoides por mililitro, de los cuales el 32 % son completamente móviles.[33] Cada vez hay más hombres que no alcanzan este valor y, además del estrés, se sospecha que las sustancias químicas dañan el cromosoma Y masculino. En comparación con el cromosoma X femenino, éste ya tiene menos genes y, por tanto, es más susceptible a las influencias externas.

En la actualidad, la humanidad libera en el medio ambiente enormes cantidades de sustancias artificiales, que acaban en el agua potable a través de las aguas residuales, como suavizantes y muchas otras sustancias similares a las hormonas. Como consecuencia, se ha observado una feminización de los machos en una serie de vertebrados en todo el mundo, lo que, por desgracia, también nos afecta a nosotros como especie de vertebrados. Uno de estos candidatos es el bisfenol A, una sustancia que se añade a muchos productos de plástico, como las botellas para las bebidas. Puede disolverse en determinadas circunstancias y entonces se absorbe a través de los alimentos o la piel. En el organismo, actúa como los estrógenos, lo que no es nada beneficioso para los hombres que quieren tener descendencia.[34]

Por tanto, además del estrés, como variable reguladora típica de los animales en las altas densidades, el descenso de la natalidad se debe cada vez más a los efectos secundarios de la civilización, como los cambios sociales, pero también a las toxinas ambientales; por desgracia, también nos hemos traído a los animales con nosotros.

Pequeñas cosas con poder

Nos gusta mirar a las especies grandes y, sobre todo, nos encantan las que son más grandes que nosotros, como las ballenas, los elefantes,

33. WHO laboratory manual for the Examination and processing of human semen, https://apps.who.int/iris/bitstream/handle/10665/44261/9789241547789_eng.pdf;jsessionid=A852604BD762E59B 657596C03C34934B?sequence=1

34. «Bisphenol, A.: Massenchemikalie mit unerwünschten Nebenwirkungen, Hintergrundpapier des Umweltbundesamtes», julio de 2010, www.umweltbundesamt.de/publikationen/bisphenol-a

las jirafas, pero también los árboles, las palmeras o el bambú (que, según la especie, forman auténticos bosques), *bigisbeautiful*. Sin embargo, deberíamos vigilar a los más pequeños, que tienen una influencia mucho más decisiva en nuestras vidas, ya que, o se muestran bien dispuestos con nosotros o nos atacan.

Ya sean plantas o animales, si existen demasiados ejemplares de una especie, intervienen de manera implacable. Son un segundo factor importante en la regulación de una población. Sin embargo, no todos los individuos se ven afectados por igual. Enfermar o no depende de la constitución personal. Cuanto más estresado se esté, más fácil es ser víctima de agentes patógenos o parásitos. A fin de cuentas, éstos son también una especie de depredadores, ya que ven en el organismo huésped una enorme reserva de sustento, pero también un hábitat. Pueden matar, o más bien infestar, a sus víctimas con mayor facilidad si éstas son incapaces de defenderse del modo adecuado.

El problema de la mayoría de estos diminutos atacantes es que sólo viajan junto a sus presas, que son mucho más grandes, y sólo pueden abarcar distancias de unos pocos metros en el exterior. Cuanto más cerca esté su presa, antes podrán cambiar de huésped, es decir, infectar al siguiente individuo.

Muchas bacterias se transmiten por contacto físico o por el aire que respiramos; la tasa de encuentro debe ser muy alta para que esto ocurra. Las posibilidades incluyen rebaños muy grandes, como las grandes concentraciones de ñus, cebras y gacelas en el Serengeti africano, o en el norte de Rusia, donde la mayor manada de renos del mundo pasta en la península de Taimyr con varios cientos de miles de animales.[35]

Sin embargo, si no existe ningún contacto directo, también es posible que éste sea indirecto. Los parásitos o patógenos que pueden sobrevivir durante mucho tiempo sin contacto con el animal huésped tienen una clara ventaja y son capaces de prosperar incluso cuando la densidad de animales huéspedes es baja. Las especies autóctonas de garrapatas, por ejemplo, sólo pueden recorrer distancias mínimas a pie. Una vez que se han adherido a la piel de una víctima, recorren largas distan-

---

35. https://weather.com/de-DE/wissen/tiere/news/2022-02-16-russischeark-
tis-massensterben-von-rentieren

cias hasta nuevas zonas, donde se dejan caer completamente hinchadas. A lo largo de su desarrollo, tienen que encontrar tres víctimas y reabastecerse de sangre hasta que alcanzan la edad adulta y empiezan a poner huevos.

El tiempo de espera entre dos animales adecuados puede durar a veces años, durante los cuales no se consume ningún alimento, lo que no supone ningún problema para las garrapatas. Esto hace que sea aún más importante prepararse para viajar inmediatamente cuando por fin llega el momento. Para ello, los animales suelen estar al acecho a una altura máxima de la corza, ya que no se dejan caer, como a menudo se supone erróneamente, sino que se desprenden de ella cuando acaba su estación de reabastecimiento de sangre. En cuanto huelen a su víctima y sienten la vibración de las pisadas, extienden las patas delanteras y están listas para adentrarse en el pelaje o en tu pierna si estás paseando por la hierba en lugar de un ciervo.

Todavía resulta más repulsivo cómo un gusano llamado *Leucochloridium paradoxum* se convierte en compañero de viaje. Sus huevos son ingeridos por los caracoles, en los que se desarrollan las larvas. Ascienden hasta las antenas y comienzan a palpitar en ellas como hipnotizadas. Como resultado, estos caracoles zombis son rápidamente descubiertos y devorados por los pájaros. Por último, la larva está donde quería estar y se instala en el intestino del ave, donde excreta los huevos y el juego vuelve a empezar. Por cierto, el parásito no es exótico, sino que puede observarse incluso en países como Alemania.[36]

Una tercera forma de viajar a nuevas zonas como parásito no es utilizar animales como medio de transporte, sino cambiar de estado, como hace la mosca dorada de los sapos. Este insecto, perteneciente a la familia de los moscardones, se alimenta de manera inofensiva del polen y las flores de diversas plantas umbelíferas. Sin embargo, hace años pude experimentar lo que es capaz de hacer en el jardín forestal de nuestro albergue de guardabosques. Un sapo común estaba descansan-

---

36. «Gruseliger Parasit schickt Schnecken in den Tod». *GEO.de*, www.geo.de/natur/tierwelt/15943-rtkl-leucochloridium-paradoxum-gruseliger-parasit-schickt-schnecken-den-tod (Consultado el 23/08/2024).

do en el camino de entrada a plena luz del día. El animal, de color marrón oscuro, destacaba bien sobre las piedras de color marrón claro del suelo, por lo que me llamó la atención de inmediato. Incluso cuando me acerqué, el animal permaneció inmóvil. Esto es inusual, al igual que la hora del día.

Al examinarlo más de cerca, noté cambios en la cabeza del sapo. Las fosas nasales estaban muy dilatadas y los ojos completamente arrugados, lo que significaba que el animal estaba ciego. De inmediato me di cuenta de que la mosca parásita lo había atacado. Tiene una dieta macabra para sus crías: las entrañas de los sapos. Pone huevos en la cabeza de sus víctimas y las larvas que eclosionan se arrastran hasta sus fosas nasales. Allí comienzan su festín y, con el tiempo, llegan al cerebro, el final de sus huéspedes. Continúan alimentándose hasta que las larvas, por último, se entierran en el suelo y pupan.

Por cierto, no maté al sapo, aunque tuve mis dudas; al fin y al cabo, las larvas (o crías de mosca) también tienen derecho a la vida y no quería hacer de árbitro. La ventaja de estos parásitos sobre las bacterias es la movilidad de los progenitores, ya que las moscas pueden buscar a sus víctimas mediante reconocimiento aéreo y, por tanto, dependen menos de una densidad excepcionalmente alta de sapos.

Hablando de volar, uno de los parásitos más conocidos ni siquiera está clasificado en este grupo por los humanos, aunque, al igual que otras especies, vive, como mínimo, durante cierto tiempo a expensas de sus huéspedes involuntarios. Se trata del cuco, un pájaro tímido del que sólo se suele oír su reclamo típico. Su aspecto es muy similar al de un gavilán, ave que caza pájaros pequeños. El cuco utiliza este disfraz para volar hacia los padres de las aves que están incubando y que huyen brevemente del nido debido al supuesto gavilán. La hembra aprovecha esta circunstancia para poner sus huevos, lo que ocurre con relativa rapidez; sólo pone uno por nido, y por una buena razón. El polluelo que eclosiona tira primero los huevos, o incluso los polluelos de sus padrastros, y, luego, se deja alimentar en su lugar.

Los padres hospedadores son pájaros pequeños, como chochines o petirrojos, a los que el hijo del cuco supera rápidamente en tamaño. Los delicados pájaros cantores no pueden criar más de uno de estos polluelos. ¿Por qué lo hacen? El huevo del cuco es sólo un poco más grande que el de los pájaros invitados y tiene el mismo color que la especie de pájaro respectiva. Sin embargo, en el ámbito de los parásitos, estos «parásitos gigantes» son la excepción absoluta.

Debido a estas diversas posibilidades, el mundo está lleno de parásitos, sólo que no se suelen ver. Cuando se piensa en todas las especies animales, los parásitos no suelen ser lo primero que viene a la mente. Sin embargo, alrededor del 40 % de todas las especies animales son parásitos, aunque la ciencia es probable que sólo haya descubierto el 10 % de todas las especies de parásitos.[37]

Lo que poseen en común todos los parásitos y patógenos es que no tienen la intención de regular ninguna población, aunque influyen en ella. Más bien, las grandes poblaciones ofrecen unas condiciones de vida excepcionalmente buenas a los pequeños depredadores, que pueden reproducirse como es debido y debilitar o incluso matar a muchos de sus huéspedes en el proceso. Esto conduce a una disminución de la población animal afectada sin que ello sea intencionado. Si los mosquitos debilitan demasiado a los huéspedes, apenas hay transmisión y la población de las pequeñas criaturas disminuye a su vez. Es un constante ir y venir, y los parásitos contrarrestan así de manera eficaz la reproducción masiva incontrolada de sus huéspedes. En principio, también cumplen esta función en los seres humanos, aunque ya no de forma totalmente eficaz, gracias a la medicina moderna.

Aproximadamente 1000 especies de parásitos, desde organismos unicelulares hasta tenías de pescado de 20 metros de longitud (la infección es posible a través del consumo de pescado crudo), se encuentran en *Homo sapiens*.[38] Siguen entre nosotros, incluso en los países industrializados con una buena atención médica. La proporción de personas en la Unión Europea que se han infestado de piojos al menos una vez en su vida es de hasta el 22 por 100, dependiendo del grupo al que

---

37. Engelhaupt, E. «Die Parasiten sterben aus – und wir müssen sie retten». *nationalgeographic.de*, 13/04/2021, www.nationalgeographic.de/tiere/2021/04/die-parasiten-sterben-aus-und-wir-muessen-sie-retten

38. www.daserste.de/information/wissen-kultur/w-wie-wissen/sendung/2010/welt-in-zahlen-parasiten-100.html

pertenezcan. Aunque los piojos son bastante molestos en sí mismos, son inofensivos, pero también pueden transmitir enfermedades peligrosas como el tifus.[39]

Los parásitos como las lombrices también siguen estando muy presentes hoy en día. La especie más común, el oxiuro, está presente en unos mil millones de personas. Los gusanos hembra, de apenas un centímetro, viven en el recto y se arrastran hasta la salida por la noche. Allí ponen huevos, que provocan picor.

Si la persona infectada se rasca y no se toma la higiene muy en serio, los huevos acaban en todo tipo de objetos, incluida la comida. Sí, no parece muy apetitoso y, sin embargo, es bastante común incluso en los países desarrollados.[40]

La higiene, como lavarse bien las manos, ayuda a frenar la propagación de las plagas. Sin embargo, lo habitual es que esto sirva para eliminar las plagas más pequeñas como las bacterias y los virus, que son los protagonistas del siguiente apartado. No obstante, este gran ejército de bacterias resulta indispensable para nosotros. De hecho, mantiene en marcha, en sintonía con hongos y diminutos ayudantes animales, los ciclos de nutrientes reciclando incansablemente todos los organismos vivos tras su muerte. Decenas de miles de millones de bacterias trabajan en un puñado de tierra, impidiendo que la vida se ahogue en sus propios residuos. Nuestra vida basada en el oxígeno no habría evolucionado en absoluto sin la presencia de estos pequeños organismos, porque fueron las cianobacterias las que inventaron la fotosíntesis hace tres mil millones de años, produjeron oxígeno y cambiaron así para siempre toda la atmósfera de la Tierra.

Ya sea en rocas a varios kilómetros de profundidad, en altas capas de aire, a temperaturas de más 100 grados o menos 200, nada parece poder detener a estas asombrosas criaturas. Incluso el tipo de alimento

---

39. «Kehren Kopfläuse häufiger wieder?». *Spektrum.de*, www.spektrum.de/news/kommen-kopflaeuse-wiederhaeufiger-vor/1429897 (Consultado el 23/08/2024).

40. Richter, J.; Häussinger, D.; Mehlhorn, H. «Madenwurminfektion: Eine häufige, aber wenig beachtete Parasitose». *Deutsches Ärzteblatt* 43/2003, pp. A2771. www.aerzteblatt.de/archiv/38985/Madenwurminfektion-Eine-haeufige-aber-wenig-beachtete-Parasitose

que ingieren algunas de ellas es digno de admiración. Hay especies que se conocen como comedores de piedra porque eso es exactamente lo que hacen. Oxidan el hierro contenido en la piedra y, para sobrevivir, utilizan la energía que se libera en el proceso.[41] De este modo, los hambrientos protozoos contribuyen a la formación del suelo, un proceso importante, sobre todo hoy en día, cuando se está perdiendo tanto suelo como consecuencia de nuestras actividades.

En sus tres mil millones de años de existencia, un número increíble de especies ha evolucionado. Se conocen menos de 5000, pero los científicos sospechan que, al igual que ocurre con los parásitos, sólo se ha descubierto menos del 10 % de todas las especies bacterianas.[42] Los análisis de 30 gramos de tierra, es decir, de unas dos cucharadas soperas, revelaron la existencia de alrededor de ¡un millón de especies diferentes![43] ¿Por qué sólo una estimación? Ningún ser humano puede contar las masas vivas, por eso se utilizan procesos automatizados en los que el ordenador compara los resultados con las secuencias genéticas de las bases de datos. Así que todo lo que sabemos es que un número increíble de criaturas desconocidas aún esperan ser descubiertas, pero no sabemos exactamente cuáles son.

Además, estos pequeñajos son vitales para nuestro organismo. Existen al menos tantas bacterias como células de nuestro propio cuerpo. Te pertenecen, igual que las células sanguíneas o las células sensoriales. Las investigaciones de los últimos años han demostrado hasta qué punto influyen en tu vida. Las bacterias intestinales, por ejemplo, son capaces de producir sustancias mensajeras para el cerebro. Por tanto, las bacterias tienen mucho que decir en nuestras vidas. Influyen en nuestro comportamiento provocando ansiedad o incluso depresión.[44]

---

41. «Steinfresser-Bakterien nachgewiesen». *Scinexx.de*, www.scinexx.de/news/geowissen/steinfresser-bakterien-nachgewiesen/ (Consultado el 23/08/2024).

42. www.umweltbundesamt.de/bakterien#aussehen

43. Dykhuizen, D. «Species numbers in Bacteria». *Proc. Calif. Acad. Sci.* 56 (6 Suppl 1): 62-71, 2005. www.ncbi.nlm.nih.gov/pmc/articles/PMC3160642/

44. Hubert, M. «Der Mensch als Metaorganismus». *Deutschlandfunk*, 30.12.2018, www.deutschlandfunk.de/meine-bakterien-und-ich-der-mensch-als-metaorganismus-100.html

Pero los pequeños ayudantes también son bienvenidos cuando se trata de tareas cotidianas, como elaborar yogur o chucrut.

Sin embargo, entre las numerosas especies, también hay algunas a las que no damos la bienvenida. Suben a bordo sin invitación y no son especialmente respetuosas con sus huéspedes. Una infección por salmonella, estafilococos, clamidia o estreptococos conlleva consecuencias muy desagradables para la persona infectada. Se transmiten a través de los alimentos, el aire que respiramos o el contacto sexual.

Esta cooperación y antagonismo entre bacterias y animales huéspedes también está muy extendida en el reino animal; en muchos casos, las enfermedades se transmiten incluso entre especies diferentes. Si esto afecta a los humanos, que son infectados principalmente por animales domésticos (o viceversa), se habla de zoonosis. *Mycobacterium tuberculosis*, el causante de la tuberculosis, es un representante especialmente peligroso de esta categoría.

Esta bacteria lleva 500 000 años afectando a los seres humanos al atacar los pulmones y otros órganos.[45] En el siglo XIX, cientos de miles de personas morían cada año en países como Alemania a causa de esta enfermedad. La mejora de la higiene y el descubrimiento de los antibióticos hicieron que las infecciones desaparecieran casi por completo a lo largo del siglo XX, al menos en los países industrializados.

Sin embargo, la situación es diferente en los países del sur global. Desvinculados de una atención médica constante, 10,6 millones de personas contrajeron la enfermedad en 2021, de las cuales 1,6 millones fueron víctimas de ella en el mismo período.[46]

---

45. Kappelman, J. *et al.* «First *Homo erectus* from Turkey and implications for migrations into temperate Eurasia». *American journal of physical anthropology*, vol. 135, núm. 1, enero de 2008, pp. 110-111, https://doi. org/10.1002/ajpa.20739

46. «Tuberculosis deaths and disease increase during the COVID-19 pandemic», comunicado de prensa de la WHO del 27/10/2022, www.who.int/news/item/27-10-2022-tuberculosis-deaths-and-disease-increase-during-the-covid-19-pandemic

En principio, el cuerpo humano no está indefenso y se arma para defenderse, por ejemplo, con glóbulos blancos. Algunos de ellos rodean a los intrusos como fagocitos y los disuelven, otros combaten a los huéspedes no invitados con anticuerpos. Hasta este punto, todo iría bien si siempre funcionara de manera adecuada. Pero a veces un solo espécimen de la bacteria atacante puede salvarse de los ataques de la policía del organismo y entonces continúa donde sus congéneres destruidos lo dejaron, es decir, con una rápida multiplicación.

A menudo es una pequeña desviación genética la que permite la supervivencia y, por tanto, la adaptación a las defensas del propio organismo. Como resultado, la siguiente epidemia volverá a arrasar a más personas porque sus cuerpos no están adaptados al patógeno modificado. Los que se recuperen pueden volver a ser inmunes, con lo que la enfermedad se paralizará de nuevo. Un eterno ir y venir. El factor decisivo en todo el juego es, una vez más, la tasa de contacto de los huéspedes potenciales, tanto en animales como en humanos. Muchos contactos significan muchas enfermedades, con la correspondiente reducción de la población.

En el pasado, *Yersinia pestis*, la bacteria que desencadena la peste, demostró lo drásticamente que pueden regularse los invasores. Vive en roedores infectados, como ratas o ratones, y se puede transmitir también a los humanos a través de picaduras de pulgas y, luego, propagarse de humanos infectados a través de la infección por gotitas. Según la OMS, hoy en día se registran entre 1000 y 3000 casos al año.[47]

En los años 1347 a 1352, la situación era mucho más dramática sin la medicina moderna. La peste negra hizo estragos entre la población europea y, según las estimaciones, mató hasta a la mitad de la población de la época. Estudios más recientes confirman que la peste no afectó por igual a todas las zonas, sino que golpeó principalmente a aquellos lugares donde se concentraba un gran número de personas, es decir, en las ciudades.[48]

47. Pest, Erreger und Übertragung, Bundesministerium für Soziales, Gesundheit, Pflege und Konsumentenschutz, Wien, www.sozialministerium.at/Themen/ Gesundheit/Uebertragbare-Krankheiten/Infektionskrankheiten-A-Z/Pest.html (Consultado el 23/08/2024)
48. Izdebski, A. *et al.* «Palaeoecological data indicates land-use changes across

Hoy en día, la tasa de contacto es incomparablemente más alta que en la Edad Media y sólo con la medicación adecuada la humanidad parece haber tenido bajo control la amenaza que suponen los protozoos; la penicilina y otros fármacos les envían saludos. Sin embargo, su uso excesivo en la ganadería industrial pone en peligro todos los logros, como una vez pude experimentar de manera indirecta. Con motivo de una operación inminente en la ingle, primero me tomaron una muestra para comprobar si estaba infectado con gérmenes multirresistentes.

Estas bacterias, conocidas como SARM, son el terror de todos los hospitales. Son casi imposibles de combatir con antibióticos y causan infecciones potencialmente mortales tras las intervenciones quirúrgicas. Para colmo, se han adaptado tan bien a las medidas de defensa que parecen sentirse como en casa en entornos supuestamente estériles. Todavía en 2010, los expertos calculaban que sólo en países como Alemania morían entre 10 000 y 20 000 personas al año como consecuencia de una infección por SARM debida a una hospitalización.[49] Desde entonces, el número de gérmenes resistentes muestreados ha disminuido en gran medida, en parte gracias a la mejora de las medidas higiénicas, como los mencionados análisis a los que se somete a los pacientes que ingresan.[50]

Volvamos a mi propia prueba de admisión. En mi caso todo iba bien, pero no en el del paciente que tenía ante mí, como me dijo con toda confianza un miembro del personal. Por lo visto, era empleado de una granja avícola y había dado positivo, por lo que primero debía recibir un tratamiento adecuado antes de someterse a la operación para deshacerse de las plagas.

Europe linked to spatial heterogeneity in mortality during the Black Death pandemic». *Nat Ecol Evol* 6, pp. 297-306, 2022. https://doi.org/10.1038/s41559-021-01652-4

49. «Der Tod lauert in der Klinik». *Deutschlandfunk*, 11/08/2010, www.deutschlandfunk.de/der-tod-lauert-in-der-klinik-100.html 17.04.2023 (Consultado 24/08/2024).

50. MRSA, Bundesministerium für Gesundheit, www.bundesgesundheitsministerium.de/themen/praevention/gesundheitsgefahren/infektionskrankheiten/mrsa.html (Consultado el 24/08/2024).

De este modo fui testigo de una de las mayores estupideces que estamos cometiendo en la actualidad. Nuestra especie se concentra en una densidad increíble y, además, es tremendamente móvil, más que todas las demás especies animales. Por tanto, proporcionamos las mejores condiciones posibles para que las bacterias patógenas nos infesten y reduzcan nuestro número (lo siento si suena cínico). La única razón por la que no lo consiguen es porque ahora disponemos de toda una gama de antibióticos para mantener a raya a los organismos unicelulares. ¿Y qué hace la humanidad? Alimenta con estas valiosas sustancias a los animales de los criaderos para aumentar su rendimiento. Además, los animales sanos también reciben un tratamiento general a través de su alimentación para evitar el brote de enfermedades en el agonizante confinamiento de los establos.

Debido al uso masivo de antibióticos (según el experto y eurodiputado Martin Häusling, más del 60 % de los antibióticos se utilizan en la cría de animales), la humanidad se está quitando de encima su arma más valiosa. Sólo hay unos pocos antibióticos de reserva que todavía surten efecto, con énfasis en «todavía». Aunque el peligro está reconocido desde hace tiempo, es evidente que los políticos están influidos por los *lobbies*. No hay otra explicación para el hecho de que el Parlamento de la UE decidiera, en 2021, a pesar de todas las advertencias, que estos agentes pueden seguir siendo ampliamente utilizados en la cría de animales.[51]

Sin embargo, la naturaleza tiene aún más que ofrecer en términos de reducción de la población. Si las bacterias ya son diminutas, otra forma se ha encogido aún más: el virus. Es cien veces más pequeño que una bacteria y ya no puede reconocerse con un microscopio normal. Básicamente, sólo consta de una envoltura y ADN, el programa genético. Como ni siquiera tiene metabolismo propio, es decir, no consume energía, no cambia ni se mueve, muchos científicos no lo clasifican como forma de vida. Hay indicios de que los virus se han desarrollado a partir de organismos unicelulares, o, lo que es lo mismo, seres vivos con metabolismo, y que han echado por la borda muchas funciones en

---

51. «Reserveantibiotika bleiben in der Tiermast erlaubt», tagesschau.de

el curso de la evolución, que en la actualidad llevan a cabo las células huésped.[52]

Hoy en día, los virus no son más que una especie de envoltura proteica que contiene información genética y que actúan como parásitos. Una vez acoplados a una célula huésped, introducen su material genético. A continuación, la célula empieza a copiar este ADN y más tarde lo libera al exterior en cantidades de varios miles (¡por célula!) con nuevas envolturas. La célula descuida sus tareas reales y acaba muriendo, de modo que una invasión de muchas células puede llegar a poner en peligro la vida del organismo infectado.[53]

A los virus no les interesa en absoluto matar a su huésped. A largo plazo, por supuesto, sólo pueden sobrevivir las especies de virus que no matan a sus huéspedes o al menos dejan suficientes ejemplares. Porque sólo mientras estén vivos pueden convertirse en una fábrica que produzca descendencia.

En el curso de la evolución, los virus importantes para el ser humano se han adaptado de tal manera que causan enfermedades, pero no llegan a ser mortales. En muchos casos, los humanos también han tenido tiempo suficiente para crear sus propias defensas en forma de anticuerpos que paralizan a los intrusos. Éstos, a su vez, desarrollan estrategias para acabar en nuestro organismo. Así es como las bacterias son colonizadas por los virus, casi como una especie de caballo de Troya. Los investigadores calculan que unos 30 000 millones de estos virus entran a diario en nuestro torrente sanguíneo a través de la mucosa intestinal, y de ahí a todo tipo de órganos (¡!) siguiendo la estela de sus presas.[54]

Por supuesto, también puede contraerse directamente, por ejemplo, al toser o estornudar. Los agentes patógenos que causan el resfriado común son representantes de estos contemporáneos bastante mansos.

---

52. «Sind Viren lebendig?». *Bild der Wissenschaft*, 20 de marzo de 2020, www.wissenschaft.de/gesundheit-medizin/sind-viren-lebendig/

53. «Viren, Bundeszentrale für gesundheitliche Aufklärung», www.infektionsschutz.de/infektionskrankheiten/erregerarten/viren/

54. «Wir sind von Milliarden Phagen besiedelt». *Scinexx*, https://doi.org/10.1128/mBio.01874-17 www.scinexx.de/news/biowissen/wir-sind-von-milliarden-phagen-besiedelt/

Cada uno de nosotros se infecta de manera regular y, sin embargo, aparte de un ligero malestar, el ataque es manejable. El virus de Epstein-Barr también es un representante bastante inofensivo. Puede causar enfermedades febriles, pero por lo general permanece asintomático en el organismo de más del 90 % de la población.[55]

En cambio, las especies de virus con una historia evolutiva reciente aún no se han adaptado lo suficiente al cuerpo del huésped y, a la inversa, por supuesto, lo mismo ocurre con el sistema inmunitario. Estos virus suelen proceder de animales y han dado el salto hasta nosotros a través del contacto estrecho entre el ser humano y el ganado o la caza. Debido a su impetuoso comportamiento, a menudo matan a la persona infectada, lo que resulta nefasto para ambas partes implicadas.

En principio, sin embargo, los virus son mucho mejores que su reputación. Al ser omnipresentes, tienen un efecto amortiguador sobre los excesos de las especies individuales en todo el ecosistema terrestre y, en cierta medida, las reprimen si se propagan demasiado. De este modo, mantienen y aumentan la biodiversidad, lo que contribuye a la estabilidad de los sistemas.

En el ecosistema doméstico, una de esas especies de virus reguladores es el patógeno causante de la rabia. La enfermedad afecta sobre todo a los zorros y siempre es mortal. Dado que no sólo los animales domésticos, sino también los seres humanos se infectaban repetidamente, la enfermedad se erradicó con rapidez vacunando a los zorros. Se lanzaban cebos congelados con cápsulas de vacuna, a veces desde un avión. Aún recuerdo bien la campaña, porque uno de estos bultos cayó en el cubo de la basura de nuestra casa de guardabosques. Los zorros comían los sabrosos bocados, mordían la cápsula y recibían una vacuna oral. De hecho, la rabia desapareció y, lógicamente, la población de zorros aumentó en consecuencia. Pero este incremento no es infinito, por supuesto, porque otros agentes patógenos hacen ahora su agosto, como

55. «Epstein-Barr-Virus: Von harmlos bis folgenschwer», Newsletter 86 del Ministerio federal de Educación e Investigación (Bundesministeriums für Bildung und Forschung) / Deutsches Zentrum für Infektionsforschung, noviembre de 2017, www.gesundheitsforschung-bmbf.de/de/epstein-barr-virus-von-harmlos-bis-folgenschwer-7238.php

la sarna o el moquillo, aunque estos últimos no tienen un efecto tan drástico como la rabia.[56]

Por supuesto, los agentes patógenos intentan hacernos lo mismo y nuestra medicina moderna sigue siendo bastante impotente contra los atacantes más diminutos. Cuando se trata de combatir enfermedades con medicamentos, la situación resulta mucho más difícil con los virus que con las bacterias. Mientras que estas últimas pueden ser eliminadas debido a su metabolismo, esto no es posible con los virus completamente inactivos. Sólo la célula huésped se activa cuando es estimulada y estas células endógenas no deben verse afectadas por el tratamiento. Lo que queda son, por ejemplo, proteínas clave que desempeñan un papel decisivo en la replicación del ADN vírico. Existe un estrecho margen de tiempo al principio de la infección para eliminarlas con fármacos; en la mayoría de los casos, no se dispone de mucho más en la actualidad.[57]

Sin embargo, al igual que las bacterias, los virus son capaces de adaptarse con rapidez a nuevas situaciones; de hecho, mucho más rápido. Esto se debe a que, mientras la célula huésped sigue produciendo nuevas copias del virus, comete errores de forma repetida. En principio, estos errores en el material genético de los nuevos virus permiten la aparición de nuevas variantes. A diferencia del resto de formas de vida, en cuyas células estos errores de copia se detectan y corrigen con rapidez, un virus no es capaz de hacerlo porque es completamente inactivo. Aunque esto significa que se libera al mundo un gran número de descendientes no funcionales, la posibilidad de que surja una nueva combinación genética con características favorables, como por ejemplo resistente a los fármacos más modernos, aumenta de manera acelerada. También en este caso, se inicia una carrera entre los agentes patógenos y la investigación farmacéutica.

---

56. «Der Fuchs breitet sich zu stark aus», Wissenschaft erleben 2012/1, p. 10-11, Thünen-Institut, www.thuenen.de/media/publikationen/wissenschaft-erleben/wissenschaft_erleben_2012-1.pdf (Consultado el 29/08/2024).
57. Malin, J. J. *et al.* «Antivirale Medikamente». *Internist* 63, 118-128 (2022). https://doi.org/10.1007/s00108-021-01233-4

Los virus tienen otra forma de cambiar con mucha rapidez a través del cambio antigénico. La información genética de un virus está dividida en segmentos. Si diferentes tipos de virus se juntan en un cuerpo huésped, pueden intercambiar segmentos completos entre sí. Los cerdos, las aves y los humanos se infectan unos a otros en diversas ocasiones, de modo que los virus de cerdo, ave y humano pueden estar presentes en un mismo cuerpo al mismo tiempo, intercambiando alegremente sus segmentos genéticos.[58] Esto les permite transformarse con rapidez en patógenos peligrosos que combinan la fácil transmisibilidad de una especie con el efecto letal de la otra.

Sin embargo, las bacterias y los virus no pueden conducir a la erradicación completa de la humanidad, porque para propagarse necesitan una cierta densidad de población, una cierta tasa de contacto entre los miembros de una especie. Si los individuos o los grupos viven demasiado alejados y se ven muy poco o nunca, la dispersión no es posible. Aparte de eso, no existiríamos sin los virus. Se calcula que el 8 % de nuestro material genético es ADN viral, así que, en cierto modo, los pequeños son uno de los nuestros.[59]

A pesar de todos los intentos de la naturaleza por regular el tamaño de la población humana, siempre hemos podido evitarlo, como mínimo en los últimos tiempos. Sin embargo, la historia de este desarrollo comienza antes, mucho antes, y ahora las cosas se están caldeando.

Giro equivocado

En algún momento del pasado remoto, nuestro desarrollo empezó a desviarse del de otras especies animales. El detonante fue la domesticación del fuego. No las armas, ni la agricultura, ni la ganadería, sino la generación de energía mediante procesos de combustión fue la clave del

---

58. Antigenshift, Lexikon *Spektrum.de*, www.spektrum.de/lexikon/biologie/antigenshift/4081

59. «Ansteckend, zerstörerisch und dennoch nützlich», comunicado del 08/05/2002, Universidad de Jena, www.fmi.uni-jena.de/660/200507-marz-pohnert-interview

triunfo del hombre. Todas las demás especies sólo pueden generar energía de forma activa mediante procesos endógenos, pero *Homo sapiens* ya utilizaba la madera como fuente de calor hace unos 900 000 años.[60]

El fuego es el principal logro de la humanidad. Con él fue posible colonizar regiones frías y descomponer los alimentos difíciles de digerir para obtener energía. Las llamas eran también un arma eficaz para defenderse de los depredadores.

Por cierto, el ser humano no es la única especie que utiliza el fuego. En Australia, según las observaciones de los aborígenes, las aves de rapiña, como el milano negro, aumentan activamente el tamaño de los incendios. En cuanto arde la sabana, innumerables animales pequeños huyen del frente de fuego, sobre el que se abalanzan las aves en un auténtico frenesí. Algunos de ellos transportan ramitas humeantes a zonas que antes se habían salvado del fuego para poder alimentarse. Los investigadores pudieron confirmar las observaciones de los indígenas.[61]

Pero encender fuego activamente, por ejemplo, con acero y pedernal, es en realidad una habilidad única que sólo nuestra especie domina. Al parecer, sentarse alrededor del fuego fue tan importante para nuestra evolución que hasta tenemos un rasgo particular en nuestros genes: la capacidad de tolerar el humo.

Es posible que ya lo hayas experimentado alguna vez. Cuando se está sentado alrededor de un fuego acogedor, no pasa mucho tiempo antes de que la primera persona se llene de humo. Es desagradable y puede solventarse cambiando de lugar, pero las cosas eran distintas para nuestros antepasados. Cualquiera que buscara refugio en una cueva, una tienda de campaña o una casa de campo en el crudo frío invernal y quisiera mantenerse caliente tenía que soportar el humo debido a una ventilación deficiente, ya que las chimeneas ciertamente no existían hace décadas.

Esto provocó muertes prematuras, pero poco a poco la gente se fue haciendo más resistente. El llamado gen AHR, que nos distingue

---

60. «Early human activity at Wonderwerk Cave». *The Past*, 21/07/2021, https://the-past.com/news/early-human-activity-at-wonderwerk-cave/

61. Greshko, M. "Feuervögel" verursachen Brände in Australien». *National Geographic*, 24/01/2018, www.nationalgeographic.de/tiere/2018/01/feuervoegel-verursachen-braende-in-australien

de otras especies humanas como los neandertales, reduce el efecto nocivo en un factor de 1000, dependiendo del tipo de molécula del humo.[62]

El cerebro, bien alimentado, pudo crecer, pero no como un fin en sí mismo. Sus capacidades crecientes permitieron una interacción social perfeccionada y dieron lugar a las culturas. Dependiendo de la definición, una cultura es el logro intelectual de una comunidad, como una lengua común.

Ésta sólo se hace necesaria de forma diferenciada porque muchos individuos viven juntos y tienen que coordinarse. Cuanto mayor y más precisa sea la necesidad de coordinación, mayor será la interacción social y más inteligentes tendrán que ser los miembros individuales. Dicho de otro modo, existen grandes incentivos para un mayor desarrollo del rendimiento cerebral.

¿O era al revés? ¿Era sólo el crecimiento del cerebro lo que hacía necesaria la vida en grupos familiares? El cerebro se había agrandado hasta alcanzar un tamaño extraordinario, lo que hacía que los partos fueran cada vez más problemáticos; al fin y al cabo, todo tiene que caber por el canal de parto de una mujer y, a partir de cierto tamaño, la anatomía se detiene. Pero ¿por qué? ¿La pelvis no podía ensancharse un poco más? Nuestra marcha erguida lo impedía, lo que prometía ventajas para la locomoción y, al mismo tiempo, liberaba las manos para el agarre permanente que, a su vez, favorecía el desarrollo del cerebro.

Los investigadores han podido demostrar que el órgano pensante de nuestros antepasados sólo cobró impulso tras el establecimiento de la marcha erguida, es decir, que quienes pueden fabricar herramientas y otras cosas simplemente tienen que pensar más. Sin embargo, la marcha erguida requería anatómicamente una pelvis más estrecha, por lo que los cerebros infantiles, cada vez más grandes, tenían que caber en

---

62. «Where there's smoke and a mutation there may be an evolutionary edge for humans», comunicado de la Universidad Pennsylvania State University del 02/08/2016, www.psu.edu/news/research/story/where-theres-smoke-and-mutation-there-may-be-evolutionary-edge-humans/

pelvis cada vez más estrechas. Esto se conoce en ciencia como el dilema obstétrico.[63]

La solución es que los bebés humanos nacen en un momento en el que todavía son muy dependientes, pero tienen la cabeza más pequeña. A diferencia de muchos otros animales, los bebés y los niños pequeños dependen de la ayuda de los adultos y, por tanto, no pueden sobrevivir de forma independiente durante muchos años. Por eso hay que cuidar de ellos, lo que no habría sido posible para los padres solteros en un pasado lejano.

Así pues, ¿nuestros antepasados sólo tuvieron que formar grupos para criar juntos a los grandes pero indefensos bebés o fue la formación de comunidades sociales la fuerza impulsora del desarrollo de nuestro cerebro? También hay animales sociales muy inteligentes que no tienen este problema de nacimiento y crianza, pero hablaremos de ello más adelante.

Veamos primero cómo resuelven otros mamíferos el problema de las crías indefensas. Para ello, volvemos a observar al ciervo. La hembra, la cierva, deposita al cervatillo en la hierba alta poco después de nacer y lo deja allí solo durante horas. El pequeño aún no es capaz de seguir a su madre en busca de alimento y, mucho menos, de escapar si aparece un gran depredador. El cervatillo es casi inodoro al principio, por lo que no puede ser olido por zorros o lobos. El manchado pelaje juvenil se confunde con los contornos de la vegetación y la cría de ciervo se acurruca plana en el suelo y no emite sonido alguno. Este comportamiento permite a la cierva buscar durante horas hierbas jugosas o brotes frescos de árboles para recargar sus baterías para la regeneración y la producción de leche. Sólo de vez en cuando va a ver a sus crías y les deja beber. La coneja hace lo mismo, sólo visita a sus crías dos veces al día y les ofrece una ración de leche.

En cuanto los cervatillos son más grandes y tienen más resistencia, acompañan a su madre por los bosques y campos durante un año. Por

---

63. Fischer, B.; Mitteroecker, P. «Covariation between human pelvis shape, stature, and head size alleviates the obstetric dilemma». *PNAS*, 112 (18): 5655-5660, 20 de abril de 2015, https://doi.org/10.1073/pnas.1420325112.

lo demás, los pequeños ciervos suelen vivir solos y los machos defienden un pequeño territorio de unas 20 hectáreas en el bosque, típico de los animales solitarios. La comunicación es clara y consiste sobre todo en marcas de olor, que segregan las glándulas de la frente y las patas y que dejan sobre la vegetación. Advierten a los competidores de que no entren en la zona, lo que se castiga con feroces ataques si se hace caso omiso. Por cierto, ésta es también la razón por la que los corzos apenas pueden mantenerse en cautividad, ya que, una vez alcanzada la madurez sexual, ven a sus cuidadores como rivales y los atacan con sus puntiagudos cuernos.

Si se acerca un depredador u otro peligro, los ciervos emiten una llamada de advertencia. Suena como el ladrido ronco de un perro y señala al atacante: «¡Te he visto, puedes olvidarte de acercarte sigilosamente!». Al mismo tiempo, todos los miembros de la especie saben que deben estar en guardia durante los próximos minutos. También pueden chillar cuando la hembra indica que está dispuesta a aparearse o llama a su cervatillo. Sin embargo, el repertorio de vocalizaciones no ofrece mucho más, lo que demuestra que no es necesario ni se produce un intercambio intensivo dentro de la población local. Es cierto que los animales también forman pequeñas manadas durante el invierno para estar mejor armados contra los ataques de lobos o linces (uno vigila, los demás pueden pastar). Pero la estructura sigue siendo laxa y, por tanto, no es necesario un lenguaje diferenciado del corzo.

Los que cooperan más o incluso forman vínculos para toda la vida necesitan comunicarse mucho más, como los cuervos. Estos animales inteligentes, a los que hoy en día se denomina «monos alados» por sus logros intelectuales, no tienen el problema del dilema obstétrico. Como el resto de las aves, sus polluelos nacen de huevos y luego son cuidados en el nido durante unas semanas antes de que emplumen. En este sentido, los polluelos de cuervo no se diferencian de los de herrerillo común o petirrojo, cuya capacidad cerebral es sensiblemente inferior a la de los córvidos.

Ni huevos más grandes ni tiempos de cría más largos; el factor determinante no es el tamaño del cerebro al nacer, sino las ventajas generales de la interacción social. Los compañeros negros no sólo forman parejas para toda la vida. También viven en grupos, por ejemplo, con sus crías de los últimos años. Esto les ayuda a criar a sus vástagos más jóvenes, pero sobre todo aprenden de sus padres como si estuvieran en la escuela. Esto ilustra otra ventaja que también se aplica a nosotros, los humanos. Las habilidades muy complejas tardan tiempo en aprenderse. Por ejemplo, se aprende a reconocer enemigos, a buscar comida y a utilizar herramientas. Este aprendizaje de años fomenta la inteligencia tanto en córvidos como en humanos, como descubrieron los científicos en un proyecto de investigación de 2020. Para ello, analizaron miles de especies de pájaros cantores, incluidas 127 especies de córvidos, de los que descubrieron que tienen unos cerebros excepcionalmente grandes.[64]

Comparado con el de los corzos, el lenguaje de los cuervos es muy diferenciado. Por ejemplo, los animales pueden recordar a miembros del grupo que han estado ausentes durante años. La «comunicación de encuentro» por sí sola es tan sofisticada que, como con nosotros los humanos, depende no sólo de las palabras, sino también incluso del tono de la voz. Investigadores de la Universidad de Viena descubrieron que los cuervos saludan a otros cuervos de forma diferente, dependiendo de cuánto se gusten y de si se conocen. A los pájaros desconocidos se les saluda con una secuencia tonal bastante excitada, con muchos sonidos sucesivos, que posiblemente sirve para que el que llama parezca más grande. Con los congéneres conocidos, la secuencia de tonos parece más relajada, aunque en este caso también hay claras diferencias dependiendo de la calidad de la relación. Si se tiene amistad con el ave que regresa, se le saludará con un tono más agudo, a diferencia de los congéneres a los que se asocia con un recuerdo negativo en la memoria. Su saludo es más grave y áspero (nosotros, por cierto, lo hacemos de forma similar).[65]

64. Uomini, N. *et al.* «Extended parenting and the evolution of cognition». *Phil. Trans. R. Soc.* B3752019049520190495, 1 de junio de 2020, http://doi.org/10.1098/rstb.2019.0495

65. Boeckle, M.; Bugnyar, T. «Long-Term Memory for Affiliates in Ravens». *Current Biology*, vol. 22, ed. 9, pp. 801-806, 8 de mayo de 2012, https://doi.org/10.1016/j.cub.2012.03.023

¿Te has inmutado hace un momento cuando he escrito «palabras» con respecto a los cuervos? No es ninguna exageración, según han descubierto investigadores de la Universidad de Viena. Estas aves pueden enviar mensajes a los miembros de su grupo, como «Aquí hay comida. Tengo dos años y soy macho».[66] Entonces todos saben enseguida que en ese lugar hay algo que comer y que el que llama no está luchando por un rango.

Donde hay lenguas también hay dialectos regionales. Con los cuervos ocurre lo mismo, como han descubierto investigadores de la Universidad de Berna en los alrededores de la ciudad. En la zona de superposición de los «dialectos» locales había incluso ejemplares bilingües de croar.[67]

También reconocerá este fenómeno en los grupos humanos. No sólo desarrollan sus propios dialectos regionales, sino también dentro de grupos de interés, por ejemplo, en el ámbito de las profesiones o aficiones. Esto sirve no sólo para mejorar la comunicación, sino también para diferenciarse de los demás y crear así un sentimiento de pertenencia, es decir, para estrechar lazos. Quien rompa esta segmentación y haga que los mensajes codificados sean comprensibles para los demás debe esperar resistencia (véase la silvicultura).

Resumamos una vez más: un cerebro más grande permite un aprendizaje más completo y estrategias de supervivencia más diferenciadas. Para ello, las crías deben dominar algo más que el comportamiento instintivo, deben ser enseñadas por su grupo a lo largo de muchos años. Esto se aplica por igual a humanos, córvidos y otras especies inteligentes como las orcas (que también tienen dialectos regionales). Por lo tanto, el mencionado dilema obstétrico de nuestra especie no es espe-

66. Was Rabenrufe bedeuten, ORF, https://science.orf.at/v2/stories/2900679/ (Consultado el 28/08/2024), y «Was ein "Haa" über eine Futterstelle verrät», comunicado de prensa de la Universidad de Viena, https://medienportal.univie.ac.at/media/aktuelle-pressemeldungen/detailansicht/artikel/was-ein-haa-ueber-eine-futterstelle-verraet/ (Consultado el 28/08/2024).

67. «Clevere Jagdgefährten». *Neue Zürcher Zeitung*, 01/07/2003, www.nzz.ch/folio/clevere-jagdgefahrten-ld.1618569 (Consultado el 28/04/2024).

cialmente grave porque, de todos modos, una infancia larga resulta ventajosa.

Sin embargo, esto no fue suficiente para distinguirlos con claridad de otros mamíferos en términos de número. A pesar del fuerte aumento de la capacidad intelectual, la población se mantuvo a flote durante siglos. Pero entonces la situación cambió de manera radical. El pistoletazo de salida de la explosión demográfica se dio hace unos 11 000 años. En la zona de los ríos Éufrates y Tigris y al sur de ellos, que hoy pertenecen a los países de Turquía, Iraq, Siria y Jordania, los ingeniosos pueblos de la Edad de Piedra empezaron a independizarse del fluctuante suministro de alimentos de la naturaleza. Inventaron el paisaje cultural. Por supuesto, no fue a uno de ellos a quien se le ocurrió la brillante idea de sembrar y cosechar grano. Más bien fue una transición gradual. Como consecuencia, las sociedades de cazadores-recolectores se convirtieron poco a poco en aldeanos sedentarios que recolectaban grano silvestre y lo almacenaban en los primeros graneros para el invierno.[68] Por tanto, hubo que construir asentamientos en el centro de sus cotos de caza, aunque sólo fuera para custodiar las valiosas provisiones.

Al mismo tiempo, los incipientes aldeanos domesticaban animales salvajes como suministro de carne fresca. Sin instalaciones de refrigeración y congelación, los alimentos de origen animal no duraban mucho en verano. ¿Qué podría ser más obvio que crear un suministro vivo con una vida útil prácticamente ilimitada?

La domesticación de animales salvajes con fines alimentarios comenzó incluso antes que la agricultura, y el primer candidato fue con mucha probabilidad el antepasado de nuestros perros, el lobo. Los tiernos y juguetones cachorros, sacados de sus madrigueras o capturados, se convertían con rapidez en animales de confianza. No había necesidad de vallas ni de cachorros pastores.

Los primeros indicios de domesticación datan de hace al menos 15 000 años y demuestran que estos experimentos tuvieron lugar por

---

68. «Als die Jäger sesshaft wurden», wissenschaft.de, www.wissenschaft.de/geschichte-archaeologie/als-die-jaeger-sesshaft-wurden/ (Consultado el 28/08/2024).

primera vez en Asia.[69] A estos animales, especialmente cariñosos y leales, se les permitía vivir con la gente de la Edad de Piedra alrededor de la hoguera y comer las sobras de la carne, para que pudieran envejecer en paz como los antepasados de los perros salchicha y los perros pastores. Pronto se les unieron ovejas y cabras salvajes y, en Asia, el búfalo de agua se puso al servicio de la humanidad.

Los primeros campos se cultivaron hacia el año 8000 a. C. Cereales como el arroz y el farro (la forma original del trigo), pero también el centeno y la cebada, aparecieron en el menú. En América, la atención se centró en el maíz, la calabaza y la patata. Según el investigador Patrick E. McGovern, al principio los cultivos no se comían, sino que se bebían. Como describe en su libro *Uncorking the Past* («Descorchar el pasado»), hace más de 9000 años, nuestros antepasados ya preparaban líquidos embriagadores que luego bebían a sorbos alrededor de la hoguera. Según McGovern, el motor de la cultura agrícola no era el hambre, sino la necesidad de un suministro regular de bebidas alcohólicas.[70]

Ya fueran alimentos líquidos o sólidos, se había dado el paso esencial. Los pequeños campos, arrancados a la naturaleza mediante un laborioso arado, tenían que ser cultivados y cuidados. Tenía sentido vivir en la vecindad, por lo que nació la aldea permanente. Sin embargo, escardar y regar no eran los factores decisivos para establecerse. Había que defender los brotes de alimentos de pájaros y mamíferos, pero sobre todo de los envidiosos hambrientos de la misma especie. Las grandes migraciones ya no eran necesarias, pues alimentar a la familia ya no requería días de caza y búsquedas a menudo infructuosas de diminutas semillas y frutos. Además, los territorios de los pueblos de la Edad de Piedra se redujeron de manera considerable, pasando de cientos de kilómetros cuadrados por familia a un círculo de unos pocos kilómetros de diámetro alrededor de las nuevas aldeas agrícolas.

---

69. «Wo wurde der Wolf zum Freund? Neue Studie zur Domestizierung des Hundes», nationalgeographic.de, www.nationalgeographic.de/tiere/2022/06/ wo-wurde-der-wolf-zum-freund-neue-studie-zur-domestizierung-des-hundes (Consultado el 28/08/2024).
70. McGovern, P. «Uncorking the Past: The Quest for Wine, Beer, and Other Alcoholic Beverages». University of California, nueva edición, 17/12/2007.

No obstante, se aprovechaba el espacio que quedaba libre entre los asentamientos, pero al principio sólo como cotos de caza para complementar la dieta de cereales. Con el tiempo, los descendientes de nuestros antepasados empezaron a establecer una nueva aldea tras otra en las zonas especialmente fértiles. Por desgracia, esto significó también la desaparición de un estado de cosas paradisíaco, a saber, que todo era de todos. Esto ya no es posible con cultivos trabajados con esmero, cosechados y almacenados con cuidado: si todo el mundo pudiera servirse sin pedir permiso, todo el trabajo apenas valdría la pena. A partir de aquel momento, la tierra podría convertirse en propiedad.[71]

Si las comunidades crecen más allá de los pequeños grupos familiares, necesitan más normas. Incluso antes de que surgiera el Estado moderno, con leyes y fuerzas reguladoras como las del antiguo Egipto, debieron de existir otras formas de organizar la convivencia para que la sociedad siguiera siendo pacífica y justa. Una de esas posibilidades es la religión. Es en este punto donde dejamos los paralelismos con el mundo animal, tal y como están las cosas hoy en día.

La religión es una verdadera ventaja evolutiva para la conservación de la especie. Pero ¿es la religión realmente un producto de la evolución? Ya existen teorías al respecto. Richard Sosis, profesor de antropología de la Universidad de Connecticut, investiga las razones. En su opinión, la religión previene un fuerte egoísmo. Desde la Edad de Piedra hasta nuestros días, las comunidades sólo han tenido éxito si todos sus miembros se comportan de forma cooperativa. Los aprovechados que hacen que los demás trabajen para ellos reducen el resultado global y provocan discordia.

La religión ofrece la oportunidad de jurar a los fieles un código de conducta cuyo cumplimiento no es necesario vigilar de manera meticulosa. Las infracciones son castigadas por la autoridad superior, que también ofrece recompensas por el buen comportamiento. Cuanto más duras son las obligaciones y los rituales impuestos a los miembros,

---

71. Van Schaik, C.; Michel, K. *Das Tagebuch der Menschheit. Was die Bibel über unsere Evolution verrät*. Rowohlt Verlag, Reinbek, 2016, pp. 64.

más fuerte es el sentimiento de pertenencia y, por tanto, la confianza entre ellos.[72]

Según otros investigadores, las personas religiosas también tienen más hijos y, por tanto, se reproducen con más éxito. La rama de investigación correspondiente se denomina demografía religiosa. El científico religioso Dr. Michael Blume afirma que todas las religiones tienen un efecto promotor de la natalidad, siempre que se practiquen de forma coherente. El tipo de religión desempeña un papel secundario. Hasta la fecha, no existe ninguna población humana no religiosa cuya tasa de natalidad no haya caído por debajo del valor mínimo de 2,1 hijos por mujer necesario para mantenerse, es decir, que acabe desapareciendo demográficamente.[73] Más descendencia y, por tanto, aún más creyentes; no es de extrañar que la religiosidad se haya establecido en todas partes como una característica humana importante a lo largo del tiempo.

La creencia en seres superiores, como cualquier otra característica humana, debería haberse desarrollado a través de la evolución, y la cuestión es dónde se formó el *hardware* correspondiente en el cerebro. Una rama relativamente nueva de la investigación, la neuroteología, se ocupa de esta cuestión. Intenta relacionar la religiosidad con la actividad cerebral. Ya se han registrado los primeros hallazgos al respecto. Se dice que el lóbulo temporal izquierdo, que se extiende hasta detrás de la oreja, produce experiencias espirituales en ciertos casos. En este punto intervino Michael Persinger, profesor de psicología de la Universidad de Laurentia (Canadá). En la década de 1980, construyó una especie de casco de moto con bobinas magnéticas. Estaban diseñadas para estimular el lóbulo temporal izquierdo y provocar fenómenos. Se ubicó a unos 1000 participantes en una habitación oscura con el casco en la cabeza y se les expuso a los campos magnéticos. Posteriormente, el

---

72. *Trust, Cooperation, and Religious Signaling*, Universidad de Connecticut. Recopilación de trabajos de investigación sobre el tema: https://richardsosis.com/trust-cooperation-and-religious-signaling/ (Consultado el 28/08/2024).

73. «Braucht die Menschheit Religion zum Überleben? Die AnthropodizeeFrage in der Evolution von Religion». *Spektrum.de*, https://scilogs.spektrum.de/natur-des-glaubens/braucht-die-menschheit-religion-zum-ueberleben-die-anthropodizee-frage-in-der-evolution-von-religion/ (Consultado el 24/08/2024).

80 % de los sujetos de prueba declararon que habían tenido experiencias espirituales u otros fenómenos. Sin embargo, el experimento fue muy controvertido porque no pudo reproducirse a la perfección.

Aún no se sabe con exactitud dónde surgen los sentimientos religiosos en el cerebro; puede ser una combinación de diferentes regiones implicadas.[74]

Sin embargo, el lóbulo temporal izquierdo aún no se ha descartado por completo, ya que hay personas en las que los ataques epilépticos en esta región del cerebro producen visiones religiosas de manera repetida. Epilepsia del lóbulo temporal (ELT) es el nombre que recibe la enfermedad que puede producir una religiosidad especialmente pronunciada en los afectados. Es posible que el apóstol Pablo también la padeciera, ya que tuvo apariciones bastante intensas; otros signos, como la ceguera temporal, también parecen indicar que padecía una forma de esta enfermedad.[75]

El periodista científico vienés Ulrich Kraft se preguntaba de manera herética en 2002: «Entonces, ¿fue un vacilar en el lóbulo temporal lo que trajo la iluminación a Buda bajo la higuera? ¿Acaso los Diez Mandamientos no se los dio Dios a Moisés, sino que se los susurró un puñado de neuronas activas?».[76] Es posible, pero aún hoy sigue siendo controvertido cómo surgen los sentimientos religiosos en el cerebro, ya que existen otras teorías sobre las regiones implicadas.[77]

Además de la localización exacta en el cuerpo, se plantea otro interrogante, el de la naturaleza animal de los sentimientos espirituales. Si la religión es tan beneficiosa para el ser humano, ¿por qué no se da tam-

---

74. «Der Gotteshelm von Michael Persinger». *Spektrum.de,* https://scilogs.spektrum.de/natur-des-glaubens/der-gotteshelm-von-michael-persinger/ (Consultado el 28/08/2024).

75. Landsborough, D. «St Paul and temporal lobe epilepsy». *Journal of Neurology, Neurosurgery and Psychiatry,* 1987, 50: 659-664.

76. Kraft, U. «Wo Gott wohnt». *Gehirn und Geist,* 02/2002, pp. 13, www.yumpu.com/de/document/read/13486352/pdf-abrufengehirn-und-geist

77. «Spiritualität ist tief in der menschlichen Natur verwurzelt». *Deutschlandfunk,* trasmisión del 15/07/2021, www.deutschlandfunk.de/religion-und-hirnforschung-spiritualitaet-ist-tief-in-der-100.html

bién en los animales? ¿O estamos tras la pista de un fenómeno exclusivo de *Homo sapiens*?

Al menos en especies con comunidades sociales complejas, como los delfines o los lobos, merece la pena analizarlo con más detenimiento. Porque también ellos son engañados y embaucados, de modo que una base común de confianza en forma de religión podría merecer la pena. Un buen punto de partida es el lóbulo temporal. Como recordamos, el lóbulo temporal izquierdo puede estar implicado en el desarrollo de los sentimientos religiosos en los humanos. Este órgano también se encuentra en monos, delfines y perros, e incluso en ratones. Por tanto, el requisito previo puramente orgánico para las experiencias espirituales podría estar presente en el reino animal. ¿O es más bien que esta zona del cerebro no funciona en otras especies de la misma manera que en nosotros, de modo que la coincidencia sólo puede establecerse de un modo orgánico?

El desarrollo evolutivo de nuestro cerebro habla en contra de esto. Nos hemos desarrollado a partir de otras especies y, pieza a pieza, hemos construido sobre lo que ya existía. Es cierto que existen desviaciones importantes respecto a otras especies, como nuestra capacidad de pensar. Sin embargo, estas desviaciones no son el resultado de una nueva región cerebral añadida, sino de la expansión masiva de áreas cerebrales ya existentes. No obstante, hay pruebas aún más convincentes. Los mamíferos también pueden sufrir epilepsia del lóbulo temporal. Hay una serie de indicios que sugieren tal afección en diversas especies animales, incluidos los ratones.[78] Así pues, si un área del cerebro con la misma estructura puede provocar los mismos síntomas, ¿por qué no habría de sentirse también un animal con TLE de forma similar a algunos de los humanos correspondientemente predispuestos?

Es posible que los animales tengan sentimientos espirituales. Cómo se expresan éstos si existen ideas de seres superiores o incluso de una vida después de la muerte pertenece definitivamente al terreno de la especulación. Que yo sepa, los sentimientos religiosos en los animales

---

78. Menzel, R. «Tierforscher fühlen sich mißverstanden». *Gegenworte*, 4.º Cuaderno Otoño 1999, pp. 21 https://edoc.bbaw.de/frontdoor/index/index/year/2010/docId/1020.

aún no han sido objeto de una investigación intensiva, aunque los paralelismos hacen de este campo una elección obvia. Tal vez esto sea ir demasiado lejos para algunas personas, a las que un hombrecillo les grita «¡blasfemia!» al oído. Una actitud religiosa no tiene por qué interponerse en el camino de la investigación, porque incluso a los animales, si existe un más allá y un cielo, no se les debe negar el camino a la eternidad.

Pero aunque la religión es un fenómeno que no se limita a nuestra especie, al menos podemos considerarnos especialmente exitosos en esta disciplina debido a nuestras numerosas confesiones. Junto con la revolución de la agricultura, ya no había forma de detener el crecimiento de la población.

Mientras que la población del sudeste de Europa, por ejemplo, era de unas 50 000 personas antes de la llegada de la agricultura y la ganadería, esta cifra se multiplicó por veinte hasta alcanzar 1,1 millones en torno a 6000 a. C.[79] Alrededor del nacimiento de Cristo vivían en la Tierra 188 millones de personas, cifra que sólo se duplicó al cabo de 1400 años. A finales del siglo XVII, la cifra ya había aumentado a 600 millones, y en 1800 se situaba justo por debajo de los 1000 millones,[80] hasta que en la actualidad ha aumentado a más de 8000 mil millones.

Esta evolución sólo permite una conclusión, y es que el suministro de alimentos debe haber mejorado de forma continua y de una manera paralela, en cada caso inmediatamente antes de que la población siguiera creciendo. Este mecanismo funciona en todo el reino animal. El tamaño de la población de una especie siempre refleja su base alimentaria. Por lo general, el pico alimentario precede al aumento de la población como una ola. Sólo algún tiempo después de que este pico haya remitido, la población vuelve a disminuir.

---

79. *Prähistorische Demographie*, Universidad de Kiel, www.uni-kiel.de/de/detailansicht/news/002-praehistorische-demographie (Consultado el 28/08/2024).

80. *Geschätzte Entwicklung der Weltbevölkerung in den Jahren 10000 vor Christus bis zum Jahr 2000*, https://de.statista.com/statistik/daten/studie/1066248/umfrage/geschaetzte-entwicklung-der-weltbevoelkerung/ (Consultado el 28/08/2024).

Echemos un vistazo a los cambios en la agricultura, la base alimentaria de nuestra propia especie. Ya hemos examinado el período del primer aumento hasta los 188 millones. Desarrollos menores, como la introducción de la agricultura de rotación trienal a partir del siglo VIII,[81] pueden explicar el aumento hasta los 600 millones. Aplicada a gran escala, mejoraba los rendimientos gracias a la rotación regular de los cultivos y a las pausas en el cultivo (barbecho), que evitaban el agotamiento del suelo. Los caballos sustituyeron a las vacas como animales de tiro, lo que permitió utilizar arados pesados de hierro en lugar de los de madera. Los caballos también trabajaban a un ritmo mucho más rápido. Esto también se reflejó en un aumento del rendimiento.

En el transcurso de la conquista de América por los europeos se produjo un gran cambio. Muchos cultivos cambiaron de continente. Entre ellos, un tubérculo cuya marcha triunfal comenzó en el siglo XVIII, la patata. Aunque en Europa se conocía como alimento desde hacía tiempo, nadie, aparte de los irlandeses, se atrevió a probarlo a gran escala. En Prusia, fue Federico el Grande quien abogó enérgicamente por el cultivo de la patata (bajo amenaza de castigo).[82] Después de todo, el tubérculo tenía muchas ventajas: era fácil de cultivar, no requería ningún equipo especial para cosecharlo y producía una vez y media más que el grano.

Otros cultivos, como el maíz, el arroz y la calabaza, también se abrieron camino en nuevas zonas de cultivo alrededor del mundo. Esto significaba que el salto a mil millones de personas ya no era un problema. Las importaciones de fertilizantes de Sudamérica, con veleros que transportaban cientos de miles de toneladas de guano a Londres, Amberes y Hamburgo, aumentaron aún más la producción agrícola. Estos excrementos de aves marinas, algunos de los cuales se amontonaban a

---

81. *Dreifelderwirtschaft*, Universidad de Ulm, www.uni-ulm.de/einrichtungen/garten/garten/freiland/dreifelderwirtschaft/

82. *Kartoffeln: Geschichte, Züchtung und eine Katastrophe*, Bundesministerium für Bildung und Forschung, www.pflanzenforschung.de/de/pflanzenwissen/journal/kartoffeln-geschichte-zuechtung-und-eine-katastrophe-11039 (Consultado el 28/08/2024).

más de 30 metros de altura en islas y acantilados lejanos,[83] restauraban los suelos empobrecidos de Europa Central.

Hacia 1910, el avance definitivo fue posible gracias al desarrollo de los fertilizantes artificiales. Con la ayuda del nitrógeno atmosférico, una reserva casi inagotable, se pudo producir abono amoniacal, que aumentó en gran medida el rendimiento de los campos agrícolas de todo el mundo hasta nuestros días. Además de otros avances como los plaguicidas, la ayuda mecánica y los nuevos desarrollos de variedades de cereales y razas de ganado, este impulso de los fertilizantes es en gran medida responsable de los niveles de población actuales.

Pero el desarrollo continúa. Obviamente, los últimos cien años no han sido suficientes en términos numéricos para que los seres humanos puedan utilizar esta nueva bendición alimentaria. Es posible que el potencial agrícola actual pueda alimentar a otros dos mil millones de terrícolas si los productos se distribuyen de forma equitativa y justa.[84] La promesa de las plantas y animales modificados genéticamente ya se vislumbra en el horizonte si lo que es biotecnológicamente posible se aplica de forma consecuente (y no cabe duda de ello en la actualidad). Nuestra especie también convertirá esta ampliación de la base alimentaria en descendencia adicional, a no ser que surtan efecto otros frenos naturales o culturales al crecimiento, pero sobre esto hablaremos más adelante. En principio, las cosas no tienen por qué ponerse tensas, ya que sólo Norteamérica podría absorber casi 2000 millones de personas para alcanzar la densidad de población media de la Unión Europea.

Por supuesto, esto no es necesariamente deseable y el medio ambiente también sufriría los daños correspondientes. Además, regiones con gran densidad de población como Europa Occidental se benefician de la naturaleza en zonas poco pobladas del mundo, si pensamos

---

83. «Viel Guano kann dem Klima helfen». *Deutschlandfunk Nova*, www.deutschlandfunknova.de/beitrag/guano-hunderttausende-tonnen-an-stickstoff-und-phosphor (Consultado el 27/08/2024).
84. «Die Welt ernähren, ohne den Planeten zu schädigen, ist möglich», comunicado del Instituto de investigación climática de Potsdam (Potsdam-Instituts für Klimafolgenforschung - PIK), www.pik-potsdam.de/de/aktuelles/nachrichten/die-welt-ernaehren-ohne-den-planeten-zu-schaedigen-ist-moeglich (Consultado el 27/08/2024).

en el efecto de los grandes bosques sobre el clima de los continentes, por ejemplo. Si se creara en todas partes un paisaje cultivado en el sentido europeo (algo que desaconsejamos por completo en Brasil, por ejemplo, por buenas razones), es probable que también se redujera en gran medida la capacidad de carga de los ecosistemas alterados a nuestras puertas.

Por cierto, en lo que respecta a la alimentación, nuestro cuerpo aún no ha salido de la Edad de Piedra para entrar en la era moderna. El hecho de que los alimentos estén disponibles en todo momento, incluso en invierno, simplemente no está en nuestro punto de mira. Cada año, al comienzo de la estación fría, nos damos cuenta de hasta qué punto seguimos siendo como muchos otros animales. Muchos animales pasan a la fase de ahorro de energía. Los ciervos, por ejemplo, hacen que descienda su temperatura corporal y reducen el tamaño de sus estómagos. Así duermen la siesta en el bosque y ya no necesitan tanta comida entre horas, lo cual es imprescindible, ya que la hierba, su alimento favorito, está ya casi marchita y los tallos amarillos apenas contienen nutrientes.

Las ardillas lo tienen mejor, ya que se benefician de los escondites con bellotas, hayucos, nueces o setas que aparecen en otoño. Como suelen olvidar la ubicación exacta de sus escondites, tienen que usar el olfato para encontrarlos de nuevo, lo que no siempre funciona (como demuestran las numerosas plántulas de árboles que brotan de esos almacenes en primavera). En cualquier caso, la comida apenas es suficiente para la vida de una ardilla normal, razón por la cual los animales duermen la mayor parte del día y sólo se despiertan brevemente para tomar un tentempié. Muchos animales y, de forma adaptada, nosotros hacemos lo mismo.

Nuestros antepasados lo pasaban mal como cazadores-recolectores en invierno, y no sólo por la escasez de alimentos. Los días más cortos dejaban mucho menos tiempo para cazar, y la recogida de leña para la hoguera, que hacía soportable el invierno, también tenía que hacerse en las pocas horas disponibles. Así pues, ¿qué más lógico que hacer como los animales y reducir una marcha?

Nuestro cuerpo nos sigue demostrando hoy en día que seguimos en la Edad de Piedra con nuestro comportamiento estacional. Por ejemplo, es posible que alguna vez hayas experimentado que la cena de Navidad es una comida especialmente pesada. Por lo general, esto no hace referencia a una sola comida, sino a comer durante las fiestas navideñas y todas las vacaciones de este período. El cuerpo trabaja a medio gas, a menudo estamos cansados, pero a diferencia de nuestros antepasados, tendemos a comer más en compañía de lo que comemos en verano, cuando estamos más activos y distraídos. ¿Y qué dice la ciencia al respecto? Recientemente ha encontrado pruebas sólidas de que en realidad nos parecemos un poco a las ardillas, entre otros animales. Un estudio de 292 personas con trastornos del sueño demostró que dormían una media de 50 minutos más de lo habitual entre noviembre y febrero.[85] ¿Y las personas sanas? Aún no hay conclusiones al respecto, pero uno de los científicos, Dieter Kunz, explicó en una entrevista que los efectos podrían ser aún más pronunciados en las personas sanas, porque en ellas ya no se producirían las alteraciones.[86]

Volvamos a los mecanismos generalmente válidos en la naturaleza. Nuestro potencial alimentario sigue aumentando, de modo que la población puede seguir creciendo si mantenemos bajo control los demás factores (enfermedades, guerras, etc.). La experiencia con otros seres vivos ha demostrado que sigue incrementándose durante algún tiempo, incluso cuando el suministro sostenible de alimentos ya está en declive. El hábitat queda sobreexplotado, las fuentes de alimento gravemente dañadas o incluso destruidas, lo que agrava aún más el posterior colapso.

<hr>

85. Seidler, A. *et al.* «Seasonality of human sleep: Polysomnographic data of a neuropsychiatric sleep clinic». *Frontiers in Neuroscience*, 17 de febrero 2023, Sec. Sleep and Circadian Rhythms, vol. 17, 2023 https://doi.org/10.3389/fnins.2023.1105233
86. Ruddat, M. «Warum brauchen wir im Winter mehr Schlaf, Herr Kunz?». *Der Spiegel*, 01/03/2023, www.spiegel.de/gesundheit/schlafen-im-winter-warum-wir-in-der-kalten-jahreszeit-anders-funktionieren-a-7f77cf71-3ca9-4aa6- a287-324833811173 (Consultado el 28/08/2024).

Así que, hasta entonces, aún estamos a tiempo de pensar en cómo podemos amortiguar un descenso descontrolado de la población (y eso significa muchas más muertes por hambre que en la actualidad). Sin embargo, no estoy seguro de que seamos capaces de controlar estos procesos. Antes de profundizar en este tema, veamos otro tipo de hambre, el de información.

Cuando nuestros antepasados vagaban por el bosque y la estepa, la información era escasa, pero mucho más importante para la supervivencia de lo que es hoy. Depredadores, tormentas o clanes hostiles, escasez o fuentes de alimentos, buenos refugios cuando hacía mal tiempo, plantas medicinales contra las enfermedades, entre otros: el conocimiento de todos estos factores esenciales para la supervivencia era indispensable y se comerciaba con él como un bien preciado (y no se transmitía a todo el mundo). Por eso, nuestros instintos están diseñados para absorber con avidez hasta el más mínimo detalle de una noticia e interpretarlo en función de su importancia para nuestro propio bienestar. Nuestros sentidos y nuestras mentes están diseñados justo para este nivel de información, ni más ni menos.

Hoy en día, una excursión a la naturaleza, nuestro ecosistema original, nos parece muy relajante, lo que revela de forma aterradora lo saturada de estímulos que se ha vuelto nuestra vida cotidiana. Los teléfonos móviles con aplicaciones de redes sociales nos permiten desplazarnos por las publicaciones de otras personas durante horas, según nuestra inclinación, sin que podamos decir después lo que estábamos viendo en detalle. La situación es similar con las noticias, los programas de entrevistas, pero también las películas, las revistas y, sí, incluso los libros. Después, y con esto me refiero a unos días más tarde, casi nadie puede recordar los detalles, sino, a lo sumo, algunas palabras clave si era realmente interesante (lo que, por supuesto, espero de este libro).

Ahora bien, podría decirse que no importa lo que los individuos hagan o dejen de hacer en su tiempo libre. Pero no es así, ya que el hambre de información consume hoy no sólo recursos intelectuales, sino también una cantidad gigantesca de recursos naturales. Los aproximadamente 300 000 millones de correos electrónicos o las 720 000 horas de nuevos vídeos de YouTube que se envían cada día en todo el mundo consumen ya hasta el 12 % de la electricidad generada a nivel mundial, además de todos los demás productos y usos digitales; y la tendencia sigue en aumento. Por tanto, la información ya compite con la alimentación de los vehículos, la calefacción de los hogares y la producción de alimentos.[87]

En muchos casos, por supuesto, los datos e impresiones obtenidos no sólo se utilizan para actividades de ocio, sino también para la división cada vez más diferenciada del trabajo. Esto no sólo facilita la vida, sino que constituye otro factor de crecimiento demográfico.

Juntos podemos hacer lo que un individuo solo no puede, es decir, producir grandes cantidades de alimentos, construir automóviles y enviar cohetes a la Luna. Incluso cosas relativamente sencillas, como los cepillos de dientes eléctricos, se fabrican repartidas en hasta diez países de tres continentes sobre la base de la división del trabajo. Además, cada vez más máquinas piensan por nosotros, lo que permite inventar aún más cosas, que a su vez aumentan aún más el consumo de materias primas.

Si la agricultura y la ganadería fueron el pistoletazo de salida para el desarrollo desastroso, la división del trabajo es el turbocompresor para el desarrollo ulterior de nuestra civilización.

Tal señal de salida se dio con la fundación de estados, como por ejemplo en el antiguo Egipto. Los distintos ámbitos de la vida se organizaron en profesiones, la comunidad fue controlada por una administración y protegida por un ejército. La creciente especialización permitió aprender las actividades a la perfección y aumentar así considerablemente la eficacia y la productividad. A día de hoy, las pirámides demuestran el éxito de este proceso, aunque todavía no sabemos muy bien cómo se construyeron. La pirámide de Keops, por ejemplo, consta de 2,6 millones de bloques de piedra que pesan una media de 2,5 toneladas. Durante los 20 años que duró la construcción, los obreros tuvieron que instalar uno de estos bloques cada dos minutos, después de haber sido cincelados en una cantera lejana, transportados a la

---

87. «Droht der Stromkollaps durchs Internet?». *Deutschlandfunk*, 06/11/2022, www.deutschlandfunk.de/stromverbrauch-digitalisierung-internet-bitcoin-rechenzentren-abwaerme-100.html (Consultado el 28/08/2024).

obra en barco y levantados como pudieron.[88] Pero, sobre todo, este trabajo no aportó nada a la producción de alimentos ni a la fabricación de otros bienes esenciales, por lo que representó una especie de producción cultural excedentaria.

Si nos fijamos en la división del trabajo actual, con sus especializaciones profesionales mucho más desarrolladas, es evidente lo mucho más productiva que es la sociedad actual. En contraste con el pasado, la división del trabajo es ahora global, tanto que el fallo de un país en la cadena pone rápidamente en peligro todo el sistema, como demuestra el debate sobre Taiwán y China en relación con la producción de chips. Y la especialización se hace cada vez más marcada, como demuestra el gran número de especializaciones de formación profesional. Según el Instituto Federal de Formación Profesional, sólo en Alemania los jóvenes pueden elegir entre 324 profesiones reconocidas.[89]

Con este comportamiento y estas especializaciones, nos diferenciamos mucho de los animales. Por supuesto, también tienen talentos diferentes, lo que también conduce a una especie de división del trabajo en las especies sociales. Por ejemplo, una manada de lobos organiza una cacería en subtareas individuales, que son llevadas a cabo por distintos miembros en función de su habilidad (rastreo, persecución, mordisco en la garganta, etc.). Sin embargo, esto nunca había ocurrido en la historia de la Tierra con tanta intensidad y efectos como los que hemos experimentado los humanos.

¿Nos hemos desviado de manera definitiva del camino de la naturaleza? ¿Ya no son aplicables muchas de sus leyes?

¿Qué demonios es realmente la naturaleza?

Durante su formación como guías forestales, suelo preguntar a los participantes por turnos qué entienden por «naturaleza». Para algunos,

---

88. «Pyramidenbau». *Planet Wissen*, www.planet-wissen.de/geschichte/antike/pyramidenbau/index.html

89. Lista de profesiones formativas reconocidas 2022 (Verzeichnis der anerkannten Ausbildungsberufe 2022), Bundesinstitut für Berufsbildung, www.bibb.de/dienst/publikationen/de/17944 (Consultado el 29/08/2024).

debe ser un bosque primigenio que nunca haya sido tocado por los humanos, mientras que otros quieren incluir a los propios humanos y todos sus productos y edificios. Incluso cuando pregunto si esto incluye también la ropa exterior fabricada con fibras sintéticas, algunas personas asienten. Están en su derecho, porque no existe una definición estándar, ni siquiera en las ciencias naturales, que son los que deberían saberlo.

De hecho, la naturaleza, incluso la salvaje e indómita (y no invitada), está mucho más cerca de nosotros en la vida cotidiana de lo que pensamos. Interactuamos una y otra vez con una miríada de criaturas, aunque nuestra civilización sugiera que esto ya no es así en nuestras vidas actuales. Nuestras casas, oficinas, supermercados, vehículos y demás espacios con los que nos movemos se consideran perfectamente desvinculados del medio ambiente, que se percibe como antihigiénico. Este entorno está poblado por miles de millones de bacterias, hongos y otras criaturas diminutas que no tienen una imagen especialmente buena y que, sin embargo, a menudo son indispensables para nuestro bienestar. Como es evidente, a pesar de todos nuestros esfuerzos, no es tan fácil deshacerse de ellos. Una especie bastante interesante a este respecto ha llegado incluso a los titulares de los portales de noticias. Se trata de pequeños bichos espeluznantes que actúan donde menos lo esperamos.

¿No tienes a veces la sensación de que algo te pellizca en la cara sin que en realidad haya nada ahí? Es una ilusión, no el pellizco, sino la creencia de que no hay nada. En realidad, se trata de pequeños bichos que se han especializado en los folículos pilosos de nuestra cara. Son ácaros del folículo piloso que se alimentan tranquilamente del sebo de las glándulas. Al menos lo hacen durante el día, ya que estos sensibles animalitos han perdido su protección contra los rayos UV a lo largo de la evolución y, por tanto, prefieren permanecer bajo la superficie de la piel. Por la noche, sin embargo, tienen otras cosas en mente. La melatonina, nuestra hormona del sueño, les indica que está oscureciendo. Los machos y las hembras ascienden a la superficie y se aparean allí, delante de nuestras narices. Dado que las parejas sexuales proceden siempre de la misma colonia, la endogamia y la reducción de la diversidad genética son inevitables.

A pesar de la ligera piel de gallina qué puede aflorar al pensar en esta actividad, debemos estar agradecidos a los ácaros del folículo piloso. Sin ellos, tendríamos muchos más granos debido al bloqueo de las glándulas sebáceas. Los investigadores creen que estos ácaros están en proceso de transición de parásito a simbionte, es decir, una especie de cuya coexistencia con nosotros se benefician tanto ellos como nosotros.[90]

Así que no formamos parte de la naturaleza, sino que somos la naturaleza. Las bacterias, los hongos y los ácaros pertenecen a nuestro cuerpo como los pájaros y los mamíferos al bosque, sin ellos no seríamos viables. Cada ser humano es un ecosistema independiente que interactúa con otros ecosistemas. Sin embargo, con esta definición legítima y omnicomprensiva de la naturaleza, ya no necesitaríamos practicar la conservación de la naturaleza y la protección del medio ambiente. Todo y todos seríamos naturaleza y, por mucho que la maltratáramos, nada de esto sería un daño, sino un mero proceso de influencia y remodelación, como ocurre con todas las demás especies que utilizan su entorno.

No necesitamos una definición normalizada de naturaleza para la vida cotidiana, pero sí para fines oficiales. Si queremos proteger nuestro medio ambiente, debemos saber de qué estamos hablando. Pero ya he confundido dos términos. El medio ambiente es todo lo que nos rodea, ya sea creado por el hombre, modificado o no. La protección del medio ambiente también puede significar, por ejemplo, que gestionamos un paisaje cultural con tanto cuidado que no se deteriora de continuo desde el punto de vista ecológico (y, por tanto, también económico a largo plazo). La conservación de la naturaleza, en cambio, se ocupa de un aspecto concreto del medio ambiente.

Según el diccionario, la naturaleza es «[...] todo lo que existe o se desarrolla en los fenómenos orgánicos e inorgánicos sin intervención

---

90. Smith, G. *et al.* «Human Follicular Mites: Ectoparasites Becoming Symbionts». *Molecular Biology and Evolution,* vol. 39, ed. 6, 21, junio de 2022, https://doi.org/10.1093/molbev/msac125.

humana».[91] Definiciones similares pueden encontrarse también en obras de referencia científica y, juntas, plantean un problema: si a los humanos no se les permite meter sus dedos en el pastel, entonces ya no hay naturaleza en nuestro planeta. El cambio climático, los gases de escape, los microplásticos y la extinción de especies también afectan a hábitats en los que no hay seres de dos patas, pero que, sin embargo, resultan alterados de una manera indirecta. Con esta definición, la conservación de la naturaleza dejaría de tener sentido, porque se ha perdido el propio objeto de protección. Por tanto, la solución de emergencia sería que se considera naturaleza todo aquello que se desarrolla o existe sin la intervención activa del ser humano. Sin duda, podemos estar de acuerdo con esta definición si pensamos en la protección de la selva amazónica o la Antártida, por ejemplo. En estos lugares se producen las mismas influencias pasivas que en cualquier otro sitio de la Tierra, pero allí se puede evitar inmediatamente la intervención activa si existe voluntad política.

Lo que forma parte de la naturaleza es también una cuestión de tiempo y espacio. Si adoptamos una escala mayor y contemplamos el universo entero, los procesos creados por el hombre en la Tierra no desempeñan ningún papel. Sólo en el universo observable, el número de galaxias se estima en un billón,[92] cada una de ellas repleta de decenas de miles de millones de estrellas, alrededor de las cuales orbitan innumerables planetas. Por lo tanto, es casi seguro que exista vida en varios cuerpos celestes, e, incluso en este gran escenario, se encuentra un proceso constante de devenir y desaparición. Para nuestro planeta, las cosas se pondrán difíciles mucho antes de que nuestra estrella natal se convierta en un monstruo gigante (dentro de seis o siete mil millones de años), ya que dentro de mil millones de años el aumento de la radiación solar reducirá el oxígeno a una millonésima parte de su concentra-

---

91. Definición proporcionada por el diccionario de la lengua alemana DUDEN: www.duden.de/rechtschreibung/Natur

92. Christopher J. Conselice *et al.* «The Evolution of Galaxy Number Density at z < 8 and its Implications». *Astrophysical Journal* 830 83, 2016, DOI 10.3847/0004-637X/830/2/≥83 https://iopscience.iop.org/article/10.3847/0004-637X/830/2/83/pdf

ción actual, de modo que la vida tal como la imaginamos hoy ya no será posible.[93]

El peligro de un planteamiento de este tipo es que podríamos volvernos fatalistas de una manera bastante rápida. Si la Tierra es del todo insignificante en el conjunto del cosmos, entonces también podríamos seguir como hasta la fecha. Si, en el infinito, incluso la existencia de nuestro Sistema Solar es sólo un abrir y cerrar de ojos, entonces no debería importar si volamos a Nueva York para ir de compras o seguimos comprando ropa en grandes almacenes económicos. Lo que ocurrirá en los próximos siglos en nuestra pequeña bola no será más que un juego mental superfluo.

Para mí, sin embargo, tales consideraciones tienen exactamente el efecto contrario. Si el futuro lejano no importa, entonces el presente es tanto más importante. No se trata de la humanidad dentro de 1000 años, sino de la gente que vive ahora en este planeta. Lo que le hacemos a la naturaleza nos lo hacemos a nosotros mismos. Lo que nos lleva de nuevo a la pregunta inicial, que, como sabemos, no puede responderse de manera inequívoca. Tal vez el término esté ya demasiado gastado, porque se está abusando de él en el ámbito de la protección del medio ambiente. Por ejemplo, los antiguos paisajes cultivados se defienden a capa y espada frente al regreso de los bosques tradicionales eliminando los árboles de estas «zonas de conservación de la naturaleza» en cuanto se establecen. Los brezales de enebro, los pastos ásperos, los huertos de pradera y otros similares están unidos por el hecho de que encarnan una forma suave de agricultura histórica, pero en ningún caso procesos que no estén activamente influidos por el ser humano. Nadie negará que merece la pena conservarlos, pero en interés de la transparencia deberían clasificarse como museos al aire libre.

Otro término que está adquiriendo cada vez más aceptación oficial es el de «espacio natural». Los espacios naturales pueden ser cualquier cosa como, por ejemplo, una zona industrial abandonada, una antigua

---

93. Ozaki, K.; Reinhard, C. T. «The future: lifespan of Earth's oxygenated atmosphere». *Nature Geoscience*, vol 14, pp. 138-142, marzo de 2021, DOI: 10.1038/s41561-021-00693-5 www.nature.com/articles/s41561-021-00693-5

plantación de abetos o tierras de cultivo abandonadas a su suerte. Por supuesto, también se incluyen las selvas tropicales que quedan, la tundra ártica o el desierto de hielo antártico. Lo que todos tienen en común es que en ellos se permite que el proceso natural tenga lugar sin la influencia orientadora del ser humano. La idea de lo salvaje es en especial reconfortante para el paisaje remodelado culturalmente, ya que se le permite ponerse en marcha de nuevo, desplegarse y darse forma a sí mismo con todas sus especies, un proceso del todo fascinante.

Existen dos ejemplos que demuestran lo bien que sigue funcionando esta estrategia: Chernóbil y la selva amazónica. Casi cuatro décadas después del terrible accidente, el lugar de la catástrofe del reactor está casi irreconocible. Con una superficie de 2200 kilómetros cuadrados (casi el tamaño de Luxemburgo) acordonada para evitar accidentes por radiación en la zona contaminada, los bosques, los pantanos y los animales salvajes han podido extenderse de nuevo en el antiguo paisaje agrícola e industrial. Como ya no se caza, alces, lobos y águilas han regresado en grandes cantidades. Al parecer, incluso han sido capaces de adaptarse al aumento de la radiación a lo largo de los años y han sufrido daños sorprendentemente escasos.[94]

La selva amazónica, símbolo de un paradisíaco paisaje primigenio que nunca ha sido transformado por el hombre, también esconde sorpresas. Si bien antes se suponía que sólo pequeños grupos de indígenas deambulaban por la selva y, como mucho, creaban minúsculos claros para cultivar alimentos, el panorama ha tenido que revisarse recientemente de forma significativa. Los investigadores suponen ahora que florecientes civilizaciones han remodelado el paisaje en más de 400 000 kilómetros cuadrados, es decir, más que la superficie de Alemania, por ejemplo.

Utilizando escáneres láser de aviones, descubrieron ciudades enteras que siguen siendo claramente visibles en el ordenador, ocultas bajo las copas de los árboles. Al parecer, fueron abandonadas en la época prehispánica, pero han dejado sus huellas hasta nuestros días. La población

---

94. «Wie das Leben in die Todeszone um Tschernobyl zurückkehrte». *GEO. de*, www.geo.de/natur/tierwelt/77-rtkl-tschernobyl-wie-dasleben-die-todeszone-zurueckkehrte

de la época había practicado la agricultura en una extensa zona, modificando la composición del suelo y de las plantas de tal manera que aún hoy tiene repercusiones. No obstante, la selva se ha recuperado de estos siglos de utilización hasta tal punto que durante mucho tiempo se supuso que había permanecido completamente intacta desde tiempos inmemoriales.[95]

Ya sean «espacios naturales» o «naturaleza», el proceso en el sentido de paisajes dignos de protección, por lo general, excluye al ser humano manipulador.

Si no fuéramos tan desenfrenados a la hora de remodelar cualquier rincón medianamente interesante de nuestro planeta (como tal vez incluso las profundidades marinas en un futuro próximo), nuestras actividades creativas seguirían estando dentro de la norma de otras especies. La remodelación de los hábitats no es en absoluto un invento humano. Ya hemos hablado de cómo lo hacen los árboles.

Antes de su llegada a Europa Central y Septentrional, la naturaleza era la tundra, con sus arbustos enanos, hierbas, musgos y líquenes. Todos ellos desaparecieron tras la llegada de los gigantes vegetales, un proceso que revertimos localmente en siglos pasados con la tala de bosques y la introducción de la ganadería de pasto. Tras nuestra desaparición, en un futuro esperemos que más lejano, los árboles podrían volver a tomar el relevo. Chernóbil y la selva amazónica lo han demostrado. Si se permite que la naturaleza vuelva a ser naturaleza, perdón, zona salvaje, ¿dónde se asentará algún día, de qué especies arbóreas estará compuesta una zona salvaje forestal?

Muchos científicos tienen en mente una visión de esto, que se denomina vegetación natural potencial.

Aparte de que esta visión excluye a los animales, al menos en la definición, por lo demás es pura fantasía. Si existiera esa vegetación previsible, significaría que la naturaleza se estabilizaría en un equilibrio que podría describirse en términos de plantas y su participación en el ecosistema. Pero ¿existe ese equilibrio?

---

95. De Souza, J. G. *et al.* «Pre-Columbian earth-builders settled along the entire southern rim of the Amazon». *Nature Communications,* núm. 9/2018, artículo núm. 1125, https://doi.org/10.1038/s41467-018- 03510-7

La ilusión del equilibrio natural

Me encanta acabar con ilusiones justo al principio de un capítulo, como hago en este caso: ¡no existe un equilibrio natural! Un estado bien compensado y afinado parece muy equilibrado y, de algún modo, justo. Todo sale a pedir de boca si nadie ejerce una presión excesiva sobre el sistema. Por desgracia, este estado paradisíaco es un espejismo y el mejor ejemplo de un equilibrio inexistente somos nosotros mismos.

Por el momento, nadie diría que los ecosistemas se han estabilizado. La población crece, los bosques se reducen, los océanos se secan por la pesca y se llenan de plásticos e, incluso, la atmósfera cambia de continuo, lo que provoca un aumento de las temperaturas. La evolución es tan sorprendente que la ciencia habla de los llamados puntos de inflexión, es decir, umbrales dentro de los procesos de cambio, tras los cuales el cambio sigue intensificándose incluso sin nuestra intervención. Entre ellos figuran el deshielo de los casquetes polares, el deshielo de los suelos de permafrost y la disolución y desertización de la selva amazónica. Lógicamente, los puntos de inflexión son lo contrario del equilibrio y siempre han existido, incluso mucho antes de la aparición del ser humano.

Un caso en especial grave se produjo hace más de 2000 millones de años y hoy se conoce como la gran catástrofe del oxígeno. Hasta ese momento, todos los seres vivos de la Tierra se las habían arreglado sin oxígeno. Sin embargo, hace unos tres mil millones de años, las cianobacterias ya habían desarrollado la fotosíntesis, en la que el CO_2 y el agua se convierten en glucosa con la ayuda de la luz solar. Este ingenioso golpe proporcionó fuentes de alimento casi inagotables a los diminutos organismos. Sin embargo, el oxígeno es un gas extremadamente agresivo y suponía una amenaza para la vida de casi todos los seres vivos de la época. No obstante, durante cientos de millones de años no supuso ningún problema. Había suficiente material con el que el oxígeno podía reaccionar. Como resultado, las rocas ferrosas se oxidaban, y la tierra, antes gris, se volvía marrón. Pero en algún momento, la cantidad de oxígeno llegó a ser tan grande que la composición de la atmósfera también cambió. En ese momento, comenzó una extinción masiva, la mayor que ha visto la Tierra (incluida la actual). Entre el 80 y más del 99 % de toda la vida desapareció del planeta. Las huellas de esta catástrofe aún pueden verse hoy en día en las rocas, que nos dicen que la producción de biomasa se desplomó en más de un 80 % y no volvió a aumentar durante mucho tiempo.[96]

Aunque después comenzó la marcha triunfal de los organismos pluricelulares y estalló la biodiversidad, antes se produjo otra catástrofe. La Tierra se convirtió en una bola de nieve helada. Si la capa de hielo cubría o no toda la Tierra sigue siendo objeto de debate científico. Al fin y al cabo, los sedimentos fueron arrastrados a los océanos por los glaciares y las corrientes de hielo y depositados sobre ellos, hecho que sólo hubiera sido posible con superficies de agua abiertas.[97] No obstante, grandes superficies de la Tierra quedaron cubiertas de hielo, una situación que se repitió varias veces más a lo largo de la historia. El hielo sólo se retiró cuando otros fenómenos naturales en forma de erupciones volcánicas provocaron un nuevo aumento del contenido de CO_2 en la atmósfera, creando así un efecto invernadero.[98]

Además, los asteroides impactaban con regularidad contra la Tierra, como ocurrió con un trozo gigante de un tamaño de doce kilómetros hace unos 66 millones de años cerca de Chicxulub Pueblo, en México, que provocó la extinción de la mayoría de las especies de dinosaurios y dio paso a otras especies, como los mamíferos.[99] La inestabilidad siempre crea nuevas oportunidades y una de ellas nos permitió aparecer en el escenario de la vida.

Como se puede ver, muchos de los desastres naturales no son causados por un ecosistema autorregulado, sino por elementos inanimados como volcanes, continentes a la deriva o asteroides. La vida intenta después, una y otra vez, crear condiciones más o menos estables. Pero

96. Hodgskiss, Malcolm S.W. *et al.* «A productivity collapse to end Earth's Great Oxidation». *PNAS* 116 (35): 17207-17212, 12 de agosto 2019, https://doi.org/10.1073/pnas.1900325116

97. Allen, Philip A.; Etienne, James L. «Sedimentary challenge to Snowball Earth». *Nature Geoscience* 1, 817-825, 30/11/2008, https://doi.org/10.1038/ngeo355

98. Lingenhöhl, David. «Erde gefror in kürzester Zeit». Spektrum.de, 10/06/2018, www.spektrum.de/news/erde-gefror-in-kuerzesterzeit/1570128 (Consultado el 30/08/2024).

99. Amos, J. «Chicxulub asteroid impact: Stunning fossils record dinosaurs' demise». *BBC News*, 29/03/2019, www.bbc.com/news/science-environment-47755275 (Consultado el 29/08/2024).

incluso sin catástrofes, hay cambios regulares provocados, por ejemplo, por el aumento y la disminución de la actividad solar. Así, nuestra estrella natal brilla al máximo cada once años, para, más tarde, volver a atenuarse. Este ritmo no influye demasiado en el clima, pero también el máximo fluctúa y puede descender a lo largo de los siglos hasta tal punto que se produce un enfriamiento global. Por ejemplo, el mínimo de Maunder de 1645 a 1715 pudo desencadenar la llamada Pequeña Edad de Hielo, que trajo consigo malas cosechas y hambrunas.

Ni siquiera la Tierra hace siempre lo que quieren las criaturas adictas a la estabilidad. Por ejemplo, la inclinación del eje de la Tierra (a un ritmo de 41 000 años), la orientación del eje terrestre (que se inclina a un ritmo de 23 000 años y desplaza así las estaciones) y la órbita de la Tierra alrededor del Sol (a dos ritmos de 100 000 y 400 000 años) varían.[100] Y como todo ocurre al mismo tiempo, hay efectos superpuestos que anulan o refuerzan el efecto del clima.

Una pequeña observación al margen: aunque todos los parámetros apuntaran milagrosamente en la dirección del enfriamiento, los efectos seguirían sin compensar el cambio climático provocado por el hombre.

No obstante, este cambio climático actual también podría entenderse y aceptarse como un proceso puramente natural. Para la vida en su conjunto en el planeta, esto no importaría a largo plazo: todas las especies acaban muriendo y son sustituidas por otras, y cada catástrofe abre nuevas oportunidades para otras formas de vida, como nos muestran de manera impresionante incluso los recortes más severos de la biodiversidad y su posterior resurgimiento cuando miramos hacia atrás en el pasado.

Una mirada aún más profunda hacia el futuro muestra que un día en un futuro lejano, la Tierra primero se secará y luego se quemará en el sol en expansión. Incluso antes de eso, dentro de poco más de mil millones de años, el sol brillará un 10 % más, convirtiendo los continentes en desiertos y un poco más tarde los océanos también se evapo-

---

100. «Zentralanstalt für Meteorologie und Geodynamik des österreichischen Bundesministeriums für Bildung, Wissenschaft und Forschung: Astronomische Zyklen», www.zamg.ac.at/cms/de/klima/informationsportal-klimawandel/klimasystem/antriebe/astronomische-zyklen (Consultado el 28/08/2024).

rarán.[101] En resumen, nada dura para siempre, todo se acaba en algún momento.

¿Una verdad de Perogrullo? Evidentemente no, porque la protección del medio ambiente consiste siempre en preservar para el futuro, es decir, para la eternidad, por así decirlo. Para ilustrarlo, hagamos una breve excursión a los rinocerontes blancos del norte. Todavía se puede utilizar el plural, ya que quedan dos hembras. Hay en marcha programas de rescate que utilizan esperma congelado de toros fallecidos de esta especie para obtener embriones de los óvulos de ambas hembras e implantarlos después en rinocerontes blancos del sur, muy emparentados, como madres de alquiler.[102] Si esto funcionará está escrito en las estrellas y, quizá, la especie se extinga pronto a pesar de todos los esfuerzos tardíos.

Todas las especies se extinguen en algún momento, pero la pregunta crucial es cuándo. A las hembras de rinoceronte no les importará. Cuando mueran, será un problema individual para ellas. La última de su especie apenas se dará cuenta de que es la última, y deberíamos compadecernos de nosotros mismos más que de los rinocerontes. Nuestro mundo se empobrecerá y es posible que se vuelva más inestable como resultado, ahora y no en el futuro. La protección del medio ambiente es siempre también protección del ser humano y, en este sentido, deberíamos responder con un sí rotundo a la pregunta planteada antes de si el ser humano pertenece a la naturaleza. En un mundo intrínsecamente plagado de catástrofes e inestabilidad, no deberíamos eliminar factores de apoyo adicionales del ecosistema del que dependemos.

A la inversa, no deberíamos utilizar la fuerza para conservar paisajes que han sido catalogados como dignos de protección. ¿Qué pasaría si renunciáramos de manera definitiva a las zonas de conservación de la naturaleza como los brezales de enebro? ¿Regresaría entonces por doquier el antiguo hayedo primigenio con sus típicas especies arbóreas? ¿Eso también sería una falacia? No lo sabemos. Lo que sí es seguro es

101. www.zeit.de/zeit-wissen/2010/02/Dossier-Kosmos/seite-4 (Consultado el 28/08/2024).

102. www.ardalpha.de/wissen/natur/tiere/artenschutz/rote-liste/breitmaulnashorn-noerdliches-wildtiere-aussterben-zuechtung-befruchtung-labor-100.html (Consultado el 28/08/2024).

que en la actualidad los bosques están volviendo porque lo están haciendo de manera constante y, después, son eliminados con grandes gastos. Pero en lugar del hayedo, también podrían instalarse otras comunidades forestales, por ejemplo, más robles, tilos o arces. Lo que es seguro es que nuestros ecosistemas autóctonos serían colonizados por árboles muy rápidamente fuera de los páramos y las masas de agua, porque aportan cierta calma a los acontecimientos dinámicos, al menos de forma temporal, es decir, durante siglos y, con suerte, durante milenios. A nadie le gustan los cambios rápidos y constantes, ni siquiera al resto de especies.

Echemos otro vistazo a períodos de tiempo más largos. La vida entre catástrofes mundiales es deseable y, por suerte, estos períodos intermedios son bastante largos. Pero incluso en las fases más tranquilas, hay un constante ir y venir. Sólo unas pocas especies pueden sobrevivir cientos de millones de años sin apenas cambios, como los pulpos perla, unos cefalópodos que se deslizan por los océanos con hermosas conchas en forma de banda. Sus antepasados poblaron los océanos hace 500 millones de años.

Los helechos arborescentes existen desde hace unos 300 millones de años,[103] y los esturiones, grandes peces de agua dulce, tienen una historia de 200 millones de años.[104]A estos animales se los denomina fósiles vivientes y son dignos de admiración porque la naturaleza no ha previsto normalmente un tiempo de permanencia tan largo.

Cuando hablamos de una fase tranquila en relación con las catástrofes globales, no significa estabilidad local. Basta pensar en *Homo sapiens* y sus apenas 300 000 años de historia. Incluso una mirada retrospectiva de 4000 años a la civilización egipcia es asombrosa y, al mismo tiempo, demuestra que ni siquiera este minúsculo período de tiempo en términos de historia geológica indica estabilidad, ni para las poblaciones vegetales y animales ni para la cultura humana.

103. «Riesiger fossiler Regenwald entdeckt». *Spektrum.de*, www.spektrum.de/news/ riesiger-fossiler-regenwald-entdeckt/872111

104. «10 Lebewesen, die es seit Urzeiten gibt». *Spektrum.de*, www.spektrum.de/wissen/10-lebende-fossilien-aus-aller-welt/1415821

En la misma época en que los faraones construían las pirámides, el bosque primitivo de hayas, que había permanecido en climas más cálidos detrás de los Alpes como consecuencia de la era glacial, empezó a recuperarse con el aumento de las temperaturas y se extendió por Alemania junto con los cazadores y agricultores.

Sin embargo, todas las especies se resisten al cambio y se esfuerzan por mantener su zona de confort el mayor tiempo posible. Sería desastroso para los árboles que el ecosistema cambiara dentro de unos siglos hasta tal punto que su propia descendencia ya no tuviera ninguna oportunidad. Se enfrentan a un verdadero dilema. Como es natural, los árboles quieren envejecer lo máximo posible. La formación de poderosos troncos lleva mucho tiempo y es necesaria para elevarse por encima del resto de la vegetación y conseguir un lugar al sol por encima del dosel de los bosques primigenios. Esto requiere el almacenamiento de mucha energía, que se invierte durante siglos en la construcción estable de madera. Sin embargo, aunque los árboles quieren estabilidad para su propia especie y las especies amigas, es decir, para todo el ecosistema forestal, no se andan con remilgos con las especies no deseadas o, como mínimo, superfluas.

Un buen ejemplo de ello tuvo lugar a las puertas de mi casa, aunque 11 000 años antes de que se construyera la casa forestal. Durante la última glaciación, en esta zona no hubo glaciares, sino que se formó una estepa forestal. En este lugar vivían los llamados megaherbívoros, es decir, grandes herbívoros. Mamuts, rinocerontes lanudos, ciervos gigantes y bisontes pastaron entre árboles dispersos y llevaron una buena vida durante 30 000 años. No, eso no es del todo cierto, porque de vez en cuando hacía más calor y las especies que aún existen en la actualidad, como el ciervo rojo o el alce, solían aprovechar estas interrupciones cálidas. Pero entonces el mamut, el rinoceronte lanudo y el ciervo gigante desaparecieron definitivamente, y durante mucho tiempo los científicos sospecharon que los humanos modernos tenían demasiado apetito por la carne y abusaron de los grandes mamíferos hasta que el último espécimen cayó, por último, víctima de sus flechas y lanzas.

Entonces, ¿nuestra especie siempre se ha portado mal y ha destruido el medio ambiente? Ésta es la opinión de los defensores de la llamada teoría de los megaherbívoros, que atribuyen la extinción de los mamuts y semejantes en Europa a nuestros codiciosos antepasados. Sin la caza humana, según los defensores de esta corriente de pensamiento, no tendríamos bosques cerrados, sino sabanas con escasa cubierta arbórea. Los grandes mamíferos que pastaban habrían mantenido el paisaje abierto para ellos consumiendo la mayor parte del crecimiento arbóreo.

Por cierto, este punto de vista sigue influyendo hoy en día en la conservación oficial de la naturaleza. A falta de ciervos gigantes y mamuts, la conservación de las zonas protegidas se simula con ovejas o, casi cómicamente, con animales domésticos disfrazados. Se podría decir que es una exageración cuando se utiliza ganado de heck o koniks, una antigua raza de caballos, para evocar tiempos pretéritos. El ganado heck es un descendiente puramente visual del aurochs, una forma salvaje extinta de nuestro ganado doméstico. Genéticamente, el ganado heck no está más cerca de su antepasado salvaje que el ganado holstein, en la actualidad la raza de ganado lechero más común. Por su parte, se dice que los koniks se parecen al tarpán, el caballo salvaje extinto de Europa. Junto con el ganado heck, pastan en una serie de reservas naturales, y en ellas no hacen nada que difiera de cualquier granja ecológica, pues crean un paisaje de prados y pastos donde en tiempos prehistóricos crecían los bosques. Las medidas actúan como una reparación tardía por las fechorías cinegéticas de nuestros avariciosos antepasados y también anclan con sutileza en nuestro subconsciente que los humanos siempre han sido malvados y han acabado con las especies animales.

Según las últimas investigaciones, esta amarga historia llegó a su fin y la pista es poco apetitosa. Se trata de hongos fecales que viven sobre montones de heces de herbívoros y que liberan con diligencia sus esporas en el medio ambiente. Pero vayamos por partes. Un equipo internacional dirigido por el Prof. Dr. Frank Sirocko, de la Universidad Johannes Gutenberg de Maguncia, examinó núcleos de perforación de cráteres volcánicos de la región de Eifel, tomados y archivados durante un período de 20 años. En fases inactivas, como la actual, los antiguos escupefuegos son lagos llenos de agua. Lodo, pero también polen de plantas y las ya mencionadas esporas de hongos fecales se han hundido hasta el fondo en este lugar a lo largo de miles de años. Al igual que el hielo ártico o las ciénagas, estos sedimentos actúan como archivos del clima, pero también de la vegetación y la fauna del paisaje.

A estos archivos se accedía mediante perforación. En los núcleos de perforación se pudo comprobar, capa por capa durante los últimos 60 000 años, qué plantas crecían alrededor de los cráteres en cada momento. Al principio eran bosques de abetos, pero éstos desaparecieron hace 48 000 años y dieron paso a una estepa polar. Estos grandes mamíferos prosperaron en esta zona, desafiando las erupciones volcánicas, los incendios, las fluctuaciones climáticas e incluso la llegada de los humanos cazadores hace unos 43 000 años. La población de mamuts y otros grandes herbívoros alcanzó su máximo hace 15 000 años, y coincidió con la fuerte presencia de humanos cazadores.

Por casualidad o no, los humanos no parecen haber interferido en la expansión de los grandes mamíferos. Pero con el calentamiento posglaciar del clima volvieron los árboles. Hace 13 300 años, fueron los abedules los que sellaron el fin de los impresionantes animales en el Eifel. Los bosques cada vez más densos oscurecieron el suelo y provocaron la desaparición de los codiciados pastos. Junto con su alimento, los gigantes de la Edad de Hielo también desaparecieron y fueron sustituidos por especies más capaces de adaptarse a los bosques.[105]

El hecho de que la falta de luz es el arma más poderosa de un árbol se ha hecho patente en los hayedos primitivos. Apenas crece vegetación a la sombra de los grandes árboles, por lo que todo tiene un aspecto gris y marrón, sobre todo en invierno. Esto es catastrófico para los corzos y los ciervos, ya que de todos modos hay escasez de alimento en la estación fría. Si ya no quedan restos de hierba verde amarillenta o incluso completamente marchita, muchos animales mueren de hambre. Con la ayuda de la sombra estival que proporciona el denso dosel de hojas, los árboles mantienen a raya a los huéspedes no invitados, permitiendo que las crías crezcan sin ser mordisqueadas.

La ausencia de toxinas almacenadas, espinas u otras armas drásticas demuestra la eficacia de esta discreta medida de defensa. Se encuentran en muchas especies arbóreas de bosques ralos, que siempre han tenido que lidiar con grandes herbívoros.

---

105. Sirocko, F. *et al.* «Thresholds for the presence of glacial megafauna in central Europe during the last 60,000 years». *Scientific Reports* 12, 20055 (2022). https://doi.org/10.1038/s41598-022-22464-x

Por eso, los cambios medioambientales debidos al cambio climático siempre han sido un reto y nuestra especie, a diferencia de los árboles, tuvo una estrategia completamente distinta para sobrevivir durante siglos. Nuestros antepasados se trasladaban. Si hacía demasiado frío, demasiado calor, estaba demasiado seco o demasiado húmedo, todo el clan emprendía la marcha hacia nuevos climas y buscaba un lugar libre para vivir. La forma en que obtenían su alimento era perfecta para ello: la caza y la recolección.

Nuestros hogares consistían en tiendas de campaña o cuevas que con la misma facilidad podían instalarse o encontrarse en otro lugar; en resumen, nuestros antepasados eran nómadas. Al menos hasta que un día a alguien se le ocurrió practicar la agricultura estacionaria. A partir de ese momento, la gente tenía que establecerse para esperar, por ejemplo, la siguiente cosecha. Durante el período de espera, valía la pena invertir más tiempo en viviendas más elaboradas, lo que significaba que los primeros agricultores también se ataban y perdían una de las ventajas más importantes de ser independientes. Estas desventajas se compraron con una enorme ventaja, a saber, la explosión del suministro de alimentos. En aquella época, aún era posible abandonar los asentamientos y seguir adelante si las condiciones en la antigua patria se volvían demasiado inhóspitas.

Las especies siempre han encontrado vías de escape, a veces lentas (los árboles) y en otras ocasiones rápidas (los animales). Es precisamente esta salida la que la humanidad está obstruyendo en la actualidad al ocupar toda la tierra y fijarla dentro de rígidas fronteras nacionales. Es un poco como jugar al Tetris, donde ya no se pueden utilizar los huecos porque la forma de las piezas ya no encaja. Quizá por eso nos aferramos tanto a la idea de un estado de equilibrio. Se puede planificar y, sobre todo, no exige avanzar. Esto último no sólo se ve dificultado por la sedentarización y las fronteras nacionales, sino también por el mero hecho de que más de 8000 millones de personas se encuentran jugando a una especie de juego gigante de la liebre y el erizo; vayas donde vayas, ya hay alguien allí.

El increíble número de individuos de nuestra especie no sólo se debe a la elevada tasa de natalidad, que sigue siendo superior a la de mortalidad a pesar de su caída. También se debe al descenso de la mortalidad infantil, que ha disminuido muchísimo en los últimos 150 años. ¿Sigue siendo esto natural o nos hemos liberado por fin de la dependencia animal?

El saber de los antiguos

El hecho de que nuestra esperanza de vida aumente de continuo, ¿no es acaso uno de los principales problemas de la crisis medioambiental? Al fin y al cabo, si uno no muere a los 40 años, sino a los 90, sigue ejerciendo una carga sobre los ecosistemas durante 50 años más.

Pero hagámonos primero la pregunta contraria. ¿Por qué la gente no puede realmente vivir de manera indefinida? Esta pregunta parece banal. Después de todo, en algún momento todos los tejidos se desgastan, la piel y otros órganos como el cerebro envejecen y un día fallan. Sin embargo, se trata de una cuestión de estrategia, porque también podría plantearse de otra forma, como los árboles, por ejemplo. En teoría, no pueden morir de viejos, porque hay una especie de fuente de juventud en una interfaz crucial. Es el cámbium, el tejido divisorio entre la madera y la corteza. Esta capa cristalina y finísima separa las células de la madera por dentro y las de la corteza por fuera. Lo hace de un modo incansable durante cada estación de crecimiento, sin interrupción. De esta manera, todos los árboles aumentan de grosor año tras año. Incluso podría decirse que un árbol que no aumenta de grosor se está muriendo.

No es la edad lo que afecta a los gigantes, sino el riesgo de la vida, que con el paso de las décadas y los siglos provoca cada vez más enfermedades o accidentes. Las heridas causadas por animales o por la caída de los árboles vecinos permiten el acceso de los hongos destructores de la madera. Si el tronco se descompone desde el interior más rápido de lo que pueden formarse nuevos anillos de crecimiento, en algún momento la pared será tan fina que ya no podrá soportar la copa y el árbol se derrumbará.

Pero también puede afectarlos una tormenta de verano con fuertes aguaceros que pesan sobre las hojas, provocando el desprendimiento de ramas o copas enteras. Muchos árboles mueren incluso en su juventud, cuando un ciervo hambriento se come, como un tentempié primaveral, la tierna plántula que acaba de brotar. Esta elevada tasa de mortalidad juvenil, que hace que sólo sobreviva uno de cada millón de árboles, es también la causa de la enorme cantidad de semillas que producen los árboles.

Incluso las bacterias, que en realidad simbolizan la reproducción rápida y una vida breve, pueden llegar a ser increíblemente viejas e incluso poner árboles a la sombra. Aunque estos diminutos organismos no suelen vivir durante mucho tiempo, consiguen permanecer en ámbar o en cristales de sal en forma de esporas durante muchos millones de años hasta que vuelven a la luz y se activan de nuevo.[106]

En los animales, sin embargo, la naturaleza favorece una sucesión más o menos rápida de generaciones, y esto no es diferente en el caso de los humanos. Por naturaleza, es decir, en la prehistoria, la esperanza media de vida apenas superaba los 30 años, al menos eso es lo que se podía leer a menudo hasta hace poco.[107] En cambio, gracias a la medicina moderna y a una buena alimentación, hoy en día podemos esperar vivir al menos 80 años.

La corta edad de los seres humanos de la Edad de Piedra siempre me ha parecido extraña. ¿Cómo se podía criar de forma razonable a los niños e introducirlos en la vida tribal, enseñar técnicas de caza y transmitir otros conocimientos a la siguiente generación durante este período? Por desgracia, no existen registros escritos de este momento, pero en cuanto empezaron a aparecer, quedó claro que la gente podía llegar a ser mucho mayor. Lo que ha sobrevivido son, sobre todo, informes sobre personalidades famosas, como el faraón Ramsés II, que vivió hasta los 90 años, ya que los papiros o las tablillas de piedra eran demasiado caros para los relatos sobre la gente corriente.

106. Vreeland, Russell H. *et al.* «Isolation of a 250 million-year-old halotolerant bacterium from a primary salt crystal». *Nature* 407, pp. 897-900 (2000). https:// doi.org/10.1038/35038060

107. Por ejemplo, en este caso: www.stern.de/panorama/wissen/mensch/steinzeit-leben-mit-staendigem-zahnschmerz-3755332.html (Consultado el: 29/08/2024).

¿Podemos deducir la esperanza de vida de la gente de aquella época a partir de estas historias? Probablemente sólo hasta cierto punto, ya que la dieta de los altos mandatarios era, sin duda, mucho mejor que la de la población rural, pero la medicina difícilmente podría haber contribuido de forma significativa a prolongar la vida. No obstante, los relatos muestran de lo que idealmente habría sido capaz nuestro cuerpo en las condiciones de la época.

Pero volvamos a la población común. También para ella la vida duró tal vez mucho más de lo que se creía. Antropólogos de las universidades de California y Nuevo México analizaron sociedades de cazadores-recolectores y compararon los resultados con estudios demográficos de la Edad de Piedra. Sus conclusiones demuestran que la longevidad posreproductiva es una característica típica del ser humano, es decir, que la gente suele vivir más de lo que sería necesario para procrear y criar hijos. Los dos investigadores calculan una esperanza de vida de 68-78 años incluso para la Edad de Piedra,[108] y esta estimación se aproxima mucho a la esperanza de vida mundial actual. La Oficina Federal de Estadística alemana, por ejemplo, la sitúa en 72 años en el año 2022.[109]

Pero hay que tener en cuenta que la esperanza de vida y la esperanza de vida media son dos cosas distintas. Debido a la elevadísima tasa de mortalidad infantil en la Edad de Piedra, la esperanza media de vida al nacer se aproximaba probablemente a los 30 años. Pero para las personas que sobrevivían a esta primera fase crítica, el resto de su vida duraba tanto como hoy. Lo que ha cambiado para nosotros es, en esencia, la menor tasa de mortalidad infantil, no (como se suele suponer de manera errónea) el mejor tratamiento médico de los adultos. Aunque esto es responsable del buen cuidado de los ancianos, muchas enfermedades que hoy pueden tratarse bien surgieron por primera vez con la civilización moderna, sobre todo debido a la mala alimentación, al tabaquismo y a la falta de ejercicio físico. Entre estas patologías se encuentran las cardiovasculares, el cáncer y las enfermedades del sistema

---

108. Gurven, M.; Kaplan, H. «Longevity Among Hunter-Gatherers: A Cross-Cultural Examination». *Population and Development Review*, 33: 321-365, 2007 https://doi.org/10.1111/j.1728-4457.2007.00171.x

109. https://de.statista.com/themen/47/lebenserwartung/#topicOverview (Consultado el 28/08/2024).

respiratorio. Por supuesto, estas enfermedades también existían en el pasado, pero sólo en casos excepcionales. Hoy, estas patologías encabezan siempre la lista de causas de muerte. Según la Oficina Federal de Estadística, las enfermedades cardiovasculares por sí solas fueron responsables de un tercio de todas las muertes en Alemania en 2021, a pesar de las numerosas muertes por enfermedades coronarias, seguidas del cáncer, con un 22,4 por 100.[110] Los avances médicos y los daños a la salud causados por los estilos de vida modernos casi parecen anularse los unos a los otros.

Por tanto, no vivimos necesariamente mucho más que nuestros antepasados, pero hay una diferencia significativa: un número bastante mayor de personas vive durante más tiempo. La reducción de la mortalidad infantil no significa que nazcan menos niños, sino que sobreviven más. Por tanto, el hecho de que cada vez haya más ancianos se debe más a este hecho que a que los adultos gocen de mejor salud. Si la duración de la vida no ha cambiado de manera significativa desde la Edad de Piedra, pero al mismo tiempo se producen enfermedades del todo distintas debido a los cambios en el estilo de vida, que a su vez van acompañados de una asistencia médica muy mejorada, la conclusión es que envejecemos tanto porque se supone que debemos envejecer tanto por naturaleza.

Ya sea en la Edad de Piedra o con la medicina moderna, para nosotros, los humanos, el final de la línea se alcanza como máximo a los 120-130 años, incluso con una suposición puramente hipotética de estar libres de accidentes y de salud de por vida, dependiendo de la teoría. Una de las razones de ello es un programa genético que determina cuándo tenemos que dejar nuestro puesto como muy tarde, queramos o no. Al igual que los alimentos en el supermercado, tenemos una fecha de caducidad. Nuestra vida llega a su fin en cuanto perdemos la capacidad de que las células se dividan, y esta capacidad no termina

---

110. Comunicado de prensa del Ministerio Federal de Estadística: Pressemitteilung des Statistischen Bundesamtes, núm. 544 del 16 de diciembre 2022 www.destatis.de/DE/Presse/Pressemitteilungen/2022/12/PD22_544_23211.html (Consultado el 29/08/2024).

por desgaste, sino por una desconexión planificada. Esta desconexión depende de los capuchones protectores situados en los extremos de los cromosomas. Los llamados telómeros se acortan con cada división celular. Si un día se desgastan por completo, los genes quedan desprotegidos. Para que estén seguros, las células dejan de dividirse, lo que significa que el tejido desgastado ya no puede repararse. Esto provoca enfermedades graves y, finalmente, la muerte del organismo.[111]

Sin embargo, el constante desgaste y acortamiento de los telómeros no parece ser un proceso irreversible. Los experimentos sugieren que el estilo de vida puede tener una gran influencia en la longitud de los capuchones protectores. Esto incluye no sólo la dieta y el ejercicio, sino también la salud mental. El estrés también puede contribuir a aumentar el desgaste de estos importantes dispositivos protectores. Sin embargo, aún no se ha aclarado de forma concluyente hasta qué punto todo esto acelera el reloj de la vida a largo plazo.[112]

Pero incluso si fuera posible conservar los telómeros de forma permanente, esto sólo alargaría nuestra vida entre 20 y 30 años como máximo; después de todo, el envejecimiento también viene determinado por otros factores.[113] Pero ¿por qué tiene sentido acabar de vivir en algún momento? En teoría, podríamos vivir, si no para siempre, al menos durante milenios, como ocurre con algunas especies arbóreas.

En realidad, esto puede ser ventajoso para los árboles. Tardan décadas, o incluso siglos, en emerger de la maleza, formar un poderoso tronco y extender su copa hasta una altura de 50 metros. Por tanto, invierten mucho tiempo y recursos en construir una estructura que les proporcione ventaja sobre otras plantas. Una vez completado este proceso, un árbol naturalmente quiere aprovechar estas ventajas para florecer y reproducirse. Todo ello se debe al hecho de que los árboles no

111. www.scinexx.de/dossierartikel/das-geheimnis-der-telomere/ (Consultado el 29/08/2024).

112. Puhlmann, L. M. C. *et al.* «Association of Short-term Change in Leukocyte Telomere Length With Cortical Thickness and Outcomes of Mental Training Among Healthy Adults: A Randomized Clinical Trial». *JAMA Netw Open.* 2019; 2 (9): e199687. doi:10.1001/ jamanetworkopen.2019.9687.

113. www.scinexx.de/dossierartikel/das-geheimnis-der-telomere/ (Consultado el 28/08/2024).

pueden desplazarse y de que sólo un pequeño porcentaje consigue sobrevivir y alcanzar la edad reproductiva.

Sin embargo, la mayoría de los animales, incluidos nosotros, no necesitan tanto tiempo para tener descendencia. Además, podemos cambiar de ecosistema si las condiciones ya no son las adecuadas. Esta flexibilidad significa que vivir miles de años, trabajando sin cesar para establecer nuestra propia posición sobre el terreno, es superfluo e incluso peligroso. Porque los que viven hasta una edad muy avanzada tienen una sucesión muy larga de generaciones. Sin embargo, las modificaciones genéticas sólo son posibles de generación en generación, ya que la información genética se mezcla y recombina durante la reproducción. Las experiencias personales pueden incluso transmitirse uniendo una especie de marcador químico a los genes. Sólo a través de tales cambios, una especie puede adaptarse físicamente a unas condiciones ambientales cambiantes. Sin embargo, el requisito previo para una sucesión de generaciones es una vida finita. Si pudiéramos seguir existiendo de manera indefinida, todos los hábitats adecuados estarían ocupados desde hace siglos por nuestros antepasados, que jamás soñarían con darnos una oportunidad suicidándose. Así que la naturaleza sólo hace lo que nosotros mismos somos incapaces de hacer: dejarnos marchar tras un período de tiempo razonable.

Si este plazo es natural, ¿por qué es el doble de largo de lo que se tarda en tener descendencia? El doble de tiempo significa de manera automática el doble de tiempo de bloqueo de un espacio en nuestro planeta, menos oportunidades para la descendencia y, por tanto, una ralentización del desarrollo de nuestra especie. Evidentemente, hay buenos argumentos a favor de esta inversión de tiempo. Y, de hecho, existen pruebas desde la antigüedad del papel de los ancianos. Los aztecas los llamaban «recordadores de la historia», y eso es bastante exacto.

Las personas mayores son la memoria de una sociedad, han vivido situaciones que siguen siendo extrañas para los más jóvenes. En tiempos de crisis, son más capaces de reaccionar de forma adecuada y desarrollar soluciones a los problemas porque ya los han vivido antes. En caso de duda, esto puede marcar la diferencia entre la vida y la muerte, y, por tanto, la continuación de sus propios genes.

En muchas culturas, los ancianos ocupaban un lugar destacado en la sociedad. Aunque a veces se burlaban de sus achaques (como los griegos en sus comedias), siempre eran conscientes de su valor. En Esparta, por ejemplo, sólo se podía formar parte del importante consejo de ancianos a partir de los 60 años.[114]

Las personas que recuerdan la historia siguen siendo muy valoradas hoy en día, como las víctimas supervivientes del Holocausto, que pueden transmitir los horrores del Tercer Reich a los jóvenes mucho mejor que cualquier libro. El escritor y etnólogo malayo Amadou Hampâté Bâ (1900-1991) recogía, entre otras cosas, tradiciones orales. Es famoso por la siguiente afirmación: «Cada vez que muere un anciano, es como si ardiera una biblioteca».[115]

Sin embargo, queda la delicada cuestión de si realmente es necesario que haya tantos ancianos, ya que la conservación y transmisión de conocimientos y emociones no requiere, sin duda, las legiones de ancianos que pueblan los países industrializados. Sin embargo, el hecho de que cada vez más ancianos vivan a expensas de los jóvenes debido a la necesidad de cuidados médicos intensivos es sólo una cara de la moneda. Como ya he dicho, la elevada esperanza de vida se debe en gran medida a una mejor atención a los lactantes, un hecho del que la generación más joven se beneficia actualmente en igual medida. El único problema es la proporción desfavorable entre jóvenes y ancianos. Y esto, a su vez, se debe a la mejor situación médica de los jóvenes. Hoy en día, la mayoría de los padres pueden confiar en ver crecer a todos sus hijos hasta la edad adulta. Estadísticamente, 2,1 bebés son suficientes para tener dos hijos de forma permanente.[116] Hace decenas de miles de

---

114. Proveniente de film abc: *Herbstgold* («Otoño dorado»), http://www.filmabc.at/documents/Herbstgold_Material_poool.pdf

115. Amadou Hampâté Bâ, African Studies Centre, Universidad de Leiden, www.ascleiden.nl/content/webdossiers/amadou-hampate-ba (Consultado el 28/08/2024).

116. Geburten, zusammengefasste Geburtenziffer 1960 bis 2018, Bundeszentrale für politische Bildung, www.bpb.de/kurz-knapp/ zahlen-und-fakten/soziale-situation-in-deutschland/61550/geburten/

años, tenían que ser bastantes más, porque la mitad de los niños moría antes de la pubertad.[117]

Así pues, el número de niños se ha reducido en gran medida en los últimos tiempos sin que por ello disminuyera la población. Con ello ha aumentado de manera inevitable la proporción de ancianos. Pero ¿son deseables tantos ancianos por naturaleza? La respuesta clara es: ¡no! De lo contrario, la proporción de ancianos habría sido mayor incluso en la Edad de Piedra, lo que habría sido bastante concebible debido a un cambio en los telómeros de las células y, por tanto, a una mayor edad máxima.

Así que, en un sentido biológico, hay demasiados ancianos. Sin embargo, no se trata de una evolución antinatural, sino todo lo contrario. También se observan tendencias similares en otras especies, es decir, cuando la población ha crecido demasiado y hay signos de declive. Entonces descienden las tasas de natalidad debido a diversos factores de estrés, muchos ejemplares adultos no tienen descendencia o tienen muy poca y se dispara la estadística; como los ciervos, los zorros, los cuervos o los jabalíes pueden vivir muchos años, el centro de la pirámide de edades se desplaza hacia arriba y la media de edad aumenta con rapidez en esas fases.

Muchos países con una elevada proporción de ancianos se encuentran precisamente en este umbral. A menudo ya lo han cruzado y la población está disminuyendo, como puede observarse en la mayoría de los países industrializados.

El crecimiento demográfico mundial se está produciendo sobre todo en regiones con un gran número de jóvenes, lo cual es, por supuesto, una obviedad. A este respecto, el aumento de la proporción de personas mayores nos muestra sobre todo una cosa, y es que nos dirigimos hacia un desarrollo demográfico más adaptado a los recursos del planeta. No obstante, antes de que se objete que no se trata de una evolución natural, sino que el aumento de la edad se debe a la civilización moderna (la medicina moderna, por ejemplo), paciencia, más

---

117. Anthony, A.; Atkinson, J. «Infant and child death in the human environment of evolutionary adaptation». *Evolution and Human Behavior* 34 (3): 182-192, mayo de 2013.

adelante trataremos este tema en detalle y veremos que no es así en absoluto.

Si se sigue el debate público sobre la evolución demográfica, también se constata que existe un excedente social. Las pensiones son la manzana de la discordia para las nuevas generaciones. Mientras que en 1962 había seis asalariados por un pensionista en Alemania, por ejemplo, la proporción será de 1:1,5 en 2030, según cálculos del Instituto Federal de Investigación Demográfica.[118] Esto significa que cada vez menos jóvenes deberán pagar más por el creciente número de personas mayores para proporcionarles una jubilación cómoda. Este desequilibrio alberga un potencial social explosivo.

Al menos hay soluciones que despojarán a los jóvenes de la carga de los cuidados. En primer lugar, está el aumento de la productividad, que hace que no tanta gente tenga que trabajar tantas horas. Aunque en la actualidad el crecimiento de la productividad está disminuyendo,[119] el mercado laboral quizá deba explorar nuevas vías, como la semana de cuatro días, que podría permitir que la productividad se mantuviera o incluso aumentara ligeramente a pesar de la reducción de las horas de trabajo, según un estudio de la Universidad de Cambridge.[120]

Otra opción sería permitir que los funcionarios y los autónomos coticen a los fondos de pensiones. Además, la inmigración puede mitigar el rápido descenso del porcentaje de jóvenes. Por último, al menos algunas personas mayores pueden trabajar un poco más. Gracias a los avances médicos, muchas personas mayores pueden trabajar cada vez

118. Janson, M. «Staatliches Rentensystem zunehmend unter Druck». *statista. com*, https://de.statista.com/infografik/25320/verhaeltnisvon-altersrent-nern-zu-beitragszahlern-in-der-gesetzlichenrentenversicherung/ (Consultado el 28/08/2024).

119. «Arbeitsproduktivität – nachlassende Dynamik in Deutschland und Europa», Statistisches Bundesamt. www.destatis.de/DE/Methoden/WISTA-Wirtschaft-und-Statistik/2020/02/arbeitsproduktivitaet-022020.pdf?__blob=publicationFile (Consultado el 28/08/2024).

120. «Working a four-day week boosts employee well-being while preserving productivity, major six-month trial finds». University of Cambridge, 20/02/2023, www.sciencedaily.com/releases/2023/02/230221113132.htm (Consultado el 28/08/2024).

durante más tiempo. En 1889, el canciller alemán Otto von Bismarck introdujo el seguro obligatorio de pensiones en Alemania, que en aquella época era más bien una subvención al coste de la vida. Entonces, un trabajador podía solicitar una pensión a los 70 años.[121] Las condiciones de vida eran mucho más duras, por lo que sólo unas pocas personas llegaban a tener edad suficiente para cobrar una pensión. Incluso entonces, la mayoría sólo vivía unos pocos años más. Con una atención médica más deficiente y una semana laboral de 60 horas no es de extrañar. En otras palabras, se trataba sobre todo de personas que ya no podían trabajar.[122]

En la actualidad, alrededor del 90 % de la población alcanza la edad de jubilación a una edad media de 64,1 años[123] y, a partir de ese momento, cobra una pensión durante unos 20 años.[124] En muchos casos, se trata de trabajadores que ponen fin a su vida laboral sólo con problemas de salud leves.

Sin embargo, los conflictos sociales no surgen del desequilibrio numérico entre jóvenes y mayores, sino de un desequilibrio entre asalariados y pensionistas. Por tanto, hay que redefinir del término «viejo». En cuanto a rendimiento, las personas de 70 años actuales no suelen ser en absoluto inferiores a las de 55 años de décadas anteriores. Entonces, ¿qué hay de malo en permitir que estas personas activas trabajen si lo desean? No tiene por qué ser un trabajo a jornada completa; son concebibles muchos niveles diferentes. Con este planteamiento, reequilibraríamos la estructura de edad en el mundo laboral, que se ha desequilibrado como consecuencia de la mejora de las condiciones de

121. «Die Geschichte der Deutschen Rentenversicherung». *Deutsche Rentenversicherung*, www.deutsche-rentenversicherung.de/DRV/DE/Ueber-uns-und-Presse/Historie/historie_detailseite.html (Consultado el 28/08/2024).

122. «Wie Bismarcks Rente die Geburtenrate beeinflusste». Deutsches Institut für Altersvorsorge, www.dia-vorsorge.de/gesetzliche-rente/wie-bismarcks-rente-die-geburtenrate-beeinflusste/ (Consultado el 28/08/2024).

123. https://de.statista.com/statistik/daten/studie/616566/umfrage/entwicklung-des-renteneintrittsalters-in-deutschland/ (Consultado el 28/08/2024).

124. «Die Dauer des Rentenbezugs». *Deutsche Rentenversicherung*, www.deutsche-rentenversicherung.de/SharedDocs/Downloads/DE/Statistiken-und-Berichte/Rentenatlas/2023/rentenatlas-2023-dauer-des-rentenbezugs.html (Consultado el 28/08/2024).

vida. Sólo se jubilarían quienes ya no quisieran o no pudieran aportar una contribución significativa al mundo laboral. Aunque el rendimiento disminuye con la edad, la experiencia aumenta. La imagen de este grupo posiblemente volvería a cambiar de pensionistas viajando en cruceros a impulsores de la memoria histórica.

Pero ¿qué ocurre cuando las luces se apagan en la habitación superior o el cuerpo falla y ya no se puede dejar la cama? En tiempos pasados, los pueblos primitivos se ahorraban a veces radicalmente los cuidados necesarios en una situación así. Se limitaban a situar a los ancianos frágiles al otro lado de la puerta, donde los depredadores acababan con la última etapa de su vida, los arrojaban por precipicios o dejaban este acto final en manos de los propios ancianos.[125] Actualmente nos movemos hacia el otro extremo, o incluso ya hemos llegado a él. Ya no se deja morir a nadie tan fácilmente, ni siquiera cuando el cuerpo da señales de que ya no quiere vivir. Los equipos médicos modernos permiten incluso que los pacientes con un diagnóstico de muerte cerebral sigan viviendo: 2000 pacientes al año sólo en Alemania,[126] por ejemplo, a veces durante años, simplemente porque no se suele permite que alguien asuma la responsabilidad de su muerte.

Seguir viviendo con un cerebro dañado o un sistema circulatorio colapsado no era posible durante la mayor parte de la historia de la humanidad y, por tanto, como es obvio, no estaba previsto, y éste es uno de los cambios más drásticos de nuestro tiempo. Alrededor de cinco millones de personas necesitadas de cuidados,[127] entre ellas 1,8 millones

---

125. *Alter und Altern: Ein interdisziplinärer Studientext zur Gerontologie*, publicado por Paul B. Baltes, Jürgen Mittelstraß y Ursula M. Staudinger, Walter de Gruyter, Berlín, 1994, y Paudler, F. «Die Alten- und Krankentötung als Sitte bei indogermanischen Völkern». *Wörter und Sachen, Zeitschrift für indogermanische Sprachwissenschaft.* Volksforschung und Kulturgeschichte, tomo 17, Heidelberg, 1936, pp. 1-57.

126. Lanzke, A. «Wann ist man eigentlich wirklich tot?». *Die Welt,* www.welt.de/wissenschaft/article212404827/Hirntod-Abwann-ist-man-eigentlich-wirklich-tot.html

127. Statistisches Bundesamt, www.destatis.de/DE/Themen/Gesellschaft-Umwelt/Gesundheit/Pflege/_inhalt.html

de pacientes con demencia,[128] suponen un reto para la sociedad. El coste global de la demencia rondaba el billón de dólares estadounidenses en 2018 y se habrá duplicado en 2030 debido al envejecimiento de la sociedad.[129] La carga económica y, por tanto, el grupo de personas afectadas es mucho mayor, ya que los pacientes suelen ser atendidos por familiares que, además de agotar sus propios ahorros, se ven limitados a la hora de ejercer una actividad profesional. Ahora bien, según todas las previsiones, el número de personas necesitadas de cuidados aumentará considerablemente en las próximas décadas.

Sin embargo, el cuidado de los miembros enfermos y débiles del propio clan es común incluso en el reino animal, por ejemplo, en los lobos.[130]

Este comportamiento social también se conoce en los neandertales, por ejemplo, en un niño al que los investigadores llamaron Shanidar1. Había sufrido terribles heridas en un accidente, tenía deficiencias visuales, motoras y auditivas. Además, sólo tenía un brazo. A pesar de ello, vivió hasta los 40 años y, según los científicos, esto sólo fue posible gracias a los cuidados de por vida de la familia.[131]

Hoy en día, el verdadero problema de los cuidados reside en las posibilidades médicas modernas. Es en este punto donde suelen entrar en conflicto emociones contradictorias. Por amor, la gente no quiere dejar morir a sus seres queridos y, sin embargo, la mayoría no quiere que se les cuide más tiempo del que creen que merece la pena vivir en caso de una enfermedad terminal.

---

128. «Die Häufigkeit von Demenzerkrankungen», Hoja 1 de información de la Asociación alemana de Alzheimer (Informationsblatt 1 der Deutschen Alzheimer Gesellschaft e.V.), www.deutsche-alzheimer.de/fileadmin/Alz/pdf/factsheets/ infoblatt1_haeufigkeit_demenzerkrankungen_dalzg.pdf

129. «Kosten von Demenzerkrankungen weltweit in den Jahren 2018 und 2030», https://de.statista.com/statistik/daten/studie/1189601/umfrage/ kosten-von-demenzerkrankungen-weltweit/

130. La investigadora de lobos Elli Radinger me habló de esto, pero también lo comenta en sus libros y en su página web: www.elli-radinger.de/verhalten-bei-einer-wolfsbegegnung/ (Consultado el 28/08/2024).

131. Trinkaus, E.; Villotte, S. «External auditory exostoses and hearing loss in the Shanidar 1 Neandertal». *PLOS ONE*, 20/10/2017, https://doi.org/10.1371/journal. pone.0186684

Apenas existen salidas a este dilema, como los testamentos vitales, que a menudo no funcionan por diversos motivos.[132] Sin embargo, el final de esta evolución se alcanzará como muy tarde cuando ya no sea asequible. Ya hay indicios de ello, pero hablaremos de este tema más adelante.

<hr>

132. He aquí una recopilación de diversos problemas en este contexto: www.quarks. de/gesundheit/medizin/darum-greift-die-patientenverfuegung-haeufig-nicht/ (Consultado el 28/08/2024).

Capítulo 2

¿La corona de la creación?

Nuestra inteligencia ha permitido la expansión ejemplar de nuestra especie, así como la explotación de todos los recursos imaginables de este planeta. Pero ahora que estamos al borde del abismo, ¿es esta inteligencia suficiente para frenarnos y cambiar de rumbo? ¿O es que nuestro intelecto nos está hundiendo aún más rápido al eliminar todos los obstáculos que la naturaleza ha previsto para tales desarrollos? De ser así, habríamos acabado en un callejón sin salida y sin posibilidad de dar la vuelta. Si nos fijamos bien, no es así. En primer lugar, examinemos la adaptación de nuestra especie, es decir, el desarrollo adicional debido a un entorno cambiante.

Evolución e inteligencia

Los humanos, como especie, seguimos sujetos a los mecanismos de regulación de las poblaciones animales. Pero ¿no será que cada vez nos alejamos más de esos mecanismos? Al fin y al cabo, nuestra civilización no deja de desarrollar nuevas herramientas para armarnos contra esos procesos (que suelen significar la muerte prematura de los individuos).

¿Qué significa en realidad la evolución? A veces el término se malinterpreta como un desarrollo constante de las especies en el sentido de una mejora, como el aumento constante de las capacidades mentales. En realidad, no es más que el cambio gradual de las características hereditarias de generación en generación en respuesta a unas condiciones ambientales cambiantes.[1] Esto no significa necesariamente que la especie individual en sí tenga que cambiar, sino quizá «sólo» otras especies que están asociadas a ella, como las bacterias (o los ácaros del folículo piloso) que viven en nosotros o sobre nosotros.

Sin embargo, numerosas partes de nuestro cuerpo también son testigos de procesos de desarrollo arcaicos que siguen en pleno apogeo. Por ejemplo, tenemos pequeños músculos en la piel que pueden levantar el pelo y, por tanto, ponernos la piel de gallina.[2] Esto es útil para los animales que aún tienen pelo de verdad, porque almacena más aire y calienta mejor. Con nuestras cabras en la cabaña del guarda forestal, podemos observar el beneficio real, sobre todo cuando se trata de batallas de rango: un pelaje erizado hace que el animal parezca más grande y, por tanto, más amenazador.

El coxis, al final de la columna vertebral, demuestra que nuestros antepasados tenían una cola que hoy ya no necesitamos. Las muelas del juicio y los apéndices son otra prueba de un viaje que está lejos de haber terminado. Es bastante improbable que dentro de 50 000 años el ser humano tenga exactamente el mismo aspecto. Así que el desarrollo continúa a buen ritmo, aunque creamos que ya no formamos parte de la evolución. Los procesos se producen tan poco a poco que apenas podemos detectar ningún cambio.

La faz de nuestro planeta nos sirve de comparación. El aspecto de la masa terrestre, la forma de los continentes, parece inamovible, aunque todos hemos aprendido en la escuela el desplazamiento de las placas tectónicas que forman la corteza de nuestro planeta. Estas placas, que comprenden continentes enteros, se desplazan unas hacia las otras (dando lugar al plegamiento de montañas) o se alejan (creando grietas de las que brota lava) sobre rocas viscosas. América del Norte y Europa, situadas en placas diferentes, se alejan, así, unos centímetros al año, lo

---

1. «In der Biologie wird Evolution als die allmähliche Veränderung vererbbarer Merkmale von Generation zu Generation bezeichnet». Definición de Max-Planck-Gesellschaft, www.mpg.de/evolution

2. «Musculus arrector pili». *Pschyrembel online*, www.pschyrembel.de/Musculus%20arrector%20pili/K17CL (Consultado el 28/08/2024).

que equivale más o menos al crecimiento de las uñas de las manos.[3] Es un proceso del que nadie, salvo unos pocos científicos, apenas se ha percatado. Sin embargo, en diez millones de años (poco tiempo para los estándares geológicos), ya ha sumado 200 kilómetros. Las vibraciones sólo se manifiestan en forma de terremotos cuando las placas se atascan y vuelven a liberarse.

En relación con nosotros, los humanos, se plantea hoy otra cuestión: ¿existen diferentes velocidades o direcciones de evolución en las distintas regiones? Pues mientras unos experimentan toda la fuerza de los procesos de selección en forma de hambre y enfermedades, otros, sobre todo los países industrializados, han conseguido mitigarlos en gran medida gracias a todo tipo de ayudas. Ya hemos explicado que también en este caso siguen actuando los procesos evolutivos, sólo que a un ritmo más lento en cuanto a patógenos o alimentos disponibles. Lo que puede ser una ventaja para un individuo, a largo plazo puede ser un inconveniente para toda la población de una región. A lo largo de muchos milenios (si nuestra civilización sobrevive durante tanto tiempo), se vería superada genéticamente por la población de las regiones subdesarrolladas, que tendría que seguir adaptándose al ataque continuo de los agentes patógenos y cambiaría en consecuencia. Tales adaptaciones genéticas han dejado huellas incluso en nuestros grupos sanguíneos y, sin embargo, también en el pasado remoto siempre ha habido una mezcla de diferentes poblaciones humanas.

Los últimos humanos con los que estamos emparentados todos vivieron hace unos 150 000 años. «Eva original» y «Adán original» todavía pueden encontrarse hoy en nuestro material genético. Pero esto también significa lo contrario, es decir, que todas las demás líneas de parentesco anteriores a esta época (y *Homo sapiens* existe desde hace 300 000 años[4]) se han extinguido, por lo que todos estamos emparen-

3. «In der Spalte zwischen Amerika und Europa», *Spiegel online*, www.spiegel. de/wissenschaft/natur/silfra-spalte-in-der-kluftzwischen-amerika-und-europa-a-1095278.html (Consultado el 28/08/2024).

4. Richter, D. *et al.* «The age of the hominin fossils from Jebel Irhoud, Morocco, and the origins of the Middle Stone Age». *Nature* 546, 293-296 (2017). https://doi.org/10.1038/nature22335

tados entre nosotros, al menos en relación con este lejano punto del pasado.[5]

Globalmente, los pueblos se han distanciado desde entonces, pero a nivel continental han seguido existiendo contactos intensos en épocas históricas. No hay más que pensar en las luchas tribales de hace 7000 años, en las que tal vez secuestraron a mujeres de regiones lejanas, o más tarde en los belicosos romanos, que, sin duda, siguen presentes a nivel genético en muchos de nosotros. Mucho antes, los bávaros refrescaron su acervo genético de forma más pacífica. La movilidad estaba sorprendentemente extendida en esta región, sobre todo entre las mujeres. Las investigaciones arqueológicas en un cementerio de principios de la Edad de Bronce en el valle de Lech revelaron que la mayoría de las mujeres no eran residentes locales de la época. Venían de lejos, tal vez para llevar nuevas técnicas al valle. Los investigadores las consideran unas de las primeras impulsoras de la comunicación y la ciencia.[6]

Por lo tanto, el alejamiento genético de la población de la Tierra ya se había ralentizado bastante en aquella época y, en la actualidad, debido a la movilidad global, ya no se produce. Esto se debe a que sería necesario aislar a unos de otros durante largos períodos de decenas de miles de años, lo que resulta imposible en la era de los turistas y emigrantes que viajan en avión. Sin embargo, al menos en ecosistemas aislados, esto ha ocurrido en el pasado evolutivo reciente.

En 2003 se encontraron huesos de humanos diminutos en la isla de Flores (Indonesia). Con apenas un metro de altura y un cerebro la mitad de pesado que el nuestro, los científicos no tardaron en acuñar el cariñoso término de *hobbit*. Aislada del resto de la humanidad primitiva, otra especie se había formado evidentemente en la isla tropical. El encogimiento es típico de las islas. Un suministro reducido de alimen-

---

5.   Poznik, G. *et al.* «Sequencing Y Chromosomes Resolves Discrepancy in Time to Common Ancestor of Males Versus Females». *Science*, 2 de agosto de 2013, vol. 341, ed. 6145 pp. 562-565. doi: 10.1126/science.1237619. PMID: 23908239; PMCID: PMC4032117.

6.   Knipper, C. *et al.* «Female exogamy and gene pool diversification at the transition from the Final Neolithic to the Early Bronze Age in central Europe». *PNAS*, 5 de septiembre de 2017, 114 (38): 10083-10088, https://doi.org/10.1073/pnas.1706355114

tos, pocos o ningún depredador y ningún espacio para escapar también provocaron el empequeñecimiento de otras especies. El pequeño humano, denominado correctamente *Homo floresiensis*, se extinguió hace 60 000 años.[7] Los lugareños informaron de que el último *Ebu Gogo* había desaparecido poco antes de la llegada de los conquistadores holandeses.[8]

El *hobbit* de Flores demuestra que el ecosistema, con sus posibilidades o limitaciones, ejerce una presión muy eficaz sobre nuestros cuerpos y capacidades. Igual que el *hobbit*, con el cerebro reducido al tamaño de un pomelo, las cosas podrían irnos en una dirección completamente distinta de la que pensamos.

Me gustaría mencionar en este caso a nuestros primos neandertales. Estos pueblos de la Edad de Piedra estaban dotados de poderosos músculos y un cerebro que a menudo tenía más masa que el nuestro.[9] La cultura neandertal era en comparación avanzada: la división del trabajo en los asentamientos, los elaborados cuchillos de piedra en armazones de madera, la pintura corporal, el culto a los muertos y un lenguaje cuyo sonido hace tiempo que se desvaneció.

Los científicos suponen que *Homo sapiens* y neandertales convivieron en Europa durante varios miles de años. Es posible que los humanos modernos, que llegaron más tarde, copiaran algunas cosas de sus vecinos más torpes, que tenían cerebros más grandes por término medio.[10] Un momento, ¿tenían un cerebro más grande? ¿No es posible que

7. Callaway, E. «Did humans drive "hobbit" species to extinction?». *Nature*, 2016. https://doi.org/10.1038/nature.2016.19651

8. Forth, G. «Flores after floresiensis, Implications of local reaction to recent palaeoanthropological discoveries on an eastern Indonesian island, Bijdragen tot de taal-, land-». *volkenkunde / Journal of the Humanities and Social Sciences of Southeast Asia*, pp. 336-349, 01/01/2008.

9. Roberts, A. *Evolution: The Human Story*. Dorling Kindersley, Londres, 2011, pp. 153. Roberts, A. M.; Benton, M. J. *Evolución: historia de la humanidad*, Alice Roberts, editora jefe; autores y asesores, Michael J. Benton... *et al.*; traducción, Antón Corriente, José Luis López Angón y Manel Pijoan-Rotge, Akal, 2012.

10. «Rockshelter Discoveries Show Neandertals Were a Lot like Us». *Scientific American*, 01/02/2022, www.scientificamerican.com/article/rockshelter-discoveries-show-neandertals-were-a-lot-like-us/ (Consultado el 29/08/2024).

esta especie humana fuera mentalmente superior al *Homo sapiens* de aquella época?

Esta cuestión es objeto de debate científico, pero no con total imparcialidad. *Homo sapiens*, que conoció a los neandertales hace unos 40 000 años, se diferenciaba a nivel mental de los humanos actuales en... ¡nada! Si respondiéramos afirmativamente a la pregunta, no significaría otra cosa que la «corona de la creación» espiritual ya había sido entregada a otra especie y que la evolución ha pasado esta corona a los humanos con cerebros más pequeños, pero tal vez con un comportamiento más agresivo. Hay algunos argumentos en contra de esta suposición, pero hoy en día todavía no es posible un debate imparcial.

Siempre se atribuye a los neandertales tanta capacidad mental como indican los hallazgos como requisito mínimo, como la cuestión del desarrollo del lenguaje. Los neandertales poseían un pequeño hueso debajo de la lengua, el hueso hioides, requisito indispensable para la capacidad de hablar. Cierto gen, el FOXP2, también se considera esencial para la comunicación verbal y estaba presente en los neandertales.[11] Sin embargo, esto no es suficiente para que los científicos demuestren que los neandertales hablaban, sino simplemente que tenían un requisito físico previo. Visto así, la presencia de cuencas oculares en los cráneos hallados podría interpretarse simplemente como una prueba de la presencia de ojos. Nadie puede afirmar con absoluta certeza si los neandertales eran realmente capaces de ver. En cuanto a sus cerebros, también se tiende a argumentar que eran menos inteligentes. Aunque a veces es mayor que el nuestro, no se cita la inteligencia, sino la adaptación al frío o el peso corporal ligeramente superior. Pero incluso hoy en día hay personas similares en peso y dotación muscular. Sin embargo, sus cerebros no son del tamaño de los neandertales, ¿eso les hace más tontos? Por supuesto que no.

Echemos un vistazo más de cerca a esta extraña y muy valorada inteligencia. ¿Qué significa en realidad esta palabra? La definición ha sido objeto de debate durante más de cien años. El Diccionario de

---

11. Krause, J. *et al.* «The Derived FOXP2 Variant of Modern Humans Was Shared with Neandertals». *Current Biology*, vol. 17, ed. 21, 6 de noviembre de 2007, pp. 1908-1912, https://doi.org/ 10.1016/j.cub.2007.10.008

Psicología (*Spektrumder Wissenschaft*) recoge el consenso actual: «Las encuestas entre expertos muestran el mayor acuerdo sobre los 97 procesos mentales superiores, como la resolución de problemas, la toma de decisiones, el pensamiento abstracto y la representación».[12] Sin embargo, cada vez son más los biólogos que atribuyen esta capacidad incluso a las plantas, como el profesor František Baluška, de la Universidad de Bonn. Según él, las criaturas verdes no sólo pueden ver, oír y sentir, sino que también tienen memoria y pueden tomar decisiones basadas en análisis de costes y beneficios.[13]

El debate sobre la inteligencia me parece revelador. Aunque no existe una definición estandarizada y es obvio que hay diferentes formas de conseguir rendimiento mental, muchas personas siguen actuando como si la naturaleza hubiera ideado capacidades de esta cualidad sólo para nosotros.

En general, insistir en el tamaño del cerebro no es la forma correcta de evaluar el rendimiento cognitivo. Hace algún tiempo tuve el placer de realizar una interesante entrevista con la profesora Karen Alim, de la Universidad Técnica de Múnich, para mi pódcast. La científica investiga los mohos del limo, unos organismos unicelulares fascinantes. Si se juzgara a esta forma de vida con el mismo rasero que a los neandertales, tendría que ser una de las criaturas más estúpidas del planeta. Los organismos unicelulares no pueden tener cerebro ni sistema nervioso, porque eso está reservado a especies más complejas como la nuestra, constituida por innumerables células especializadas. Pero, sorprendentemente, estas especies «primitivas» forman estructuras nerviosas con las que en apariencia pueden memorizar cosas e incluso resolver tareas complejas.

---

12. Proveniente del Léxicon de psicología: Inteligencia en *Sepktrum.de,* www.spektrum.de/lexikon/psychologie/intelligenz/7263

13. «Warum immer mehr Forschende Pflanzen für intelligent halten», entrevista en *Perspektive Daily* del 16/03/2023, https://perspective-daily.de/article/2526-warum-immer-mehr-forschende-pflanzen-fuer-intelligent-halten/probiere (Consultado el 29/08/2024).

Por ejemplo, los protozoos, que se mueven a cámara lenta, encuentran el camino más corto para salir de un laberinto y llegar a su comida favorita, unos copos de avena.[14]

Pero volvamos a nuestro propio cerebro superior, cuya posición en la *pole* defendemos desesperadamente frente al resto de especies. ¿Somos de verdad la especie humana más inteligente que ha existido en el planeta? Los neandertales eran en cierto sentido superiores a nosotros, al menos en cuanto al tamaño del cerebro, pero ya que se han extinguido, hoy al menos podemos llevarnos la corona.

¿Es posible que nuestro cerebro siga creciendo en términos evolutivos? Por desgracia, de momento no es suficiente. Tenemos bastante sentido común para explotar el medio ambiente, pero no el suficiente para pisar el freno a tiempo. ¿Se trata de un límite evolutivo fundamental en el desarrollo de la inteligencia en el que tales experimentos en la naturaleza deben fracasar? Porque el desarrollo evolutivo de la inteligencia lleva tiempo.

A un cierto nivel de astucia, nuestra especie fue capaz de explotar el medio ambiente hasta el grado destructivo que vemos hoy en día. Si la destrucción avanza a tal velocidad que no hay tiempo suficiente para que el cerebro desarrolle una inteligencia que pueda detener e incluso invertir esta destrucción, entonces ése sería el límite superior de nuestras posibilidades de desarrollo mental. Sin embargo, para poder controlar nuestros problemas con la ayuda de la inteligencia, tendríamos que habernos desarrollado más allá. Si esto no es posible, no significa necesariamente que no haya escapatoria al progreso en apariencia implacable de la destrucción medioambiental, sino que debemos utilizar herramientas distintas a la mente. Pero hablaremos de ello más adelante.

Los humanos han cambiado su entorno inmediato y, por tanto, no han abolido la evolución, sino que se han limitado a modificar los factores que ahora les afectan. Así, la agricultura, que creó la base para la supervivencia estable de nuestra especie, es al mismo tiempo la causa de la

---

14. Pódcast *Peter und der Wald* del 08/02/2022. Para más datos sobre la investigación del Prof. Karen Alim: www.ph.tum.de/latest/news/memory-without-brain/?language=de (Consultado el 29/08/2024).

aparición de nuevas enfermedades y, por tanto, de factores que una y otra vez ponen un fuerte freno a nuestra población.

Es la cría de animales la que ha propiciado la aparición de zoonosis, es decir, enfermedades que pueden transmitirse de los animales al hombre. La convivencia estrecha favorece la transmisión, y estrecha solía tomarse al pie de la letra. Por lo general, el ganado se guardaba por la noche en las casas de las familias de granjeros, que a menudo no podían permitirse varios edificios. Aún hoy se pueden ver granjas de este tipo en los centros de las comunidades rurales, ahora casas de entramado de madera finamente restauradas que se funden a la perfección en graneros o establos.

No sólo el ganado vivía en los establos. También gatos, ratas y ratones, así como todo tipo de insectos, como chinches, pulgas, piojos y, por supuesto, animales salvajes, que siempre buscaban los asentamientos humanos o eran cazados para obtener carne. Los numerosos contactos dejaron su huella en forma de enfermedades que se propagaron a nuestra especie. Thomas Mettenleiter, antiguo presidente del Instituto Friedrich Loeffler de Sanidad Animal de Greifswald (Alemania), calcula que dos tercios de todas las enfermedades infecciosas se originaron en el reino animal y también tres cuartas partes de las enfermedades infecciosas más recientes.[15]

La abundancia de alimentos y las enfermedades asociadas a la civilización vuelven a potenciar este factor de presión evolutiva. Los virus y las bacterias tienen de repente formas de propagación completamente diferentes debido a la destrucción de las últimas zonas salvajes. Casi siempre se trata de animales, tanto salvajes como domesticados. Tras la pandemia del coronavirus ya no hace falta explicar mucho más. El ser humano penetra hasta el último rincón de los espacios naturales y, por tanto, entra también en contacto con animales portadores de virus aún desconocidos. Una vez más, estamos hablando de zoonosis, pero en esta ocasión no procedentes de la agricultura.

---

15. «Zoonosen: Die meisten Infektionskrankheiten kommen von Tieren». *Deutschlandfunk Nova*, 1 de marzo 2020, www.deutschlandfunknova.de/beitrag/das-neue-coronavirus-die-meisten-neuen-infektionskrankheiten-stammen-von-tieren (Consultado el 29/08/2024).

Si se capturan, o incluso se comen animales salvajes, este contacto permite que los agentes patógenos se propaguen a nuestra especie. De este modo, la humanidad no sólo se ha contagiado del SRAS-CoV-2 (con independencia de si se ha modificado en el laboratorio o no), sino también de otros virus, bacterias y otros patógenos amenazadores como la viruela del mono, la enfermedad de Creutzfeldt-Jakob, la tenia del zorro, la encefalitis transmitida por garrapatas (TBE, meningitis), el hantavirus, la leishmaniosis, el carbunco, la rabia o la fiebre del Nilo Occidental.[16] En aras de la exhaustividad, no debe dejarse de mencionar que también existen transmisiones inversas, es decir, del ser humano a los animales.

Algunas enfermedades del reino animal se han convertido en una amenaza especial para nosotros en las últimas décadas, como el VIH, también conocido coloquialmente como sida (aunque se trata sólo de una forma particular del VIH). Según el Instituto Robert Koch de Alemania, el virus es muy probablemente una zoonosis y se encuentra en una forma estrechamente relacionada en muchas especies de monos africanos.[17] En los últimos años, también han aparecido el Zika y la gripe aviar. Esta última, en particular, está a punto de eclipsar la pandemia de coronavirus.

Ya en una ocasión, el desastre procedía del reino de las aves. Alrededor de 1918, dos cepas de virus, uno de la gripe humana y otro de las aves, combinaron sus genes de una forma tan novedosa que surgió una amenaza mortal: la gripe española.[18] Hasta 100 millones de personas fueron víctimas del insidioso virus en aquella época,[19] con una pobla-

16. «Zoonosen», Robert Koch-Institut, www.rki.de/DE/Content/InfAZ/Z/Zoonosen/Zoonosen.html

17. «HIV-Infektion/Aids», Robert Koch-Institut, www.rki.de/DE/Content/Infekt/EpidBull/Merkblaetter/Ratgeber_HIV_AIDS.html#doc2374480bodyText2 (Consultado el 28/08/2024).

18. Worobey, M. «Genesis and pathogenesis of the 1918 pandemic H1N1 influenza A virus». *PNAS*, 28 de abril 2014, 111 (22): 8107-8112, https://doi.org/10.1073/pnas.132419711

19. Johnson, N.; Mueller, J. «Updating the Accounts: Global Mortality of the 1918-1920 "Spanish" Influenza Pandemic». *Bulletin of the History of Medicine*, Johns Hopkins University Press, 76 (1): 105-115, primavera 2002, https://doi.org/10.1353/bhm. 2002.0022

ción mundial de menos de 2000 millones y una movilidad significativamente menor que la actual. Sin embargo, ni siquiera las remotas aldeas inuit o las comunidades insulares de Samoa se salvaron.

El fantasma de una gripe aviar con mutaciones peligrosas resurge una y otra vez, y este temor está bastante justificado. Una de las razones es que las aves se cuentan entre las especies más móviles de todas. El récord de vuelo sin escalas lo ostenta una aguja colipinta marcada por radio que voló más de 13 500 kilómetros desde Alaska hasta la isla de Tasmania/Australia.[20] En primavera y otoño, miles de millones de aves de todas las especies migran de norte a sur, de este a oeste, y viceversa. Descansan (y defecan) en los asentamientos humanos y por encima de ellos, donde se crían sus congéneres domesticados para la producción de carne y huevos. Esto provoca infecciones y un estrecho contacto con los humanos. Estas infecciones son cada vez más frecuentes. El virus H5N1 se considera el virus perfecto de la gripe aviar y ya se ha detectado en más de 100 especies. También se está extendiendo a cada vez más especies de mamíferos, por lo que la Organización Mundial de la Salud se prepara ahora para su propagación a los humanos. Desde octubre de 2022 ya se han detectado más de 40 variantes, por lo que podría ser sólo cuestión de tiempo que la llave entre en la cerradura humana.[21]

Un ejemplo muy reciente en el que se ha abierto la cerradura es el SARS-CoV-2, un virus que ha mantenido en vilo al mundo desde 2020. Se ha ido extendiendo por todo el planeta, infectando a la mayoría de la población. Si miramos la pandemia desde una perspectiva evolutiva, los virus sólo funcionan para cambiar nuestra especie si todas las personas no son igualmente susceptibles.

Esto parece ser así. Como es evidente, las personas con el grupo sanguíneo 0 no son tan susceptibles a la infección como las personas

---

20. «Junger Zugvogel bricht wohl Weltrekord». *Spiegel*.de, 29/10/2022, www.spiegel.de/panorama/junger-zugvogel-bricht-wohlweltrekord-a-27ffc523-d816-40e2-9d58-c59884f70183 (Consultado el 29/08/2024).

21. «Das nahezu perfekte Vogelvirus H5N1 – WHO bereitet sich auf Übersprung vor». MDR-Wissen del 3/03/2023, www.mdr.de/wissen/vogelgrippe-nahe-am-perfekten-virus-102.html (Consultado el 29/08/2024).

con los grupos sanguíneos A, B o AB.[22] Así que, en caso de duda, sobrevive un número desproporcionado de portadores de este grupo sanguíneo y como consecuencia podría extenderse algo más en el futuro. Es posible que de esta manera surgiera en un principio, en concreto a través de enfermedades como la malaria. Las personas con el grupo sanguíneo 0 también sobreviven a esta enfermedad infecciosa con notable mayor frecuencia y, por tanto, tienen una ventaja evolutiva.[23]

Si crees que ya hemos hablado bastante de zoonosis, me gustaría llamar tu atención sobre un estudio de la Universidad de Columbia, que llegó a una conclusión sorprendente en 2013. Los investigadores, dirigidos por el profesor Ian Lipkin, calcularon que sólo en los mamíferos yacen latentes al menos 320 000 especies de virus aún por descubrir.[24]

Así que nos esperan algunas sorpresas más en el futuro.

Incluso más allá del ámbito de los virus, hay diminutas criaturas que modifican nuestros genes, como los patógenos de la malaria. Existen cinco tipos diferentes de estos protozoos parásitos, que entran en el torrente sanguíneo a través de las picaduras de mosquito, se asientan en el hígado y allí sufren un proceso de metamorfosis. Finalmente, penetran en los glóbulos rojos. Ahí se multiplican y causan la rotura de los corpúsculos, poniendo en peligro la vida de la persona infectada; al fin y al cabo, los corpúsculos sanguíneos son los encargados de transportar el oxígeno.

Cada año, unos 200 millones de personas en todo el mundo son infectadas por los mosquitos. La malaria, sin tratamiento, puede ser letal según el tipo de patógeno y se cobra más de 600 000 vidas cada

---

22. Entrevista con el Prof. Dr. Andre Franke, Universidad de Kiel, *Deutschlandfunk*, Programa del 16/12/2022, www.dw.com/de/coronaschutz-durch-blutgruppe-0/av-64045162 (Consultado el 29/08/2024).

23. www.fitmacher.de/magazin/beitrag/welche-blutgruppen-es-gibt-und-was-der-rhesusfaktor-aussagt/ (Consultado el 29/08/2024).

24. Anthony, S. *et. al.* «A Strategy To Estimate Unknown Viral Diversity in Mammals». *mBio*, vol. 4, Ed. 5 e00598-13, septiembre-octubre de 2013, https://doi.org/10.1128/mBio.00598-13 (Consultado el 29/08/2024).

año.[25] Esto parece lógico, ya que sólo en Alemania, por ejemplo, se registran unas 600 infecciones en viajes de vacaciones.[26] Pero desde un punto de vista puramente climático, nuestras latitudes septentrionales también son bastante propicias para la malaria, como demuestran los informes históricos de épocas sin efecto invernadero. El valle del Rin era un punto caliente para el parásito antes del enderezamiento del río y el drenaje de las marismas de la ribera y no se erradicó de manera oficial hasta alrededor de 1920.[27] Sin embargo, el calentamiento global podría volver a barajar las cartas.

El paludismo también provoca otros cambios evolutivos en la sangre. En los lugares donde se da con más frecuencia, es habitual una enfermedad rara de la sangre, la anemia falciforme. En esta patología, los glóbulos rojos cambian de tal manera que adoptan una forma falciforme en lugar de una plaqueta agradablemente redonda. Las personas más afectadas sufren un menor aporte de oxígeno a los órganos y suelen morir en la infancia. Sin embargo, la mayoría de los portadores de este gen desarrollan la enfermedad sólo débilmente, de modo que hay suficientes células sanguíneas de forma normal, además de las falciformes. Estas personas llevan una vida casi normal.[28]

El punto crucial es la aparición del paludismo. El curso intermitente de la enfermedad, con oleadas de fiebre desencadenadas por masas de células que estallan, suele terminar con el colapso del organismo. Yo mismo lo viví una vez, cuando mi mujer y yo visitamos a mi hermana en Zambia a finales de la década de 1980, cuando ella trabajaba en la embajada de la capital, Lusaka. Tras unos días en el lugar, salimos al Parque Nacional de South Luangwa para conocer la naturaleza virgen.

25. https://de.statista.com/statistik/daten/studie/498302/umfrage/anzahl-der-todes-faelle-aufgrund-von-malaria-nach-weltregionen/ (Consultado el 30/08/2024).

26. Según el Instituto Robert Koch: https://de.statista.com/statistik/daten/studie/498302/umfrage/anzahl-der-todesfaelle-aufgrund-von-malaria-nach-weltregionen/ (Consultado el 30/08/2024).

27. «Kommt die Malaria nach Deutschland zurück?». *Spektrum.de*, www.spektrum.de/frage/kommt-die-malaria-nach-deutschlandzurueck/1052289.

28. «Sichelzellenanämie». *Pschyrembel online*, www.pschyrembel.de/ Sichelzellenanämie/K0KWQ (Consultado el 30/08/2024).

Las cabañas con cubierta de hierba del campamento tenían un ambiente aventurero, pero por desgracia no tenían mosquiteras sobre las camas. A diferencia de mi mujer, yo atraía a los mosquitos, así que por la mañana mis sábanas estaban llenas de manchas rojas, de todos los mosquitos que había aplastado accidentalmente mientras dormía por la noche. A pesar de tomar medicación profiláctica, contraje la malaria tres días después. Sólo sobreviví a la enfermedad porque un médico de la sabana me inyectó en el brazo tres ampollas de un líquido amarillo (Resochin).

Por otra parte, los portadores del gen de la drepanocitosis tienen una resistencia natural al paludismo; probablemente se amortigua el desarrollo de los procesos inflamatorios que hacen que el paludismo resulte tan peligroso. Esto da a los enfermos de anemia falciforme, que en realidad están limitados en su rendimiento, una clara ventaja sobre los no afectados. Esta ventaja significa que este cambio genético se produce con la frecuencia correspondiente en zonas con una alta incidencia de malaria.[29]

Volvamos al grupo sanguíneo 0. Si resulta ser una ventaja frente a una enfermedad mortal, entonces debería haberse establecido con el tiempo o haberse extendido mucho más con el SARS-CoV-2. Pero no es tan sencillo, porque donde hay luz también hay sombra, como el cólera. Por desgracia, los portadores del grupo 0 están en desventaja en este caso. Cada año mueren por su causa entre 100 000 y más de un millón de personas,[30] de modo que la «competencia» entre estas dos enfermedades sólo por los grupos sanguíneos deja claro que no existe una ventaja general, sino que depende mucho más de las enfermedades que predominen en la zona de asentamiento.

Pero ¿qué ocurre con todos los demás factores que han diezmado repetidamente nuestra población en el pasado? ¿Acaso la medicina

29. «Warum Sichelzellenanämie vor Malaria schützt – Mechanismus aufgeklärt», comunicado de prensa de la Universidad de Leipzig del 02/05/2011, www.uni-leipzig.de/newsdetail/artikel/warum-sichelzellenanaemie-vor-malaria-schuetzt-mechanismus-aufgeklaert-2011-05-02 (Consultado el 30/08/2024).

30. https://de.statista.com/statistik/daten/studie/162654/umfrage/faelle-von-cholera-weltweit-seit-1999/

moderna, con todos sus medicamentos, ayudas y opciones quirúrgicas, no ha contrarrestado esto y, por último, ha anulado la evolución, al menos para aquellas personas que pueden permitirse tratamientos tan avanzados?

No sólo algunas enfermedades infecciosas, sino también muchas otras dolencias físicas que antes provocaban la muerte o, al menos, graves limitaciones con una esperanza de vida reducida, ahora están casi superadas. ¿Cuántos de nosotros seguiríamos vivos sin apendicectomías, inyecciones de insulina, betabloqueadores o simplemente sin gafas? Con las dolencias que nos afligen a muchos de nosotros, habríamos sido presa fácil de los depredadores hace 50 000 años. En otras palabras, la evolución, duro pero cierto, nos habría eliminado. Levanto la mano porque yo también pertenezco a este grupo: apendicitis a los 18 años, gafas por miopía, lunares extirpados por posible desarrollo de cáncer de piel, entre otros. Sin ayuda médica, probablemente ya estaría fuera de combate.

Si seguimos viviendo con ayuda médica a pesar de los defectos físicos, la población seguirá creciendo, al menos al principio. Una evolución contraria es la transmisión de defectos genéticos, que ya no tienen un efecto limitador, a las generaciones futuras. ¿No hará esto que la especie humana sea cada vez más vulnerable y perezca si de repente cesan los cuidados médicos? Para analizar estos aspectos con más detalle, primero hay que distinguir dos cosas. En primer lugar, si la evolución se ha anulado realmente y, en segundo lugar, si el uso de ayudas no forma parte también de la evolución, del desarrollo ulterior. La primera parte de la pregunta tiene una respuesta clara. Por supuesto, la evolución sigue avanzando con toda su fuerza, también en el ser humano. A día de hoy, los virus sólo pueden controlarse en parte mediante medicamentos o vacunas y la curación de numerosas enfermedades bacterianas sigue siendo, por desgracia, una cuestión de dinero para muchas personas.

Pero incluso sin ataques del microcosmos, sigue existiendo suficiente presión de la naturaleza. El cáncer, los infartos de miocardio y los derrames cerebrales son sólo algunos de los factores que no pueden controlarse por completo a pesar de nuestros logros. En sentido estricto, la civilización moderna hace necesaria, en primer lugar, la medicina moderna. Esto se debe a que las dolencias que lógicamente se denominan «enfermedades de la civilización» apenas existían hace miles de años. Las ortodoncias, los empastes o las dentaduras postizas, las operaciones de discos intervertebrales, los betabloqueadores, los *bypass* y las gafas sólo son necesarios debido a nuestro estilo de vida poco saludable. Desde este punto de vista, nuestros inventos, que supuestamente han detenido la montaña rusa de la evolución, no hacen más que dirigirla en otra dirección.

En lugar de sufrir hambre y epidemias, los habitantes de las sociedades industrializadas occidentales padecen ahora altos niveles de colesterol, obesidad masiva y afecciones similares propias de la opulencia, que, como cualquier enfermedad, representan un factor de presión evolutiva, y la presión es enorme. Las enfermedades cardiovasculares son en la actualidad la primera causa de muerte, y uno de cada tres adultos padece hipertensión arterial, que no sólo daña el corazón, sino que también suele ser la causa de accidentes cerebrovasculares.[31]

La discapacidad visual es también una dolencia típica de la modernidad. El tiempo que se pasa en el escritorio, caracterizado por una luz tenue y distancias de lectura cortas, unido al uso cada vez más frecuente de teléfonos móviles a la menor distancia de visión posible, es en gran medida responsable del aumento constante de la miopía. Así lo sugieren estudios universitarios centrados en niños de Asia oriental. Debido al rápido desarrollo hacia una sociedad moderna, el cambio está especialmente bien documentado en Taiwán. En este país, entre el 80 y el 90 % de los que terminan la escuela dependen de las gafas; entre el 10 y el 20 % luchan contra enfermedades que amenazan la vista. Lo que en un principio hizo pensar a los investigadores en cambios genéticos se debe, en definitiva, a la mayor presión de la educación y a la pérdida asociada de actividades al aire libre.[32]

31. Robert Koch-Institut (ed.): *Gesundheit in Deutschland – die wichtigsten Entwicklungen. Gesundheitsberichterstattung des Bundes. Gemeinsam getragen von RKI und Destatis*. RKI, Berlín, 2016, DOI 10.17886/RKI-GBE-2016-021.2 https://edoc.rki.de/handle/176904/3262

32. Morgan, I. *et al.* «Myopia». *The Lancet*, vol. 379, ed. 9827, pp. 1739-1748, 05/05/2012, https://doi.org/10.1016/S0140- 6736(12)60272-4

Si nos remontamos a las causas de muerte más frecuentes, el cáncer ocupa el segundo lugar después de las enfermedades cardiovasculares.[33] Sin duda, algunos de estos casos pueden atribuirse a un viejo espectro que reaparece en el horizonte de la civilización, el humo. Ya hemos hablado del hecho de que el humo de las hogueras arcaicas, extremadamente tóxico debido a los hidrocarburos aromáticos policíclicos (HAP) y a las partículas, ha dejado huellas en nuestros genes. En las sociedades industrializadas occidentales, al menos, hemos eliminado las hogueras de nuestra vida cotidiana, por lo que las tiendas de campaña y las cabañas llenas de humo de nuestros antepasados son cosa del pasado.

¿De verdad? Al menos en lo que respecta a los productos del tabaco que propagan el humo, esto no es en absoluto cierto. Los fumadores de la Edad de Piedra y de hoy sólo pueden entregarse a su vicio porque nuestra constitución genética nos permite tolerar el humo en la vida cotidiana durante al menos varios años.[34] Aunque nuestra constitución genética nos protege mejor que a los neandertales contra el cáncer y otras enfermedades, una predisposición constante a fumar conlleva, no obstante, una menor esperanza de vida. En Alemania, por ejemplo, alrededor del 17 % de las muertes se deben al humo nocivo[35] y la tendencia sigue descendiendo considerablemente.

En la actualidad, el tabaquismo activo está disminuyendo, entre otras cosas debido a las prohibiciones, mientras que el tabaquismo pasivo está aumentando de nuevo; de hecho, con mucha fuerza. Esta vez no se trata de palos humeantes (o de sus modernos homólogos en forma de e-cigarrillos), sino de fumadores mucho más grandes que se han abierto camino por todas partes. Las estufas de leña, que ahora levantan alegremente nubes grises o blancas sobre las casas de todas las zonas

---

33. «Todesursachen nach Krankheitsarten», Statistisches Bundesamt, www.destatis.de/DE/Themen/Gesellschaft-Umwelt/Gesundheit/Todesursachen/_inhalt.html (Consultado el 30/08/2024).

34. «Where there's smoke and a mutation there may be an evolutionary edge for humans», comunicado de la Universidad Estatal de Pensilvania de fecha 08/02/2016, www.psu.edu/news/research/story/where-theres-smoke-and-mutation-there-may-be-evolutionary-edge-humans/

35. https://de.statista.com/statistik/daten/studie/1172056/umfrage/anteil-rauchbedingter-todesfaelle-nach-laendern/ (Consultado el 30/08/2024).

residenciales, están llevando la calidad del aire de las cuevas de la Edad de Piedra a zonas residenciales enteras. La Agencia Federal de Medio Ambiente cifra el número de estos aparatos de calefacción en más de once millones en 2018,[36] y es probable que la cifra haya aumentado drásticamente desde entonces.

El temor a la escasez de gas y el aumento de los precios de los combustibles fósiles en relación con la guerra de Ucrania han llevado a muchas personas a recurrir al combustible de los bosques. El problema que nuestros antepasados tenían con el humo de la leña, que parecía cosa del pasado, ha vuelto de repente con fuerza. Las alegres llamas parpadeantes no sólo convierten la madera en CO_2 y vapor de agua, sino también en polvo fino e hidrocarburos aromáticos policíclicos, que ya están aquí de nuevo. Los compuestos peligrosos también se presentan en forma de partículas, que en el pasado se asociaban más con el tráfico rodado. Sin embargo, ya en 2003, las pequeñas estufas de leña superaron a todas las emisiones de gases de escape de coches y camiones en términos de emisiones de partículas.[37]

Por tanto, a la humanidad sólo se le concedió una breve tregua del humo de las hogueras. La presión para adaptarse evolutivamente al aire sucio ha regresado con toda su fuerza. Según la Agencia Europea de Medio Ambiente (AEMA), 307 000 personas murieron en Europa por respirar aire contaminado con partículas en 2019.[38]

Por lo visto, al menos en los países industrializados, durante un tiempo ganamos la carrera entre una población creciente, con su movilidad en rápido aumento, y los agentes patógenos. El coronavirus nos ha hecho

---

36. «Kleinfeuerungsanlagen, Umweltbundesamt», www.umweltbundesamt.de/themen/wirtschaft-konsum/industriebranchen/feuerungsanlagen/kleinfeuerungsanlagen (Consultado el 29/08/2024).
37. «Die Nebenwirkungen der Behaglichkeit: Feinstaub aus Kamin und Holzofen, Hintergrundpapier des Umweltbundesamtes», diciembre de 2007, www.umweltbundesamt.de/en/publikationen/nebenwirkungen-behaglichkeit-feinstaub-aus-kamin (Consultado el 30/08/2024).
38. «Sauberere Luft hätte 2019 in der EU mindestens 178.000 Menschenleben retten können». *European Environment Agency*, www.eea.europa.eu/de/highlights/sauberere-luft-haette-2019-in

tomar consciencia de manera dolorosa de que se trataba sólo de una victoria parcial.

Los cambios evolutivos no siempre se producen muy despacio y a lo largo de miles de años. Hace apenas unas décadas, la opinión científica dominante era que el cambio sólo era posible a través de mutaciones y no de la experiencia, que supuestamente sólo podía transmitirse a la siguiente generación de forma oral o mediante la instrucción. Sin embargo, las experiencias de la Segunda Guerra Mundial cambiaron esta visión. En el invierno de 1944-1945, por ejemplo, muchos holandeses pasaron hambre debido a la escasez de alimentos provocada por la represión alemana. Al parecer, las mujeres embarazadas transmitieron esta experiencia a sus hijos no nacidos, cuyo metabolismo se programó para la carencia de nutrientes a través de efectos epigenéticos. Los genes llevan marcadores químicos que se leen de forma diferente. Debido a la abundancia de alimentos que se inició en la posguerra, fue precisamente esta programación la que más tarde provocó un aumento de los problemas de salud en el grupo de población en cuestión. Eran más propensos a la obesidad y a otras enfermedades de la civilización que la media.[39]

Existen otras posibilidades de adaptación que tienen lugar sin la participación de nuestros genes, porque los seres humanos somos una especie de planeta en el que viven muchas otras especies. Los hongos, los ácaros y las bacterias también quieren sobrevivir y se ven obligados a cambiar con nosotros. Si pueden ayudarnos a mantenernos en forma, lo harán, aunque sólo sea por su propio interés. Sólo el número de bacterias que viven en una persona normal es de unos 30 billones, tantas como células tiene nuestro organismo.[40] Miles de especies viven en hábitats especializados, como la lengua, las palmas de las manos o los pliegues de los brazos. En estos lugares también se producen muchas mutaciones, se integran nuevas especies, se eliminan las antiguas y así

---

39. https://funkkolleg-biologie.de/themen/04-epigenetik-wie-umwelt-und-verhalten-gene-steuern/

40. «Das menschliche Mikrobiom, European Centre for Allergy Research Foundation (ECARF)», www.ecarf.org/info-portal/allgemeine-allergie-infos/das-menschliche-mikrobiom/ (Consultado el 30/08/2024).

se modifica la población del planeta humano, de modo que la evolución está presente sobre y dentro de ti prácticamente todos los días.

Hoy en día, sin embargo, nos enfrentamos a un tipo de evolución del todo diferente: la modificación de nuestros genes y, por tanto, de nuestra especie mediante la ingeniería genética. Sigue siendo un tabú absoluto juguetear con nuestro ADN junto a plantas y animales para crear nuevos seres humanos. Pero el tabú se rompió en 2018. El científico chino He Jiankui había manipulado embriones para hacerlos inmunes al virus del VIH, porque el padre potencial había contraído el sida. Incluso antes de que He Jiankui informara a la opinión pública mundial, nacieron los gemelos, los primeros humanos manipulados genéticamente. Se desató una tormenta de indignación y el científico fue enviado a prisión, pero los embriones se siguen manipulando internacionalmente.

Investigadores del Instituto Francis Crick de Londres comprobaron lo poco que la ciencia entiende lo que ocurre cuando se intercambian fragmentos de genes. Para su sorpresa, los embriones repararon las secciones alteradas, pero también omitieron partes enteras. Por ello, el equipo dirigido por la científica Kathy Niakan pidió cautela con respecto a las aplicaciones médicas.[41]

En cuanto a los procesos evolutivos, es decir, la adaptación de nuestra especie a un entorno cambiante, hoy se plantea una cuestión especialmente urgente. ¿Es suficiente el alcance de nuestras capacidades intelectuales para volver a reducir nuestra población, nuestra utilización excesiva del medio ambiente, a un nivel saludable? ¿O es posible que nuestro propio éxito ya nos haya superado antes de que seamos suficientemente inteligentes como para poder frenarnos de nuevo? El problema radica en la secuencia del desarrollo. Nuestras mentes nos han permitido alcanzar el éxito y utilizar toda la Tierra como recurso. Mientras que todas las demás especies animales sólo pueden explotar fuentes de alimentos muy específicas y sólo remodelan los ecosistemas

---

41. «Kommt jetzt der Mensch nach Maß?». *Deutschlandfunk*, 25/09/2022, www.deutschlandfunk.de/gentechnik-genmanipulation-klonschaf-retortenbaby-gens-chere-100.html (Consultado el 30/08/2024).

a escalas minúsculas, nosotros nos apoderamos de todo. Hacemos un uso extensivo de la atmósfera (como vertedero de gases de escape), de los océanos (como vertedero, fuente de carne, fuente de materias primas) y de la tierra, que ya ha sido transformada en gran medida.

Una regresión de nuestras capacidades mentales debida a la presión evolutiva sería difícilmente concebible. Supongamos que fuéramos demasiado inteligentes y que, como cualquier otra especie animal, tuviéramos que adaptarnos evolutivamente, es decir, volvernos más tontos y, por tanto, menos exigentes (y, por desgracia, también más susceptibles a las enfermedades y al hambre, etc.); no funcionaría. Porque mientras haya humanos lo bastante inteligentes como para satisfacer sin piedad sus propias necesidades, conservarán la ventaja y sobrevivirán más tiempo que otras poblaciones que (teóricamente) han retrocedido.

No, si acaso, sólo puede haber un camino hacia delante, es decir, hacia el desarrollo de más inteligencia. Pero incluso este camino tiene otro obstáculo: la falta de tiempo. Los procesos evolutivos para aumentar o reducir las capacidades mentales tardan al menos milenios y nosotros tenemos que resolver nuestros problemas en décadas. No hay otra opción, hay que buscar soluciones con las posibilidades intelectuales disponibles.

Nuestro comportamiento actual en relación con nuestro nicho ecológico, la sobreexplotación de la naturaleza y la destrucción de nuestros medios de subsistencia están moldeados por instintos que nos permitieron sobrevivir en la Edad de Piedra. Coger lo que se pueda, cuanto más mejor. Lo que era necesario entonces, en combinación con las posibilidades de la civilización, nos ha llevado a un callejón sin salida. Para frenar este comportamiento codicioso, antes positivo y ahora destructivo, tenemos que ser capaces de anular los dictados de nuestros instintos.

¿Hasta qué punto es libre el libre albedrío?

Nos acercamos a una cuestión central para el futuro de la humanidad: ¿existe el libre albedrío? ¿Somos de verdad capaces de controlar nuestras acciones con total independencia de nuestros instintos cuando es preciso y tomar decisiones que serían objetivamente necesarias dada la naturaleza de la situación? Las reacciones instintivas nos han salvado de la amenaza constante de extinción en el pasado; ignorarlas era, por tanto, peligroso.

Los negocios y la política al menos dicen que somos seres puramente racionales que siempre podemos decidir de manera objetiva e incluso en contra de nuestros propios sentimientos. Nuestras reglas del juego, por ejemplo, las leyes, presuponen decisiones basadas en el libre albedrío. Echemos un vistazo al ámbito de los delitos penales y al aspecto de la culpabilidad. Sólo pueden ser culpables de un delito penal quienes: a) infrinjan la ley aplicable y b) sean capaces de comprender.[42] Para ello, deben estar en edad penal, es decir, tener edad suficiente y no padecer trastornos mentales patológicos ni alteraciones graves de la conciencia, por ejemplo, debido al consumo de drogas o alcohol.

Sin embargo, sólo puede haber capacidad de discernimiento si se tiene una opción real de decisión, es decir, libre albedrío. Si este aspecto no está presente, daría lo mismo cometer un delito bajo los efectos del alcohol o sobrio. Si mandan los instintos, no es posible una verdadera perspicacia, es decir, una consideración objetiva de las circunstancias de los propios actos.

Antes de examinar si el libre albedrío existe de verdad, debemos analizar varias definiciones de las funciones de nuestro cerebro a este respecto. Estos términos no son tan inequívocos como sugiere su uso en la vida cotidiana; recordemos cuántas dificultades hubo con la definición del término «inteligencia».

Empecemos por los instintos. Se solían definir como control innato del comportamiento frente al comportamiento aprendido. Pero los instintos pueden reforzarse mediante el aprendizaje, por ejemplo, cuando los padres enseñan a sus hijos a tener miedo de ciertos animales (¡sólo mencionaré a las «arañas»!). Se trataría, por tanto, de una contradicción en los términos, razón por la cual el vocablo se utiliza cada vez menos.[43]

---

42. www.bpb.de/kurz-knapp/lexika/recht-a-z/324006/schuldfaehigkeit/
43. Proveniente del: Lexikon der Biologie, *Spektrum.de*, www.spektrum.de/lexikon/biologie/instinkt/34229

¿Y ahora? Quizá los sentimientos nos ayuden. Por desgracia, la definición también es similar en este caso, es decir, confusa. Si te preguntan qué son los sentimientos, quizá puedas nombrar algunos, como el amor, la tristeza, la ira y la felicidad. Pero ¿qué son exactamente y cómo funcionan? En pocas palabras, se podría decir que los sentimientos son el lenguaje de la mente subconsciente con el que se comunica con nuestra mente consciente. Estos sentimientos nos mueven a realizar acciones que no están determinadas por la mente. Esto puede tener mucho sentido; pensemos, por ejemplo, en situaciones peligrosas. Cuando se aproxima un león, el miedo se apodera de inmediato de ti, movilizando todas las reservas del cuerpo y poniéndolo en alerta máxima. Esto te permite huir con rapidez sin pensarlo dos veces. Cuando hay que actuar con rapidez, los sentimientos son muy superiores a la mente a la hora de tomar decisiones y, a menudo, llegan a la conclusión correcta. Sin embargo, a veces el subconsciente también se equivoca, como ya han experimentado muchas personas en cuestiones de amor, por ejemplo.

Por tanto, a pesar de toda la vaguedad científica, podríamos resumirlo brevemente. Las acciones instintivas son el motor de nuestro subconsciente, que nos comunica sus acciones a través de los sentimientos. Sin embargo, no sólo comunica, eso sería demasiado simple. Las cosas que, de todos modos, se supone que suceden de manera automática no tienen por qué sobrecargar innecesariamente nuestros valiosos recursos mentales. En muchos casos, la mente subconsciente utiliza esta estrategia y no nos dice lo que está haciendo. Puede tratarse de actividades físicas complicadas de las que apenas somos conscientes. Por ejemplo, piensa en todo lo que haces cuando conduces un vehículo con caja de cambios manual. Embrague, cambio de marchas, aceleración, entre otros; todo se hace de pasada (e inconscientemente), para que puedas mantener una buena conversación y vigilar el tráfico al mismo tiempo.

Es una pura necesidad que nuestro subconsciente tome una serie de decisiones por nosotros, ya que de lo contrario nos enredaríamos por completo en la maraña de miles de acciones. Incluso las acciones que deben llevarse a cabo con celeridad eluden el alto mando de nuestro órgano pensante. Si un ciervo salta a la carretera delante de nuestro coche por la noche, pisamos el freno en dos décimas de segundo, demasiado rápido para tomar una decisión consciente. Sólo las decisiones que pueden sopesarse con calma están reservadas a nuestra mente.

Sin embargo, la mente subconsciente a veces hace trampas cuando envía mensajes a nuestra mente consciente y sólo pretende que ciertas decisiones no las tome ella, sino la mente.

Para arrojar algo de luz sobre esta oscuridad, deberíamos echar un vistazo a la investigación sobre el cerebro en este punto. El Instituto Max Planck de Leipzig publicó en 2008 un estudio asombroso. Se observó a los sujetos mediante resonancia magnética, que permite visualizar la actividad cerebral en un ordenador. Se les pidió que decidieran si querían pulsar un botón con la mano izquierda o con la derecha. Se les solicitó que registraran el momento de su decisión. La actividad cerebral hasta diez segundos antes de la hora de decisión especificada permitía leer a qué resultado llegarían los sujetos de la prueba. Por tanto, la acción ya se había iniciado mientras los sujetos de la prueba seguían pensando.[44] Por tanto, no era la mente consciente, sino el subconsciente, el que desencadenaba el impulso de actuar. Unos segundos más tarde, la mente consciente sólo proporcionó la explicación, por así decirlo.

Como la investigación de tales procesos está aún en pañales, todavía no es posible decir qué porcentaje y qué tipo de decisiones funcionan así y si también podemos resistirnos a los procesos determinados por el subconsciente. No obstante, es bastante sorprendente que la mente consciente a menudo vaya por detrás de la realidad. Entonces dobla la línea temporal, por así decirlo, y reclama para nuestro ego, fácilmente ofendido, el control total de la situación en todo momento.

¿Qué es la conciencia? Debe de tener una importancia central para nuestra autoimagen como humanos, lo que se desprende del hecho de que se la negamos a la mayoría de las especies animales (y aún más a todas las plantas). Aparte de que esta última afirmación se refuta cada vez más, dejamos el modo automático con el subconsciente. Las decisiones libres, si existen, están, por tanto, necesariamente ligadas a la

---

44. Soon, C. *et al.* «Unconscious determinants of free decisions in the human brain». *Nature Neuroscience,* núm. 11, pp. 543-545 (2008). https://doi.org/10.1038/nn.2112

conciencia. Sin embargo, como muestra el ejemplo de Leipzig, la mera existencia de una mente consciente no significa que existan decisiones libres en absoluto.

Un ejemplo práctico sencillo es ir al baño por la noche. Si la vejiga se llena tanto durante la noche que existe el riesgo de vaciarla en el lugar equivocado, entonces, quién si no, el subconsciente nos despierta, incluso del sueño más profundo. Aunque no estemos completamente despiertos, la mente consciente tiene que hacer el trabajo, porque al menos tenemos que ser conscientes de si estamos dando vueltas en nuestra propia habitación o en una habitación extraña de un hotel, donde no podemos dirigirnos al baño con el piloto automático. Por tanto, la mente consciente está encendida, pero sigue sin tomarse una decisión libre porque, dependiendo de la presión de la vejiga, no puede hablarse de voluntariedad.

Por desgracia, la ciencia vuelve a estar muy confusa en lo que respecta a la definición de conciencia. Lo mejor es pensar en ella como vigilia, un estado en el que uno puede pensar y experimentarse a sí mismo con todos sus sentimientos.[45] Por cierto, la mayor diferencia entre consciencia e inconsciencia se experimenta durante una anestesia general; la consciencia es, por tanto, muy fácil de sentir, pero muy difícil de describir. Esto también se debe al hecho de que existen fases de transición que la hacen aún más difícil de definir.

¿Qué ocurre con el sueño? ¿Se está inconsciente por la noche? Se puede suponer que sí, al menos en el sueño profundo, porque, en primer lugar, es muy difícil despertarse de él y, en segundo lugar, no lo recuerdas, porque sueñas en la fase REM. Entonces los ojos se mueven inquietos de un lado a otro (movimiento ocular rápido o *rapid eye movement*) y el cine mental funciona a toda velocidad. Los sueños son casi reales y las imágenes fluyen justo por debajo de la superficie de la conciencia. Los tres puntos siguientes muestran lo cerca que están. En primer lugar, es fácil despertarse durante esta fase y, en segundo lugar, al menos poco después de despertarse, a menudo se puede recordar lo que se ha soñado, casi como si se hubiera vivido realmente. El tercer

---

45. Proveniente del Lexikon der Neurowissenschaft, *Spektrum. de*, www.spektrum.de/lexikon/neurowissenschaft/bewusstsein/1446

aspecto parece un poco extraño, porque en algunos sueños estás dormido, pero en otros estás dormido pero no consciente. Son los llamados sueños lúcidos, en los que somos conscientes de que sólo estamos soñando. Incluso podemos controlar estos sueños, es decir, influir en el curso de la historia soñada.

Por tanto, la conciencia no sólo es difícil de definir, sino que tampoco puede separarse claramente del subconsciente. Sin embargo, la existencia de una mente consciente puede deducirse de manera lógica. Si sólo existiera el subconsciente y se ocupara de controlar todas nuestras acciones, no necesitaríamos sentimientos. Al generar sentimientos como el miedo o el amor, el subconsciente sí toma una decisión preliminar sobre qué dirección tomar, pero en estos casos es obvio que quiere implicar a la mente consciente en la reacción final.

Para dificultar aún más la evaluación de la situación, cabe mencionar que también hay científicos que sólo afirman la existencia de la conciencia y niegan la existencia de un subconsciente. La tesis del neurocientífico Nick Chater, por ejemplo, es que el cerebro es hasta cierto punto plano, no tiene profundidad y, por tanto, no hay subconsciente, porque sencillamente carece de capacidad de cálculo. Por eso Chater también expresa sus dudas sobre el éxito de la psicoterapia cuando se trata de encontrar el «verdadero yo», porque, en su opinión, éste no existe.[46] Al mismo tiempo, habla de procesos sobre los que el cerebro nos llama la atención en determinadas situaciones, para mí una contradicción, porque si fuéramos conscientes de todo, no necesitaríamos ninguna señal, por ejemplo, en forma de sentimientos.

¿Qué ocurriría si realmente no existiera el subconsciente? No cambiaría el hecho de que muchas acciones no son el resultado del pensamiento, sino que están automatizadas y controladas por influencias de las que a menudo no somos conscientes. Si sólo hubiera conciencia e instintos innatos, el desarrollo de cada acción tendría que ser siempre transparente para nosotros porque podríamos seguirlo de manera consciente. Incluso las acciones puramente instintivas no podrían estar in-

---

46. «Es gibt keinen Hinweis, dass ein Unterbewusstsein existiert», entrevista con Nick Chater en *GEO*, www.geo.de/wissen/gesundheit/22098-rtkl-psychologie-es-gibt-keine.n-hinweis-dass-ein-unterbewusstsein-existiert

fluidas por procesos de pensamiento, pero seguirían siendo observables. Eso me parece muy agotador y, en mi opinión, está en desacuerdo con la conducción automatizada, por ejemplo, en la que ya no pensamos en cada embrague y cambio de marcha al detalle.

Además, por supuesto, se plantea la cuestión de si habría incluso animales (¿o plantas?) que no tuvieran conciencia. ¿Cuándo y dónde se habría producido de repente un salto evolutivo hacia los humanos, en el que las acciones automáticas-instintivas se transformaran en razonamientos conscientes sin que hubiera una mente subconsciente a bordo, al menos de manera temporal? Creo que la teoría del subconsciente (puede hacerse consciente a través de los sentimientos) y del inconsciente (esta parte nunca se hace consciente) explica mucho mejor nuestro comportamiento. Si quisieras explicar los sentimientos comunicando acciones instintivas a la mente consciente, en la práctica vendría a ser lo mismo. Hay una cosa que desde luego es indiscutible, y es que los sentimientos sólo son necesarios porque en determinadas situaciones no todo se puede decidir y resolver racionalmente, es decir, hay que anular los procesos de pensamiento de la mente consciente.

Por lo tanto, quien siente debe ser consciente y sólo se puede pensar con claridad cuando se es consciente, es decir, cuando se está despierto. Esto nos lleva al siguiente actor del escenario: la mente. Sigue sin tener nada que ver con el libre albedrío, sino, ante todo, literalmente con la comprensión.

Sólo cuando comprendo una situación puedo pensar en ella y tomar una decisión. La comprensión es, por tanto, algo que también deberían poseer muchos animales. En el camino hacia el libre albedrío, sin embargo, aún nos queda un último peldaño por subir, la razón. Ésta evalúa los sentimientos y la situación que la mente ha captado e intenta llegar a la mejor solución.

Sin embargo, la razón también sigue estando fuertemente influenciada por el subconsciente, y ello se debe a la escasa capacidad de absorción de nuestra conciencia. Según la psicóloga Diana von Kopp, cada segundo recibimos once millones de bits de información, de los cuales la mente consciente sólo puede registrar unos 40 bits.[47] Si la autora está en lo cierto, eso supone sólo el 0,00045 % de los estímulos ambientales que percibimos activamente. Como base para un pensamiento inteligente, esto es un poco pobre, sobre todo porque a menudo nos concentramos en las cosas equivocadas.

Ésa no es toda la verdad. Porque lo que se ve conscientemente no es lo real. Ni siquiera nuestro aparato visual se ajusta a la realidad debido a la construcción de una simple lente en el ojo. Si lo viéramos todo sin corregir, el mundo estaría al revés y nuestras manos, al coger una taza de café, por ejemplo, estarían alcanzando el vacío. Sólo el procesamiento en el cerebro nos permite dar sentido a las cosas. Cada imagen recibida se traduce en él.

Pero si nuestro órgano pensante (necesariamente) interviene de un modo tan burdo en este caso, ¿cómo podría tratar todos los pequeños fragmentos de información visual? Podemos descubrir esta manipulación de datos en las ilusiones ópticas. El mundialmente famoso artista holandés M. C. Escher, por ejemplo, dibujó, entre otras cosas, escaleras que parecen subir interminablemente en círculo y, aunque llevan hacia arriba, no ganan altura. Los gráficos de Escher revelan cómo la realidad se transforma en un mundo subjetivo en el cerebro. La escasa información ambiental que llega a nuestra conciencia ya ha sido, por decirlo suavemente, muy interpretada. ¿En realidad somos conscientes de menos de una milésima parte del 1 % de toda la información y eso, además, sólo de forma distorsionada?

Puedes comprobarlo por ti mismo en un pequeño experimento cinematográfico. Si te apetece, puedes saltarte las siguientes líneas y ver las distintas películas directamente en la página web de los científicos Christopher Chabris y Daniel Simons.[48] Para todos los demás, he, a continuación, la descripción: los espectadores ven una película en la que un grupo de personas juega al baloncesto. La tarea consiste en concentrarse en un equipo con camisetas blancas o negras y contar los

---

47. von Kopp, D. «11 Millionen vs. 40 Bit». *Focusing,* Essentials. Springer, Wiesbaden, 2015. https://doi.org/10.1007/978-3-658-08754-8_10

48. The invisible Gorilla, http://www.theinvisiblegorilla.com/IGvideos.html (Consultado el 30/08/2024).

lanzamientos. Cuando más tarde se les pregunta si (dependiendo de la película) se fijan en un gorila que se mueve entre el grupo o, en su lugar, en una mujer con un paraguas de colores, casi la mitad de los sujetos de la prueba responden negativamente.[49]

Pero ¿y si hay algo muy importante entre los datos que se nos escapa por el filtro? Sería demasiado arriesgado para la supervivencia de nuestra especie depender tan sólo de la selección activa de información interesante.

Por lo tanto, el resto de la avalancha de datos no se pierde en absoluto, sino que es analizada, al menos en parte, por el subconsciente. Mientras no haya mensajes de alarma entre ellos, no nos daremos cuenta de ninguno de estos procesos de evaluación. Nuestros recuerdos demuestran que, en realidad, muchos de ellos están almacenados.

Cuántos recuerdos yacen en realidad latentes en nosotros resulta evidente cada vez que recibimos una referencia a un acontecimiento en apariencia olvidado hace mucho tiempo. Si se menciona la palabra clave adecuada, de repente recordamos una serie de detalles sobre una persona, un lugar o una experiencia que no habríamos recordado sin la palabra clave.

Las personas con síndrome del sabio demuestran hasta qué punto somos capaces de memorizar. Son capaces de memorizar guías telefónicas en un santiamén, de dibujar de memoria planos urbanos completos hojeando metrópolis una sola vez o de calcular más rápido que cualquier calculadora de bolsillo.

En principio, podría hacer todo esto. Sin embargo, hay un filtro en el cerebro que elimina inmediatamente de la conciencia la información innecesaria (incluidas las guías telefónicas memorizadas). Si toda la información que recibes estuviera siempre presente, perderías de vista las cosas que son esenciales para la vida diaria. Y éste es justo el problema que tienen muchos de los cerebritos en apariencia superdotados, que tienen más dificultades para desenvolverse en la vida cotidiana.

El hecho de que desterremos de inmediato a la bodega de datos una parte considerable de la información que captamos se debe también al

---

49. Simons, D.; Chabris, C. «Gorillas in Our Midst: Sustained Inattentional Blindness for Dynamic Events». *Perception*, 28/1999, pp. 1059-1074.

consumo de energía. Aunque el cerebro sólo representa el 2% de nuestro peso corporal, consume el 20% de nuestra energía total.[50] Al fin y al cabo, 100 000 millones de células nerviosas con un número de conexiones varias veces superior necesitan ser alimentadas para dispararse.[51]

Sin embargo, incluso en las personas sanas, las experiencias inconscientes no se dejan de lado definitivamente. Influyen en las decisiones que se toman más adelante. Piensa en lo que viviste en los tres primeros años de tu vida. ¿Se olvidan? Sin embargo, son cruciales, por ejemplo, para moldear tu inteligencia. Aunque apenas recuerdes nada, este período sigue presente en tu subconsciente. Tanto las experiencias agradables como las traumáticas tienen efectos para toda la vida. En décadas anteriores, por ejemplo, no se permitía visitar a los bebés y niños pequeños en los hospitales. Para muchos de ellos, el miedo al abandono en la edad adulta los llevó a la necesidad de una relación bastante estrecha o, por el contrario, a relaciones especialmente superficiales.

Volvemos a la facultad máxima de nuestra especie, el libre albedrío. Atribuimos con facilidad el uso de los instintos al resto de especies, es decir, «comportamientos puramente heredados e intencionados que no necesitan ser aprendidos», según afirma la Universidad de Hamburgo en su página web. El mismo instituto continúa diciendo de los humanos que «pueden controlar los instintos, sobreconstruirlos y moldearlos mediante la perspicacia y la voluntad».[52] Pues en este punto es donde entra en juego la voluntad. Veamos un ejemplo clásico de la vida cotidiana para comprobar si es de verdad libre.

A veces los instintos son francamente dictatoriales. El subconsciente no sólo toma las riendas aquí y allá de forma inadvertida, no, en mu-

---

50. «Energiesparen beginnt im Kopf», comunicado de prensa de la Sociedad Max Planck de 10 de septiembre de 2009, www.mpg.de/571562/ energiesparen-beginnt-im-kopf (Consultado el 30/08/2024).

51. «Das Gehirn», Max-Planck-Gesellschaft, www.mpg.de/gehirn (Consultado el 30/08/2024).

52. Universidad de Hamburgo (Institut für Deutsche Gebärdensprache und Kommunikation Gehörloser), www.sign-lang.uni-hamburg.de/projekte/plex/plex/lemmata/i-lemma/instinkt.htm

chas situaciones le da igual lo que pienses, ya que te ves literalmente obligado a ceder ante tu subconsciente a través de los mensajes emocionales. El hecho de que la mente consciente se encienda aquí y allá a través de los sentimientos y deje parte del futuro a la razón no significa que no siga desempeñando un papel oculto. Gran parte (¿o todo?) de lo que hacemos de manera consciente se decide por una mezcla de deliberación consciente y trasfondo inconsciente. Es imposible decir con certeza cuál es la parte consciente en cada caso individual.

Una situación típica es la ingesta de alimentos. Mientras que el mayor problema desde el principio de la historia de la humanidad hasta hace unas décadas era comer lo suficiente y con regularidad, la situación se ha invertido por completo desde entonces, al menos para la mayoría de la gente. No comemos demasiado poco, sino, por lo general, en exceso. Las razones son bien conocidas. Nuestros cuerpos siguen más o menos instalados en la Edad de Piedra y ansían las cosas grasas y dulces. Lo que antes era raro ahora sale en abundancia de las cornucopias de los supermercados. Las patatas fritas, los refrescos y los dulces se han convertido incluso en los alimentos más baratos en cuanto a contenido calórico. Probablemente conozcas la situación. Ya no te apetece comer, pero aún queda una tableta de chocolate por ahí. En realidad, consigues no cogerla durante varias horas antes de que finalmente acabe en tu estómago. Lo que queda suele ser un remordimiento de conciencia. La clásica batalla entre la razón y el subconsciente.

En este caso cotidiano, cada uno de nosotros puede estudiar por sí mismo hasta qué punto nuestros instintos nos tienen bajo control. Sopesemos los argumentos de los contrincantes desiguales. El subconsciente puede argumentar que el principio de comer tanto como sea posible siempre se ha aplicado (excepto durante un minúsculo período de tiempo). En el pasado, rara vez se disponía de alimentos en todo momento, por lo que el cuerpo inevitablemente tenía que hacer acopio para sobrevivir a semanas de escasez. No se podía permitir que las molestas consideraciones del dueño del cerebro interfirieran en esto, ya que de lo contrario alguien podría haber arrebatado mientras tanto el último trozo de carne asada del fuego. Si había elección, siempre tenían prioridad las cosas más grasas y dulces, ya que el estómago, en última instancia, tenía una capacidad limitada y había que llenarlo con tantas calorías como fuera posible. Esta estrategia ha servido muy bien a nuestra especie durante muchas decenas de miles de años.

¿Y qué pone hoy una mente despierta en el otro tazón? Demasiada grasa y azúcar (que también se convierten en depósitos de grasa en el cuerpo) no son saludables y reducen la esperanza de vida. A diferencia de lo que ocurría en la Edad de Piedra, ya no es necesario abastecerse a toda costa. Además, el ideal de belleza actual es la delgadez, por lo que el sobrepeso puede acarrear problemas no sólo físicos, sino también psicológicos. Por tanto, es sensato limitar la ingesta de alimentos a un nivel que se corresponda con lo que se consume a través de las propias actividades.

Por desgracia, el subconsciente dispone de un lenguaje emocional que, como ya he mencionado, es muy superior en su efecto a las palabras de nuestro órgano central. En este caso, la sensación se llama «hambre». El hambre no es una señal tan fuerte como para que nuestra mente no pueda anularla, al menos de manera temporal. Uno puede distraerse conscientemente (y, por tanto, también su subconsciente) lanzándose a trabajar, por ejemplo, y también centrando el subconsciente en otros estímulos. Sin embargo, sólo las personas con una voluntad en especial fuerte pueden resistir de forma permanente un persistente ruido en el estómago, una pereza que se arrastra por todo el cuerpo; al menos, yo a menudo no puedo.

Como el lavado de cerebro, el mensaje permanente es tan eficaz que hacemos ciegamente justo lo que no queremos hacer en realidad, comer. Algunos de nosotros conseguimos más o menos vencer a nuestros instintos, al menos durante cierto tiempo y comemos tan poco que los kilos desaparecen. Sin embargo, esto no es en absoluto una victoria sobre el subconsciente, porque pérfidamente el organismo interpreta la falta de comida como una señal de alarma grave y, en primer lugar, hace un uso intensivo de los consumidores de energía, es decir, los músculos. Una vez terminada la dieta, el cuerpo acumula más grasa, incluso con una ingesta moderada de alimentos, ya que el consumo total es menor que antes de la dieta gracias a la pérdida de músculo. Por lo tanto, la única forma eficaz de imponer su voluntad es hacer dieta en combinación con ejercicio. Porque si el cuerpo recibe al mismo tiempo la señal de que la masa muscular es muy necesaria, cede y, por último, reduce la grasa. Sin embargo, esto sólo funciona si la dieta no es demasiado radical y la ingesta de calorías sólo se reduce en cierto sentido. Para ello, sin embargo, hay que superar dos umbrales de inhibición (hambre más pereza) en lugar de uno (hambre), y además de forma permanente.[53]

Las cifras oficiales también muestran que muy pocas personas lo consiguen. En Alemania, por ejemplo, la mitad de las mujeres y dos tercios de los hombres tienen sobrepeso y la tendencia sigue al alza.

Incluso a la hora de calcular estas cifras, el desconocimiento desempeña claramente un papel, ya que las últimas cifras muestran una tendencia a la baja. Sin embargo, no se recogieron de forma independiente, sino que se basan en datos manifestados por personas. El Instituto Robert Koch sospecha que las cifras comunicadas son una infravaloración del peso y una sobrevaloración de la estatura. El índice de masa corporal (IMC) se calcula a partir de ambos valores.[54] El subconsciente intenta, por tanto, en apariencia, aumentar la confianza en uno mismo situándonos más cerca de la norma social, en contra de los hechos. Esta norma significa actualmente «estar delgado y musculoso».

Sin embargo, no siempre ha sido así y sigue sin serlo en todas partes. En el rococó, por ejemplo, las formas voluptuosas se consideraban bellas, y mi familia también tenía una actitud muy positiva hacia la gordura. Mi padre había pasado hambre de niño durante la guerra, y después de la contienda se propuso engordar y lo consiguió.

Incluso campañas como una información más clara en los envases de los alimentos hacen poco por cambiar el abrumador poder del subconsciente cuando se trata de alimentos, ya que, en el mejor de los casos, suponen un supuesto alivio para los consumidores. El efecto rebote, un término más utilizado en el ámbito del consumo de energía, también actúa en este caso. Si se consumen menos calorías por unidad

---

53. Esta estrategia se recomienda en muchos portales y sitios de noticias, por ejemplo, en el *Stuttgarter Zeitung*: www.stuttgarter-zeitung.de/inhalt.abnehmen-ohne-muskelnzu-verlieren-mhsd.ec088be6-3768-4ba1-8c0a-80a334b43c7e.html (Consultado el 30/08/2024).
54. «Übergewicht und Adipositas», Robert Koch-Institut, www.rki.de/DE/Content/GesundAZ/A/Adipositas/Adipositas_node.html (Consultado el 30/08/2024).

de alimento, se puede comer más, lo que anula el efecto general de ahorro.

Además, se están eliminando más barreras al consumo diario de alimentos. «Alimentos de conveniencia» es la expresión técnica utilizada por los estrategas de marketing en las sedes de las empresas alimentarias, que tienen la vista puesta firmemente en la cuota de mercado. Cuanto más fácil de preparar sea la comida y más atractiva resulte, más probabilidades habrá de que los clientes la compren. Las comidas completas, a veces incluso con entrantes y postres, se envuelven en film retráctil y se ofrecen listas para calentar en el microondas. No hay necesidad de una preparación laboriosa; en cuanto surge el más mínimo apetito, tan sólo se tiene que abrir un paquete y poco después la comida lista aterriza en el estómago. A medida que se perfeccionan los métodos de seducción de nuestro subconsciente, es de esperar que aumente la proporción de población con sobrepeso.

Por supuesto, todo esto es bien conocido. El tema de la comida es sólo una ilustración bastante buena de lo limitado que es en realidad el alcance del libre albedrío, porque es comprensible en el día a día.

Pero las personas que mantienen sus kilos bajo control y van regularmente al gimnasio ¿son la prueba viviente de la existencia de un fuerte espíritu libre? ¿O el afán por mantener un cuerpo atractivo y «estandarizado» se debe también a los instintos? Es posible que cuando se trata de hacer dieta, simplemente estemos asistiendo a la competición entre dos poderosas corrientes de nuestro subconsciente para conseguir importantes estrategias de supervivencia. Su reflejo en el espejo dirá cuál es más pronunciada.

Hablando de cuerpos atractivos, podría haber elegido el ejemplo del sexo. Más allá del hecho de que todos podemos comprender a la perfección lo placentero que es dedicarse a nuestros órganos sexuales primarios, la fuerza arrolladora de los instintos sexuales puede verse con regularidad en las noticias. Es difícil comprender que los hombres más poderosos del planeta arriesguen una y otra vez la cabeza y el cuello para satisfacer sus impulsos. Ya sea el *tête-à-tête* de Bill Clinton con su becaria o las orgías sexuales de Silvio Berlusconi con prostitutas, una vez que las hormonas se ponen en marcha, el cargo y el prestigio dejan de tener importancia.

La situación es similar también en otros ámbitos, sólo que los peligros que se derivan para la población de la Tierra son mucho mayores. El ejercicio del poder es en apariencia tan atractivo que, por desgracia, las guerras estallan con regularidad.

La mente sirve a los instintos no sólo cuando se trata de comida o sexo, sino también en ámbitos supuestamente intelectuales. Nuestra avidez innata de información hace que se ofrezca en cantidades masivas y preprocesada, de forma similar a la comida. Noticias, cuentos (novelas) o largometrajes sustituyen a las conversaciones de la Edad de Piedra en torno a la hoguera, pero contienen muchos más mensajes.

Volvemos una vez más al libre albedrío. ¿No hay ejemplos en los que esto se pueda demostrar de forma impecable? Un ejemplo típico sería el deporte, pero no cualquier deporte. Porque también en este caso se liberan hormonas como la dopamina o las endorfinas, que evocan sentimientos de felicidad y nos hacen querer más. No, me refiero al deporte que se debe hacer para aliviar el sufrimiento físico, como después de una hernia discal. En mi caso, al menos, no tengo ninguna sensación de felicidad cuando voy al gimnasio, pero tampoco entreno hasta la extenuación, sino que hago una combinación de ejercicios de musculación y estiramientos, algunos de ellos muy desagradables. Hago todo esto porque sé que mejorará mi columna vertebral a largo plazo. ¿De verdad? Cuanto más me duele la espalda, más regularmente hago ejercicio. Así que el dolor es la fuerza motriz, y si me siento mejor y sigo haciendo ejercicio, es porque me preocupa volver a empeorar.

Cuando te preocupas, tu mente ya ha pasado a un segundo plano. El diccionario alemán Duden define la preocupación de la siguiente manera: «(Causada por una situación desagradable, difícil, peligrosa) pensamientos atormentadores; sensación opresiva de inquietud y ansiedad».[55] De hecho, para ser sinceros, mis afanes disminuyen muchísimo en cuanto vuelvo a sentirme mejor.

Por tanto, nuestro *statu quo* puede resumirse del siguiente modo: la mente subconsciente hace frente a una cantidad increíble de información, la evalúa y toma numerosas decisiones sin implicar a nuestra

---

55. Proveniente del diccionario de la lengua alemana Duden: Sorge www.duden.de/rechtschreibung/Sorge

mente consciente. Sin embargo, los juicios de la mente subconsciente son muy difusos y, en algunos casos, necesita más precisión. En estos casos, el subconsciente deja que los sentimientos afloren como submarinos, lo que hace que seamos conscientes de ellos. Ahora la mente puede captar, la razón puede evaluar y se puede tomar una decisión consciente. Es mucho más precisa que la que podría formular el subconsciente y, sin embargo, sigue estando muy influida por él. Una decisión así no puede considerarse verdaderamente libre, porque la propia cuestión de qué cosas se nos permite sopesar se hace en el subconsciente.

El proceso consciente de toma de decisiones suele servir (si no siempre) para satisfacer deseos inconscientes, para realizar nuestros instintos. Supongamos que fuéramos predominantemente o incluso por completo esclavos de esos instintos. ¿Qué sentido tendría imaginar que tenemos libre albedrío? Tendríamos que estar engañados para no deprimirnos y frustrarnos. Al fin y al cabo, nuestro órgano pensante se ha vuelto tan poderoso que tenemos una pronunciada conciencia de nosotros mismos y a menudo somos conscientes de nuestros actos. Si siempre nos diéramos cuenta de que todo lo que hacemos es instintivo, veríamos con nuestros propios ojos las tonterías que a veces hacemos. Tal vez sería demasiado excitante para nuestro cerebro y nuestro cuerpo. Es como ir a toda velocidad por la autopista como pasajero de un conductor borracho, incapaz de influir en el curso del viaje. El pulso alcanzaría niveles récord, el cuerpo estaría en permanente estado de alerta, el consumo de energía se dispararía sin que esta reacción masiva tuviera ningún sentido. ¿No sería mucho más relajante ser tú mismo el conductor borracho? A diferencia del copiloto, cree tenerlo todo bajo control, aunque no estén en mejor situación. El peligro potencial no es mayor que para el pasajero sobrio y el consumo de energía del organismo se reduce bastante. Entonces, ¿la ilusión del libre albedrío nos ahorra la experiencia de un subconsciente que prevalecerá el resto de nuestras vidas?

Nadie puede responder a esta pregunta, pero supongamos que el libre albedrío no existe. Hay suficientes indicios de ello, como demuestra el avance actual de la destrucción medioambiental, las guerras y las hambrunas, procesos que en realidad deberían poder evitarse. ¿No tendríamos entonces que cambiar nuestras estrategias? Al fin y al cabo, si el subconsciente desempeña realmente un papel tan importante en los procesos de toma de decisiones como parece, esto no significa que no exista margen de maniobra. Al fin y al cabo, el subconsciente forma parte de nosotros y de nuestros procesos de pensamiento, evalúa y toma decisiones, aunque no seamos conscientes de ello. ¿No deberíamos empezar a utilizar activamente este corregulador secreto?

Esto parece imposible *a priori*, porque ¿cómo podríamos resistirnos a las órdenes del subconsciente cuando las directrices que determinan nuestras acciones conscientes proceden de él? La resistencia directa no es posible, pero invertir o incluso anular las órdenes que nuestra razón ha reconocido como peligrosas sí lo es.

Pero una vez más, ¿cómo funcionaría esto si el libre albedrío fuera una ilusión? Sencillamente, utilizando sentimientos que también llevan al subconsciente a una dirección diferente. Estos sentimientos pueden desencadenarse en la mente consciente empleando nuestra razón para visualizar escenarios que son particularmente felices o aterradores. El ímpetu viene de la (débil) mente consciente, el impulso para cambiar el comportamiento del subconsciente. Por el contrario, también podemos influir de manera activa en el subconsciente.

Después de todo, ¿no es este hecho prueba del libre albedrío? Es posible, pero no podemos acercarnos mucho más a este límite. El filósofo David Hommen ha escrito un artículo sobre el estado del debate que merece la pena leer (véase nota final de página). Una de las últimas frases del artículo afirma lo siguiente: «La idea del libre albedrío es y sigue siendo difícil de comprender».[56]

Lo que es seguro es que la estrategia de la influencia inversa funciona. Quizá conozcas los ejercicios de gratitud, que se utilizan para tratar la depresión, por ejemplo, pero que en general también merece la pena probarlos. Se trata de pensar a diario en las cosas por las que se está agradecido y cualquiera puede encontrar algunas. Es útil anotar estos

---

56. Hommen, D. «Die Krux an der Willensfreiheit». *Spektrum.de*, www.spektrum.de/news/entscheidungen-die-krux-an-der-willensfreiheit/1865476 (Consultado el 30/08/2024).

pensamientos en un cuaderno por la noche. Poco a poco se dirige el subconsciente hacia unos pensamientos positivos. Yo lo he probado y funciona muy bien.

Ya conoces una de las formas en que nosotros, conscientes de nuestra naturaleza animal, podríamos abordar los grandes problemas de la humanidad de una manera completamente distinta a como lo hemos hecho hasta ahora, pero trataremos este tema con más detalle más adelante. Centrémonos primero en nuestra herencia animal.

El elefante en la habitación: el crecimiento demográfico

En los 300 000 años de existencia de nuestra especie, la principal tarea fue evitar nuestra extinción reuniendo la mayor cantidad posible de alimentos e información. Tuvimos tanto éxito con ello que ahora estamos en peligro de extinción por esta misma razón. Por lo general, la escasez de alimentos, las enfermedades y los depredadores limitan un incremento excesivo de la población. Si esto ocurre, los individuos reaccionan con un aumento de la migración y una reducción del rendimiento reproductivo.

Hemos roto todos estos límites con nuestras mentes, aunque algunas de las fuerzas reguladoras siguen actuando, como ya hemos visto. No obstante, la población sigue creciendo. Si recordamos, por ejemplo, a los 1500 cazadores y recolectores europeos de la Edad de Piedra, que ahora se enfrentan a una población de casi 500 millones sólo en la Unión Europea, el problema resulta evidente de inmediato. Sin duda, algunas personas más podrían haber vagado por los bosques en un pasado lejano sin destruir el ecosistema, pero tal vez habrían sido poco más de unas pocas decenas de miles, que habría sido el límite superior.

Australia es un buen ejemplo de ello. Un equipo internacional de investigadores dirigido por el paleo-ecólogo Sander van der Kaars examinó las aguas costeras del continente rojo en busca de restos fecales de especies animales extinguidas. El resultado fue que, a los pocos miles de años de la aparición de los primeros australianos, el 85 % de la megafauna, es decir, animales con un peso corporal superior a 44 kilogramos, había desaparecido. A diferencia de sus colegas de la Edad de

Piedra en el Eifel (Alemania), por ejemplo, los cazadores de la Edad de Piedra provocaron una oleada de extinción entre los grandes mamíferos hace unos 47 000 años. Se reproducían muy lentamente, por lo que incluso una pequeña cacería tenía consecuencias fatales. Los científicos calcularon que disparar a un solo animal adulto por cazador cada diez años bastaba para llevar a la especie a la extinción al cabo de unos siglos.[57]

La cuestión de la capacidad de carga del ecosistema global debe plantearse hoy, por supuesto, de forma diferente a como se planteaba hace décadas, ya que la agricultura moderna nos permite alimentar a muchas más personas con una superficie de tierra mucho menor. Mientras que una persona de la Edad de Piedra necesitaba cientos de kilómetros cuadrados, hoy basta con 0,0018 kilómetros cuadrados per cápita, es decir, 1800 metros cuadrados de tierra cultivable.[58] La productividad ha aumentado con mucha celeridad, y con ella, como es lógico, nuestra población. Sin embargo, el uso de la tierra es tan intensivo que los suelos se pierden una y otra vez debido a la erosión, la salinización y otros cambios.

La organización ecologista Global Footprint Network utiliza el Día Mundial de la Deuda Ecológica para intentar definir los límites actuales del uso sostenible. Se trata del día del año en que la humanidad ha agotado todos los recursos que la Tierra puede renovar y proporcionar cada año. Mientras que en 1970 todavía era el 31 de diciembre, por lo que todo seguía en la zona verde, para 2022 ya se ha adelantado al 28 de julio: en todos los días posteriores estamos sobreexplotando el planeta. Por cierto, este valor ya se alcanzó, por ejemplo, en Alemania en 2023, el 4 de mayo.[59]

57. Van der Kaars, S. *et al.* «Humans rather than climate the primary cause of Pleistocene megafaunal extinction in Australia». *Nat Commun* 8, 14142 (2017). https://doi.org/10.1038/ncomms14142 (Consultado el 01/09/2024).

58. https://de.statista.com/statistik/daten/studie/1188826/umfrage/ackerflaeche-pro-kopf-entwicklung/ (Consultado el 01/09/2024).

59. www.footprintnetwork.org/our-work/earth-overshoot-day/ (Consultado el 01/09/2024).

Por supuesto, se podría argumentar que estos cálculos son en realidad demasiado optimistas, ya que la Tierra no puede reproducir tan rápidamente o en absoluto determinadas materias primas, como los combustibles fósiles, las materias primas minerales o el suelo. Nuestras falsas ilusiones resultan en especial claras cuando se trata del consumo de suelo. Para muchos proyectos de construcción, como autopistas o urbanizaciones, hay que habilitar zonas de compensación para suplir los daños causados a la naturaleza (sellado de terrenos, pérdida de hábitats) en otros lugares. Evidentemente, esto no es posible porque la tierra tendría que crecer. Por eso la solución es revalorizar terrenos ya utilizados, por ejemplo, convirtiendo un campo en un bosque y haciéndolo así más valioso a nivel ecológico. Sin embargo, esto no cambia el hecho de que cada vez se necesite más espacio para las construcciones humanas; sólo en Alemania, esto provoca la pérdida de casi 60 hectáreas al día.

El objetivo del Gobierno alemán, por ejemplo, es reducir el consumo de suelo a menos de 30 hectáreas diarias de aquí a 2030 y, si es posible, limitarlo a 20 hectáreas diarias.[60] Pero incluso esta cifra sigue siendo excesiva mientras nadie domine el truco mágico de hacer crecer la tierra. Al parecer, se considera una ley de la naturaleza (no sólo en Alemania) que cada vez es necesario construir más. Prueba de ello son los programas de construcción, que prevén erigir 400 000 nuevas viviendas al año en Alemania, por ejemplo.[61] Por supuesto, siempre habrá que derribar una parte de los edificios antiguos, pero la voluntad política es que el parque inmobiliario crezca en su conjunto.

Pero mientras el Gobierno alemán reclama más viviendas nuevas, debería prohibirse el derribo de edificios antiguos y restringirse severamente la construcción de otros nuevos. Renovación y remodelación son las palabras mágicas, quizá complementadas con redensificación, como añadir plantas adicionales a los edificios ya existentes. Igual de

---

60. «Flächen sparen – Böden und Landschaften erhalten», Umweltbundesamt, www.umweltbundesamt.de/themen/boden-landwirtschaft/flaechensparen-boeden-landschaften-erhalten#flachenverbrauch-indeutschland-und-strategien-zum-flachensparen (Consultado el 01/09/2024).
61. www.bundesregierung.de/breg-de/aktuelles/wohnungsbau-bundesregierung-2006224 (Consultado el 01/09/2024).

importante es que nuestras exigencias sean un poco más modestas. Al fin y al cabo, las nuevas construcciones en expansión no sólo son necesarias por la afluencia de personas, sino sobre todo por la necesidad cada vez mayor de espacio habitable por persona. Sólo entre 1991 y 2021, la superficie habitable per cápita pasó de 34,9 a 47,7 metros cuadrados.[62]

Algo parecido puede observarse en todo el planeta, y la urbanización tiene otro grave inconveniente, y es que devora los suelos más productivos desde el punto de vista agrícola, y esto tiene algo que ver con la historia de los asentamientos. Los primeros pueblos se formaron no muy lejos de los recursos más importantes para la agricultura, a saber, el suelo fértil y el agua. Ambos se encuentran en los valles fluviales, en cuyas orillas se acumula la valiosa tierra vegetal, arrastrada desde las montañas circundantes. A medida que los asentamientos crecen poco a poco, no se erigen alrededor del preciado terrón, sino encima de él, porque, al menos en el pasado, nadie quería abandonar el círculo protector de los demás.

Pero la tierra cultivable se está perdiendo en todo el mundo a una escala del todo distinta debido a la sobreexplotación. Los campos se caracterizan por el hecho de que el suelo está, al menos temporalmente, sin vegetación y, por tanto, indefenso ante las inclemencias del tiempo. El agua y el viento pueden arrastrar con facilidad la capa superficial del suelo, como pude comprobar en la región de Eifel, en Alemania. No en vivo, por supuesto, sino como huellas históricas. En los lugares donde los mapas antiguos muestran que el bosque nunca se taló por completo, el suelo se conservó en capas de hasta dos metros de espesor, incluso en pendientes pronunciadas. Sin embargo, si durante siglos se practicó la agricultura y el pastoreo, estas capas se perdieron hasta unas decenas de centímetros. Aunque muchas de las laderas están ahora arboladas de nuevo, las piedras desnudas aún se encuentran en la parte superior, claras huellas de un uso excesivo. Si entonces hubiera habido un Día de la Sobreexplotación de la Tierra, es probable que se hubiera celebrado en verano, como hoy.

---

62. https://de.statista.com/statistik/daten/studie/36495/umfrage/wohnflaeche-je-einwohner-in-deutschland-von-1989-bis-2004/ (Consultado el 30/08/2024).

Sin embargo, la sobreexplotación tuvo consecuencias directas en la época porque provocó hambrunas, ya que los suelos menos productivos también proporcionan menos alimentos. Junto con el paisaje, la población se empobreció y el punto de inflexión sólo llegó con las materias primas fósiles y los fertilizantes artificiales. En sentido estricto, estos dos aspectos siguen permitiendo exprimir los suelos más allá de su capacidad natural. Durante este proceso, la valiosa capa superficial del suelo sigue disminuyendo.

En la actualidad, se pierden en el mundo 24 000 millones de toneladas de suelo al año, lo que equivale a tres toneladas per cápita de la población mundial.[63] Sin embargo, todavía es posible aumentar el rendimiento, sobre todo mediante el regadío. Aunque esto no suele funcionar durante mucho tiempo, ya que muchas zonas de regadío tarde o temprano se salinizan porque el agua de riego se evapora del suelo. Una precipitación suficiente transportaría de forma natural las sales minerales cada vez a mayor profundidad hasta llegar a las aguas subterráneas, pero el uso artificial y económico del agua invierte la dirección del transporte y atrae la humedad y las sales hacia arriba como si se trata de una mecha.

En total, la humanidad pierde cada año unos diez millones de hectáreas de tierra cultivable, lo que equivale a algo menos de un tercio de la superficie de Alemania.[64]

A pesar de todas las pérdidas, la superficie sigue siendo suficiente, aunque sólo sea porque cada año se talan en el mundo 13 millones de hectáreas de bosque para crear nuevos campos y pastos.[65] Además, la ingeniería genética y otras formas de aumentar la producción por hectárea hacen que no haya que temer una escasez de alimentos para el ciudadano medio estadístico. Sin embargo, desde una perspectiva indi-

---

63. «Bodenfruchtbarkeit und Erosion», Weltagrarbericht, www.weltagrarbericht. de/themen-des-weltagrarberichts/bodenfruchtbarkeit-und-erosion.html (Consultado el 01/09/2024).

64. «Wir verlieren an Boden, Hintergrundpapier des Bundesministeriums für wirtschaftliche Zusammenarbeit und Entwicklung (BMZ)», www.bmz.de/de/ themen/boden/hintergrund-20826 (Consultado el 01/09/2024).

65. www.wwf.de/themen-projekte/waelder/waldvernichtung (Consultado el 01/09/2024).

vidual, las cosas son muy diferentes, ya que los alimentos no se distribuyen de un modo uniforme. Según la Oficina Federal de Estadística, el 53 % de los adultos europeos tiene sobrepeso,[66] mientras que en Estados Unidos la cifra supera el 73 por 100[67]. En comparación, más de 800 millones de personas no tienen lo suficiente para comer.[68]

Una comparación con las poblaciones animales podría llevar al cínico pensamiento de que se trata de la típica regulación de la disponibilidad de alimentos (en los animales es uno de los principales factores). Probablemente porque suena tan cínico incluso discutir soluciones a este problema, el crecimiento de la población no figura en absoluto en la mayoría de los debates políticos.

Ya hemos visto algunos de los factores que han propiciado el crecimiento demográfico y todas sus consecuencias. A diferencia de otras especies animales, estos factores ya no funcionan de manera correcta para nosotros, los humanos, porque somos ingeniosos a la hora de eludir la mayoría de los ataques para contener nuestra población. Por eso, la población humana sigue aumentando. El hambre en el mundo, en particular, demuestra que no se abordan los problemas fundamentales, sino que se acelera aún más la explotación de la naturaleza para la producción de alimentos. Debe quedar claro que un día la curva del progreso técnico en la agricultura se cruzará con la reducción de las tierras disponibles y el número de personas hambrientas explotará como muy tarde entonces.

Más adelante abordaré las propuestas de solución, pero antes analicemos los esfuerzos internacionales deliberados para producir más alimentos.

66. www.destatis.de/Europa/DE/Thema/Bevoelkerung-Arbeit-Soziales/Gesundheit/_Grafik/_Interaktiv/uebergewicht.html (Consultado el 01/09/2024).

67. https://de.statista.com/statistik/daten/studie/153908/umfrage/fettleibigkeit-unter-erwachsenen-in-oecd-laendern/ (Consultado el 01/09/2024).

68. Informe de las Naciones Unidas: «Global hunger numbers rose to as many as 828 million in 2021, World Health Organization», www.who.int/news/item/06-07-2022-un-report--global-hunger-numbers-rose-to-as-many-as-828-million-in-2021 (Consultado el 01/09/2024).

A lo largo de la historia ha habido grandes hambrunas. En la actualidad estamos viviendo la mayor de ellas; más de 800 millones de personas no tienen lo suficiente para comer,[69] a pesar de que muchos habitantes de los países industrializados están en mejor situación que cualquier generación desde la Edad de Piedra. Hay abundancia de alimentos, o eso parece. De hecho, con una estrategia sofisticada de producción y distribución, podríamos proporcionar con facilidad a todos los habitantes del mundo los alimentos que necesitan. Pero ¿por qué ocurre tan poco a la vista de las imágenes recurrentes de niños hambrientos en África o Asia? Es difícil encontrar una respuesta sin parecer cínico o incluso inmoral. Sobre todo porque, estrictamente hablando, algo se está haciendo si se miran los informes anuales de las distintas organizaciones de ayuda. Sin embargo, el número de hambrientos apenas disminuye.

La respuesta se centra en dos aspectos de nuestra especie que ya hemos conocido en los capítulos anteriores. En primer lugar, nuestra limitada capacidad para elegir con libertad y, en segundo lugar, el reflejo inherente a toda especie de convertir una mejor base alimentaria en mayores tasas de reproducción.

Hablemos primero de nuestra capacidad limitada para tomar decisiones. En el capítulo «¿Hasta qué punto es libre el libre albedrío?», tratamos la clara limitación de nuestra capacidad para elegir entre un subconsciente fuerte y el libre albedrío. Una situación típica en la que se ponen a prueba nuestros límites mentales es el problema del hambre. Si nos preguntaran directamente si podríamos dar parte de la comida que compramos en el supermercado más cercano a algún conocido que se muere de hambre, la respuesta sería sin duda afirmativa en la mayoría de los casos. En este caso, los instintos sociales se dirigen y activan de inmediato, por lo que es casi imposible negarse a tal petición.

Este ejemplo es, por supuesto, del todo irreal. En la práctica, nos enteramos por los periódicos o la televisión de que cientos de miles de

---

69. Informe de las Naciones Unidas: las cifras del hambre en el mundo aumentaron hasta alcanzar los 828 millones de personas en 2021, OMS, 06/07/2022, www.who.int/es/news/item/06-07-2022-un-report--global-hunger-numbers-rose-to-as-many-as-828-million-in-2021 (Consultado el 01/09/2024).

personas en Sudán están de nuevo amenazadas por el hambre. Un breve pensamiento de pena pasa por nuestra mente y, tal vez, sea tan intenso para uno o dos de nosotros que al menos baste para hacer un pequeño donativo a alguna organización de ayuda. Puede que ni siquiera nos guste el filete que acabamos de servir. Pero eso es todo.

Las donaciones monetarias son similares a las indulgencias de siglos pasados. Entonces se podía comprar un certificado de la Iglesia católica a cambio de dinero en metálico, que prometía al donante la remisión del castigo al morir por todos los pecados cometidos. Esta práctica fue habitual hasta el siglo xx. A partir de entonces, el pecador podía continuar con sus actos sin remordimientos, ya que estaba oficialmente protegido contra el purgatorio.

Las donaciones actuales a organizaciones de ayuda tienen un efecto similar. La conciencia de los donantes ricos se tranquiliza y, de este modo, pueden seguir comiendo con alagría. Pero esto no resuelve los problemas del hambre. Sólo un recordatorio, a pesar del abundante flujo de limosnas, ¡parte de la humanidad está sufriendo actualmente la mayor hambruna de todos los tiempos!

Al fin y al cabo, lo que falta no es dinero, sino alimentos. ¿De qué sirve un flujo constante de dinero del norte al sur si al mismo tiempo cantidades increíbles de alimentos van en sentido contrario? Los filetes que tenemos en el plato, los huevos, la leche, el queso y los embutidos se importan en su mayoría de manera indirecta, es decir, a través de la compra de piensos a los países del sur. A la inversa, la Unión Europea, por ejemplo, envía a los países africanos un gran número de productos agrícolas subvencionados y baratos, que repercuten negativamente en la agricultura local porque no puede producir a precios de *dumping*. Las cifras de 2018 muestran cuán desequilibrada está la balanza. Ese año, la UE exportó alimentos por valor de 8600 millones de euros a los países subsaharianos, mientras que desde allí se importaron alimentos por valor de 13 300 millones de euros.[70]

70. «Schadet die EU mit ihrer Agrarpolitik wirklich den Ärmsten der Welt?». *derStandard*, 11/08/2019, www.derstandard.at/story/2000107105297/schadet-die-eu-mit-ihrer-agrarpolitik-wirklichden-aermsten-der (Consultado el 01/09/2024).

Desde hace muchos años, los alimentos desaparecen incluso de nuestros depósitos y sistemas de calefacción en forma de aceite de palma importado, que se utiliza como biodiésel para alimentar vehículos y centrales eléctricas.

El gasóleo de colza y el gas de maíz aumentan, además, la demanda de productos agrícolas (o reducen la oferta para el mercado alimentario) y, por tanto, hacen subir los precios. La invasión rusa de Ucrania mostró al mundo lo rápido que una escasez puede exacerbar el hambre.

Como consecuencia del bloqueo de los puertos ucranianos, las exportaciones de la nación agrícola cayeron en consecuencia. El país también perdió el 26 % de sus tierras agrícolas como consecuencia de la guerra.

Como resultado, los precios de los cereales ascendieron en todo el mundo y en Alemania la población reaccionó con franca histeria. La harina empezó a escasear en los supermercados e incluso su distribución se racionó a los clientes porque mucha gente la acaparaba. La producción de harina apenas se vio afectada por la reducción de las exportaciones ucranianas.

Fueron otros los que se vieron muy afectados. Antes de la guerra, 400 millones de personas en todo el mundo dependían del suministro de grano ucraniano. La restricción de las exportaciones provocó un aumento global de 60 millones de personas gravemente afectadas por el hambre.[71]

La combustión de alimentos en las centrales eléctricas y los automóviles provoca otra escasez permanente, sólo que ésta ya no es visible en la vida cotidiana.

El hambre va por un lado y los combustibles supuestamente respetuosos con el clima, por otro. Hace tiempo que está claro que los combustibles fabricados a partir del maíz y la colza no salvan en absoluto el clima, ya que en conjunto apenas rinden más que los combustibles

---

71. «Krieg gegen die Ukraine befeuert weiter globale Ernährungskrise, World Food Programme der Vereinten Nationen (WFP)», comunicado de prensa del 21/02/2023, https://de.wfp.org/pressemitteilungen/krieg-gegen-die-ukraine-befeuert-weiter-globale-ernaehrungskrise (Consultado el 01/09/2024).

fósiles.[72] Sólo para el consumo de Alemania se cultivan 1,23 millones de hectáreas para biocombustibles dentro y fuera del país. Esto supone un ahorro de 9,2 millones de toneladas de emisiones de CO_2 procedentes de combustibles fósiles, lo que suena bien a primera vista. Sin embargo, si estas superficies se renaturalizaran y se dejaran convertir en bosques, por ejemplo, la vegetación eliminaría 16,4 millones de toneladas de CO_2 de la atmósfera cada año y lo almacenaría a largo plazo en forma de carbono.[73] Pero como los biocarburantes se consideran respetuosos con el clima, ayudan a alcanzar los objetivos políticos, al menos sobre el papel, y este éxito aparente por sí solo era, según parece, más importante en el pasado que mejorar la situación de cientos de millones de personas. Al menos en la actualidad hay indicios de un cambio de rumbo.

Pero queríamos preguntarnos hasta qué punto estamos en realidad en condiciones de cambiar la distribución desigual de los alimentos, ya que *de facto* hay alimentos suficientes para todos a efectos puramente nutricionales. Para ello, tenemos que recurrir una vez más a nuestros instintos. El suministro igual para todos se ve torpedeado por la tendencia instintiva del hombre a acumular provisiones para aumentar su seguridad, pero también para mejorar su estatus social, como han demostrado las compras del hámster de la harina.

La eliminación de estos instintos sería el requisito previo para una forma especial de sociedad, el comunismo. Si de verdad pudiera practicarse durante largos períodos de tiempo, sin duda podría considerarse una forma de eliminar el problema del hambre. Sin embargo, la historia nos enseña que esta forma de coexistencia no funciona, simplemente porque los instintos correspondientes no pueden suprimirse a largo plazo. Lo mismo puede decirse de otra forma de gobierno, el socialismo. Todos los Estados que se autodenominan comunistas o socialistas

---

72. En este enlace encontrarás un buen documento de referencia sobre los problemas de la bioenergía: www.rnd.de/politik/agrosprit-und-co-loest-bioenergie-das-klimaproblem-oder-verschaerft-sie-es-DNHCHUP7AJD3DM5XMP4RUM4VQ4. html (Consultado el 01/09/2024).
73. «Biomasse und Klimaschutz», Öko-Institut, Berlin/Darmstadt, 18/01/2023, p. 5 www.oeko.de/fileadmin/oekodoc/Biomasse-und-Klimaschutz_BMWK.pdf

han producido una élite dirigente que se caracteriza por un estilo de vida lujoso, además de una tendencia al poder autoritario.

Si no existe un Estado que garantice una distribución equitativa, puede haber grupos sociales capaces de hacerlo. Después de todo, algunas religiones, como el cristianismo, exigen a sus creyentes un modo de vida «comunista». El amor al prójimo exigido, que fue ejemplificado por Jesucristo, en realidad debería garantizar de manera inevitable una distribución de la riqueza y, por tanto, también de los alimentos, al menos dentro de la esfera de influencia de las iglesias. Sin embargo, reprimir el instinto de adquirir más y más poder mediante la acumulación de suministros y grandes territorios obviamente no funciona del todo para el pueblo común creyente.

Si el principio del amor incondicional al prójimo llegara a aplicarse realmente alguna vez, cabría esperar que las personas más adecuadas para ello estuvieran al menos a la cabeza de las iglesias. El papa es considerado como el representante de Cristo en la tierra y, por tanto, como una persona a la que se le exige lo máximo en relación con su fe. Como cabeza de la Iglesia católica, también es económicamente poderoso. Sólo en Alemania, la Iglesia posee activos por un valor estimado de 200 000 millones de euros.[74] Con la gente muriéndose de hambre cada día en todo el mundo, debería liquidar de inmediato la parte de sus activos que no es necesaria para la propia existencia de la Iglesia, a fin de comprar alimentos con lo recaudado.

Nada en contra de los helicópteros, los trofeos dorados o las magníficas catedrales, pero en última instancia estas insignias del poder eclesiástico son también signos del fracaso de los objetivos que se han marcado.

La siguiente estimación aproximada ayuda a ilustrar las posibilidades de combatir el hambre. La recaudación anual del impuesto eclesiástico en Alemania, por ejemplo, asciende a unos 13 000 millones de

---

74. «Das irdische Reich der Gottesmänner», *Focus online*, www.focus.de/politik/deutschland/so-wohlhabend-ist-derkonzern-kirche-das-irdische-milliardenimperium-der-gottesmaenner_ id_3299301.html (Consultado el 01/09/2024).

euros.[75] Suponiendo un precio (en la actualidad muy fluctuante) del maíz en grano de 225 euros por tonelada,[76] con este dinero se podrían comprar 58 millones de toneladas. Un kilo de los granos amarillos contiene 3300 calorías de valor calorífico; 2000 calorías al día pueden considerarse el valor límite para una dieta adecuada,[77] lo que corresponde a 0,6 kilogramos de maíz al día o 219 kilos al año. El impuesto eclesiástico recaudado sólo en Alemania permitiría, por tanto, alimentar a 265 millones de personas y reducir de manera drástica el número de personas que padecen hambre, al menos a corto plazo.

Sin duda se podría argumentar que el dinero recaudado se necesitaba con urgencia para mantener la vida de la Iglesia. De acuerdo, sólo era un experimento mental. Pero si la proporción de la población que se siente especialmente comprometida con la idea cristiana de compartir y la caridad, como demuestran sus pagos, cambia poco, por no hablar de los líderes de las comunidades religiosas, entonces podemos asumir que simplemente no funcionará. Una distribución equitativa de los alimentos fracasa debido a nuestro egoísmo y nuestras preferencias dietéticas. A una gran parte de la población le encanta la carne. En todo el mundo, el 83 % de la tierra agrícola se utiliza para la producción de productos animales, pero sólo el 18 % de las calorías se producen en esta tierra.[78]

¿Y qué aconsejan los científicos? Muchos de ellos siguen viendo la salvación en el aumento de la producción de alimentos. Pero ¿cómo quedaría la futura demanda estimada? La población sigue creciendo sin que se resuelva el problema de la distribución equitativa. Por el contrario, sigue aumentando la proporción de personas que consumen ali-

75. «Kirchen nehmen 13 Milliarden Euro ein», *tagesschau.de*, www.tagesschau.de/inland/gesellschaft/kirchensteuer-studie-2022-101.html (Consultado el 01/09/2024).

76. Precios de producción del maíz en *agrarheute.com* del 03/05/2023 https://markt.agrarheute.com/terminmaerkte

77. «Wie viele Kalorien am Tag brauchen wir?». Techniker Krankenkasse, www.tk.de/techniker/magazin/ernaehrung/uebergewicht-unddiaet/wie-viele-kalorien-pro-tag-2006758 (Consultado el 01/09/2024).

78. Poore, J.; Nemecek, T. «Reducing food's environmental impacts through producers and consumers». *Science*, vol. 360, núm. 6392, pp. 987-992, https://doi.org/10.1126/science.aaq0216

mentos de origen animal, que exigen un uso más intensivo de la tierra. En 2019, el consumo mundial per cápita ya era de 43,2 kilogramos,[79] casi al mismo nivel que el de los países occidentales. Recordemos también que, en el pasado, un mayor suministro de alimentos siempre se traducía sin peros en un crecimiento de la población. A la inversa, una escasez repentina de alimentos también tenía el efecto correspondiente, como tuvo que aprender Irlanda por las malas en el siglo XIX. Al principio, la introducción de la patata procedente del Nuevo Mundo mejoró de manera considerable la situación alimentaria. Pero a partir de 1842, el tizón tardío, una enfermedad fúngica, se extendió con rapidez y destruyó gran parte de la cosecha. Como consecuencia, cerca de un millón de personas murieron de hambre y otros dos o tres millones emigraron.[80]

En la actualidad, como mínimo, la relación entre crecimiento demográfico y excedentes alimentarios ya no es tan clara, porque el número de personas crece con menos celeridad debido a los cambios sociales a pesar de la abundante producción de alimentos. Sin embargo, la población modifica sus hábitos alimentarios de tal manera que sigue sin haber suficiente para los más pobres. En este punto se podría lamentar cínicamente que la distribución desigual ya está teniendo un efecto amortiguador sobre el crecimiento de la población, lo que incluso puede ser cierto. Pero la solución a este problema no debería llevarse a cabo a costa de los más pobres, sobre todo teniendo en cuenta que existen, sin duda, estrategias para armonizar la democracia, los derechos humanos y una fuerte reducción de la natalidad. Más adelante hablaremos de ello.

Debido al cambio en los hábitos alimentarios, la demanda de alimentos sigue creciendo sin freno, y la vieja regla del reino animal seguirá

79. «Globale Tierhaltung, Fleischproduktion und Fleischkonsum», Statistisches Bundesamt, www.destatis.de/DE/Themen/Laender-Regionen/Internationales/Thema/landwirtschaft-fischerei/tierhaltung-fleischkonsum/_inhalt.html (Consultado el 01/09/2024).

80. «Die große Hungersnot». *Planet Wissen*, www.planet-wissen.de/kultur/westeuropa/geschichte_irlands/pwiediegrossehungersnot100.html (Consultado el 01/09/2024).

siendo válida también para nosotros. Sólo cuando la oferta media de alimentos per cápita es superior a la demanda puede crecer la población. Sin embargo, la relación se suele presentar a la inversa. El crecimiento de la población sería lo primero, con un ejército de hambrientos a su paso, para los que los criadores e investigadores tendrían que procurar alimentos mediante nuevas variedades y métodos de cultivo. Mientras esto no se reconozca como es debido, la consigna seguirá siendo la misma en el futuro. ¡Necesitamos más alimentos! En su lugar, el planteamiento debe ser que hay que frenar el crecimiento demográfico lo antes posible y adaptar los hábitos alimentarios a la capacidad sostenible del suelo.

Antes de pasar a las distintas ideas de aplicación, echemos un vistazo a la inminente caída de la civilización.

¿El apocalipsis como mecanismo regulador?

¿Qué ocurrirá si todas nuestras capacidades mentales no bastan para tirar de la cuerda a tiempo con tal de sostener nuestro ecosistema para que pueda sustentar nuestra civilización durante mucho más tiempo?

Si no cambiamos nuestra estrategia, la naturaleza acabará con el experimento humano en algún momento. Esto no significa que nuestra especie vaya a extinguirse, sino que la población se reducirá con rapidez. La enfermedad y el hambre son los medios que han diezmado toda superpoblación animal. Si, por ejemplo, un virus como la COVID-19 se vuelve tan mortífero como el virus del ébola, si las tierras agrícolas se vuelven desoladas y la producción de alimentos se desploma masivamente, entonces la población mundial se reducirá en un corto espacio de tiempo a un nivel que pueda sostenerse sin causar daños medioambientales.

Sin embargo, también son concebibles otros peligros civilizatorios, como las guerras mundiales o el colapso del sistema económico (sin una división mundial del trabajo, no se puede alimentar a más de ocho mil millones de personas). Analicemos esta última cuestión con más detalle.

La amenaza no radica tanto en la ruptura de las cadenas de suministro mundiales, al menos en los países más ricos. El Instituto Austriaco de Investigación Económica ha calculado que una desvinculación simultánea de la economía alemana de la de Estados Unidos y la de China, por ejemplo, provocaría graves trastornos, pero sería manejable.[81] El verdadero peligro acecha en los colapsos abruptos, como los provocados por una crisis bancaria. Si la gente deja de confiar conjuntamente en que el dinero tiene valor, la división del trabajo deja de funcionar.

No sólo el mundo financiero, sino también los políticos, recuerdan con horror la crisis de 2007-2008. La quiebra del banco estadounidense Lehman Brothers provocó un desplome bursátil con una enorme incertidumbre en el sistema financiero. La situación llegó a un punto crítico y, en octubre de 2008, se temió una fuga de los bancos en Alemania, por ejemplo, con retiradas masivas de efectivo para salvar los depósitos antes de que las entidades quebraran. En una aparición histórica en televisión, la canciller Merkel intentó calmar los ánimos de la gente anunciando que los depósitos estaban a salvo, sabiendo perfectamente que el Estado no habría tenido los medios financieros para asegurarlos. Visto en retrospectiva, los flujos de caja confirman que un colapso del sistema financiero no era tan improbable.[82]

Por supuesto, no sabemos hasta qué punto puede caer nuestra sociedad en una situación así, pero casi nada funciona sin dinero. ¿Cómo vas a ir de compras si tu cuenta electrónica ya no funciona y tus reservas de efectivo se han agotado? A la inversa, casi nadie ofrecería servicios sin cobrar. Es incierto cuándo y a qué nivel se recuperaría la sociedad.

---

81. «Was es für Ihre Region bedeutet, wenn Deutschland sich vom Welthandel abkoppeln würde». *Spiegel online* del 04/05/2023, www.spiegel.de/wirtschaft/ degloblisierung-welche-folgen-ein-abschied-vom-welthandel-fuer-deutschland-haette-a-72be3a75-be57-4555-9a4a-61b3297e34dc (Consultado el 01/09/2024).

82. «Die Deutschen hoben aus Angst Milliarden Euro ab». *welt.de*, www.welt.de/ finanzen/article3978627/Die-Deutschenhoben-aus-Angst-Milliarden-Euro-ab. html (consultado el 01/09/2024).

Pero puede ser aún más brutal en caso de apagón generalizado. Entonces, el dinero, ya sea en metálico o electrónico, deja de importar, aparte de los billetes que queden en la cartera. Sin embargo, el escenario de colapso descrito antes adquiere ahora una dimensión dramática completamente diferente, ya que la iluminación y la calefacción fallarían, las opciones de comunicación se reducirían de forma drástica y la movilidad también se vería gravemente restringida salvo por los propios pies, al menos cuando el depósito de gasolina o la batería se hayan agotado. En su novela negra *Blackout*, el autor austriaco Marc Elsberg describe en términos drásticos cómo cambia la vida, cómo los saqueos y los robos pasan a formar parte de la vida cotidiana al cabo de poco tiempo.

Aunque la Oficina Federal de Protección Civil y Asistencia en Catástrofes facilita folletos para descargar que recomiendan, por ejemplo, la compra de generadores,[83] la Asociación Alemana de Seguros, por ejemplo, cree que el país está mal preparado e incluso habla del colapso inminente de la sociedad en caso de apagón.[84]

La principal amenaza procede de los ataques de *hackers*, para los que está claro que nuestra sociedad aún no está suficientemente preparada. Durante la guerra de Ucrania, el 24 de febrero de 2022, por ejemplo, fallaron miles de turbinas eólicas en Alemania y no porque hubieran sido hackeadas de forma deliberada. El objetivo era más bien la estación terrestre de un operador de satélites que también proporciona servicios de Internet en Ucrania y cuyos sistemas en otros países también dejaron de ser controlables tras su fallo.[85]

---

83. «Vorsorgen für den Stromausfall», BBK, www.bbk.bund.de/DE/Warnung-Vorsorge/Tipps-Notsituationen/Stromausfall/stromausfall_node.html (Consultado el 01/09/2024).

84. «Blackout: Vom drohenden Kollaps der Gesellschaft», GDV, www.gdv.de/gdv/themen/schaden-unfall/blackout-vomdrohenden-kollaps-der-gesellschaft-82420 (Consultado el 01/09/2024).

85. «Was Russlands Krieg in der Ukraine mit deutschen Windkraftanlagen zu tun hat». *Spiegel online*, www.spiegel.de/wissenschaft/technik/russland-ukraine-was-der-ausfall-eines-satellitennetzwerks-mit-deutschen-windkraftanlagen-zu-tun-hat-a-22850ad5-dee2-42c4-8c5a-c2b39ac42da4 (Consultado el 01/09/2024).

Sin embargo, también es posible que nos asfixiemos en algún momento por los desechos que nosotros mismos producimos. Los animales se esfuerzan mucho por no entrar en contacto con sus propias heces para no ingerir los huevos de los parásitos que han excretado con ellas. Lo puedo observar una y otra vez con nuestros caballos, ambos retirados y que pastan todo el año al aire libre.

Pastan muy bien alrededor de los montoncitos de excrementos del año anterior, aunque ciertamente tienen poco o ningún olor. La hierba más jugosa crece sobre y alrededor de los excrementos de los caballos, pero aun así la rechazan, lo cual es inteligente porque evitan la infestación de parásitos. Mi padre me contó que su familia solía cultivar hortalizas en el pequeño huerto de mi tía abuela después de la guerra y las abonaban con sus propias heces en tiempos de necesidad. Las consecuencias no se hicieron esperar y asolaron a la familia con una constante infestación de gusanos.

Por supuesto, tenemos depuradoras, conectamos hasta el nido más pequeño a las tuberías de evacuación (¡incluso nuestra solitaria cabaña de guardabosques!) y, no obstante, grandes paisajes enteros están literalmente contaminados por las heces. Se trata del estiércol del ganado vacuno, pero sobre todo del porcino, que es muy similar a nuestras heces y deja prados y campos ahogados en una lluvia de excrementos. No se trata tanto de los parásitos, sino del nitrato que se filtra en las aguas subterráneas y degrada permanentemente nuestro alimento más valioso hasta tal punto que ya es perjudicial para la salud en algunas zonas.

A partir de 50 miligramos de nitrato por litro de agua, se convierte en una amenaza para la vida de los bebés. Según la Agencia Federal de Medio Ambiente, se trata de un valor que ya se supera en el 27 % de los puntos de medición de aguas subterráneas en cuyas proximidades se realiza un uso agrícola.

A modo de comparación, nuestro pequeño pozo del jardín de la casa del guarda forestal, destinado exclusivamente a regar los parterres, tiene un valor de nitratos inferior a un miligramo por litro. La diferencia con las aguas subterráneas de Alemania, por ejemplo, que superan el límite de 50 miligramos por litro en el 17 % de los puntos de medición, se debe, no hay otra forma de decirlo, a la filtración de heces... ¡salud! [86]

Por si fuera poco, estamos contaminando el medio ambiente con una especie de lodo 2.0, es decir, los microplásticos. Ya se ha informado mucho al respecto y la mayoría de la gente se da cuenta de que estamos ensuciando todo, absolutamente todo lo que nos rodea con estos diminutos trozos de plástico; desde el aire hasta el agua y el suelo, todo está cubierto, incluido nuestro propio cuerpo.

Veamos primero algunos ejemplos de las causas de la contaminación. Con frecuencia se citan los residuos, como las botellas desechables y la abrasión de los neumáticos de los vehículos. Pero hay muchas más partículas de plástico en nuestro entorno inmediato. La ropa de fibras sintéticas se desmenuza, fácilmente visible como polvo en el alféizar de la ventana, así como los zapatos, que se comportan igual que los neumáticos de los automóviles. Luego está la pintura que hay que cambiar cuando la vieja resulta antiestética (es decir, ha perdido color), las escobas con cerdas de plástico, los barriles de lluvia que se vuelven harinosos en la superficie con la luz ultravioleta del sol o las latas en las que guardamos los alimentos en el frigorífico. En total, respiramos e ingerimos hasta cinco gramos de microplásticos al día por cabeza. Aún se está investigando qué es exactamente lo que provoca en el organismo, pero parece que causa microinflamación.

Hace poco tiempo también se ha producido un descubrimiento aterrador. Por primera vez, se ha observado que las partículas pueden superar la barrera hematoencefálica y, por tanto, una importante barrera biológica contra los contaminantes y con bastante rapidez. Se han encontrado en el cerebro de ratones tan sólo dos horas después de su ingesta.[87] ¿Los microplásticos perjudicarán nuestras capacidades mentales al depositarse en el cerebro? Sería un final poco glorioso para la corona

---

86. «FAQs zu Nitrat im Grund- und Trinkwasser», Umweltbundesamt, www.umweltbundesamt.de/themen/wasser/grundwasser/nutzung-belastungen/faqs-zu-nitrat-im-grund-trinkwasser#was-istder-unterschied-zwischen-trinkwasser-rohwasser-und-grundwasser (Consultado el 01/09/2024).

87. Kopatz, V. *et al.* «Micro- and Nanoplastics Breach the Blood–Brain Barrier (BBB): Biomolecular Corona's Role Revealed». *Nanomaterials* 2023, 13 (8): 1404, https://doi.org/10.3390/nano13081404

de la creación si nos «asfixiáramos» internamente con nuestra propia basura.

La caída de la bolsa, los apagones y los microplásticos son sólo tres ejemplos de una amplia cartera de causas que podrían poner fin al experimento de nuestra civilización. Los otros sospechosos habituales aparecen con más frecuencia en los titulares como, por ejemplo, la amenaza de una guerra nuclear, el cambio climático o la destrucción de la biodiversidad. Pero, a pesar de todo, ¿no se trata también de mecanismos naturales de regulación? Pensemos en las cianobacterias que desencadenaron la gran catástrofe del oxígeno y, en última instancia, hicieron posible nuestra existencia.

En sentido estricto, también somos una especie de grandes cianobacterias. Nuestro trabajo estimula la evolución del mismo modo que lo hicieron en su día los pequeños gnomos, pero de una forma que no apreciamos especialmente en relación con la naturaleza. Cada vez que paseamos por el campo e incluso por la ciudad, somos testigos de los procesos de adaptación de otras especies. Hasta en el plato de casa está la respuesta a la pregunta de si muchos animales y plantas ya han cambiado. El pan, la mantequilla, las salchichas y el queso proceden de organismos muy bien adaptados que se han reconciliado con nosotros bajo la presión de nuestra presencia. La hierba de la estepa se convirtió en grano, el ganado salvaje en vacas lecheras y los lobos en perros falderos.

Por supuesto, son los esfuerzos de cría los que han transformado las formas salvajes en variedades domesticadas. Pero desde el punto de vista de las especies acogidas, se han adaptado tan bien que han podido conquistar gran parte de la superficie terrestre siguiendo la estela de los humanos. En sentido estricto, vivimos en simbiosis con todas las plantas útiles y los animales domésticos que nos rodean, todos ellos acoplados entre sí a la perfección.

La simbiosis se refiere a la coexistencia de diferentes especies en dependencia mutua, beneficiosa para ambas. Los hongos que crecen en las raíces de los árboles son un ejemplo típico de este tipo de comunidad. Facilitan a los árboles la absorción de agua y minerales, transfieren información y nutrientes a los árboles vecinos y reciben a cambio soluciones azucaradas. Ambos organismos se han adaptado tan bien el uno al otro que sería difícil que uno viviera sin el otro. Cangrejos que limpian los dientes de los peces y viven de los restos de comida, pájaros que consumen fruta y esparcen las semillas por vía aérea, entre otros. Hay infinidad de ejemplos de este fenómeno.

Nuestros antepasados capturaban ganado salvaje y, de generación en generación, sólo se quedaban con los animales que eran más mansos y producían también mucha leche. También se hacía algo por la vista. Los colores inusuales del pelaje eran bastante populares, de modo que con el tiempo cada vez había más animales de colores brillantes. La adaptación genética de las vacas a los humanos es, por tanto, bastante obvia. Está claro por qué lo hicieron nuestros antepasados, pero ¿qué gana la vaca con ello? Bueno, por un lado, obtiene un suministro de alimentos estupendo y, por otro, protección frente a otros depredadores. Los humanos les han ido proporcionando cada vez más espacio vital, de modo que a día de hoy superan con creces en número a las restantes reses salvajes. De esta manera se ha logrado el objetivo de preservar la especie.

Pero los humanos también se han adaptado genéticamente a la vaca, al menos la mayoría de los europeos y parte de la población africana. Hace 3000 años, el consumo de leche aún causaba a la población adulta un considerable dolor de estómago. La culpa la tenía la falta de lactasa, una enzima que ayuda a digerir la leche. Aunque los lactantes seguían produciendo suficiente lactasa para consumir leche materna, esta capacidad desapareció en la mayoría de las personas al llegar a la edad adulta. Sin embargo, parece ser que hace 3000 años, la leche adquirió tal importancia como alimento sustitutivo tras las hambrunas que al menos algunas personas se adaptaron poco a poco a su consumo.[88]

En consecuencia, esta característica o el portador de este nuevo gen prevaleció sobre otros grupos; la única razón por la que los cafés con leche y los quesos son socialmente aceptables hoy en día.

---

88. Evershed, R. P. *et al.* «Dairying, diseases and the evolution of lactase persistence in Europe». *Nature* 608, 336-345 (2022). https://doi.org/10.1038/s41586-022-05010-7

Lo especial de nuestra propia especie es que hemos creado un número increíble de simbiosis de este tipo, tantas que nuestro entorno se caracteriza ahora por nuestros socios vegetales y animales. Sin embargo, los críticos podrían objetar que esto no es verdadera evolución, sin comparación con anteriores extinciones de especies y el posterior florecimiento de la vida. En sentido estricto, las especies domesticadas, como los cerdos, patatas y maíz, son sólo razas o variedades de formas silvestres, no nuevas especies. Al fin y al cabo, nuestros protegidos suelen poder cruzarse sin problemas con sus antepasados salvajes, como perros y lobos.

Todavía hay algo más, y es que normalmente sólo cambiamos a sabiendas los organismos más grandes y visibles. ¿Qué pasa con todos los cientos de miles de especies de bacterias, hongos e insectos que interactúan entre sí y cuyos hábitats estamos cambiando de tal manera que al menos algunas especies están desapareciendo? Sólo el «hábitat» de los mamíferos se ha doblado hasta resultar irreconocible. La biomasa de todos los mamíferos salvajes es ahora de sólo el 4 por 100, mientras que los humanos representamos nosotros solos el 34 % y nuestros animales domésticos el resto.[89]

Una bacteria que se ha modificado genéticamente para salvar los árboles en los que crece demuestra lo importante que puede ser la conservación de la biodiversidad. Se trata de fresnos tan afectados por un hongo introducido que se secan y mueren. Sin embargo, un pequeño porcentaje de los árboles sobrevive al ataque, y durante mucho tiempo la gente se preguntaba cuál podía ser la razón de ello. En 2022, los investigadores descubrieron por fin que una sola especie de bacteria había cambiado en apariencia su metabolismo mediante un proceso de adaptación, eliminando de este modo el hongo.[90]

---

89. «Verteilung der Biomasse aller Säugetiere weltweit nach Art im Jahr 2015». *statista.com*, https://de.statista.com/statistik/daten/studie/1315410/umfrage/verteilung-der-saeugetiere-nach-art-weltweit/ (Consultado el 01/09/2024).

90. Ulrich, K. *et al.* «Physiological and genomic characterisation of Luteimonas fraxinea sp. nov., a bacterial species associated with trees tolerant to ash dieback». *Systematic and Applied Microbiology*, vol. 45, ed. 4, 2022, 126333, ISSN 0723-2020, https://doi. org/10.1016/j.syapm.2022.126333 (Consultado el 01/09/2024).

Si una sola especie puede salvar a una especie arbórea de un hongo quizás introducido por los humanos (a través de tallos de hojas de fresno que casualmente viajaban en mercancías desde Asia Oriental),[91] es decir, corregir nuestros errores, ¿cuántos errores podrían ser subsanados cada día sin ser detectados por billones de pequeñas criaturas y hacernos creer que el mundo es estable? ¿Cuándo llegará el momento en que los actores decisivos caigan y nuestras burdas acciones recaigan directamente sobre nosotros?

Pero después de todas las perspectivas apocalípticas, ha llegado el momento de empezar a pensar en soluciones.

---

91. FAQ – Häufige Fragen zum Eschentriebsterben, FVA Baden Württemberg, www.waldwissen.net/de/waldwirtschaft/schadensmanagement/pilze-und-nematoden/faq-eschentriebsterben (Consultado el 01/09/2024).

Capítulo 3

Dar la vuelta a la tortilla

Un frío día de invierno de febrero, el sol, todavía débil, ilumina la cabaña del guarda forestal, que se alza en medio de los viejos pinos del bosque. He salido a dar de comer a nuestra ardilla mascota. Recibe su ración diaria de nueces de la caja que he colocado en un roble a la vista de la ventana de mi despacho. Echo un vistazo al tejado de la casa, de cuya chimenea sale un penacho de humo blanco que se curva hacia el cielo azul. Ya casi no encendemos la estufa de azulejos porque hace tiempo que la leña resultó ser un combustible sucio que contribuye aún más al cambio climático. Ahora nos calentamos con electricidad y con la ayuda de nuestro sistema solar, pero este día nos permitimos el raro placer. El crepitar de los troncos, el parpadeo del fuego y el calor de los rayos infrarrojos crean un ambiente por completo distinto al de los sistemas de calefacción modernos. Por eso miro el humo que sale en este momento y lo encuentro conmovedoramente anticuado y, de alguna manera, en consonancia con la vieja cabaña del bosque. De repente me doy cuenta de que es una especie de despedida, no inmediata, pero próxima.

Los seres humanos debemos poner fin a los procesos de combustión, procesos de quemas que nos han convertido en lo que somos. El fuego no sólo está inscrito en nuestro ADN en sentido figurado, sino también de manera literal. Al mismo tiempo, debemos reorganizar nuestras estrategias innatas contra la extinción de tal forma que se detenga el crecimiento de la población. Lo más difícil de todo es que todo debe organizarse de tal manera que los derechos humanos y la democracia no sufran, sino que, idealmente, incluso salgan fortalecidos de esta crisis.

Pero antes de empezar a buscar soluciones, deberíamos admitir lo siguiente: a) seguimos comportándonos como animales y b) nuestra extraordinaria mente sigue sin hacer lo suficiente para hacer frente a todos los nuevos problemas. Aunque en realidad no está rindiendo por debajo de sus posibilidades, sólo se está utilizando de forma incorrecta. En los 300 000 años de historia de la humanidad, la mente ha servido sobre todo a los instintos y ha ayudado a satisfacerlos. Ahora ha llegado el momento de cambiar las tornas. Debemos poner los instintos al servicio de la mente, tenemos que utilizarlos como impulso para iniciar el giro necesario con buenos sentimientos y superar al final el reto.

Despertar de sueños demasiado dulces

Es posible que nunca se aclare del todo si existe o no el libre albedrío. E incluso si existe, es innegable que sólo puede influir en nuestro pensamiento y nuestras decisiones hasta cierto punto. Sin embargo, buscamos soluciones como si el libre albedrío fuera, con diferencia, el parámetro más importante de nuestras acciones.

Si la especie humana quiere lograr por fin un gran éxito en la lucha contra la crisis climática y medioambiental, tenemos que salir del plano puramente racional. Mientras adoptemos un enfoque sobre todo objetivo de los problemas, el subconsciente no se verá afectado y podrá salvarse inventando miles de excusas. Las estrategias anteriores han funcionado mal o no lo han hecho en absoluto justo porque nuestros instintos se han implicado demasiado poco.

Un ejemplo impresionante de supuesto éxito es la protección del medio ambiente en los países industrializados occidentales. Demuestra hasta qué punto hemos fracasado en el pasado cuando se trata de tener una visión de conjunto. Hagamos un viaje a la década de 1960, cuando nací en Bonn. Por aquel entonces, las locomotoras de vapor todavía silbaban sobre las vías del tren, al menos una parte del tiempo, y el Rin se estaba convirtiendo cada vez más en un pozo negro en cuyo lodo tóxico los niños no podíamos ni mojarnos los pies. Aunque en la ciudad había un sistema regular de recogida de basuras, las cosas fueron muy distintas en el campo durante al menos otros diez años. En los pueblos, los habitantes se limitaban a arrojar todos los residuos, desde vidrio y metal hasta coches enteros, por la ladera más cercana.

Lo que en la época preindustrial no suponía ningún problema con los objetos defectuosos fabricados con materiales orgánicos hoy en día se ha convertido en un enorme problema medioambiental. A ello se ha sumado el deterioro de la calidad del aire, que alcanzó tales proporciones en la década de 1980 que no sólo sufrieron las personas, sino también los bosques, que empezaron a morir en amplias zonas.

Uno de los hechos más tristes fue el accidente químico de la empresa suiza Sandoz en 1986, cuando un incendio provocó que se derramaran al Rin sustancias extremadamente tóxicas, como insecticidas de éster de ácido fosfórico, que lo tiñeron de rojo y provocaron la muerte masiva de organismos acuáticos, como peces, en lugares tan lejanos como Holanda.[1]

A partir de entonces, las cosas fueron cuesta arriba, aunque no tan rápido como el entonces ministro Federal de Medio Ambiente, Klaus Töpfer, quería hacer creer a la opinión pública. En 1988, tras perder una apuesta, se arrojó desde un barco a las aguas, ya algo más limpias, para salir minutos después con los ojos enrojecidos.[2]

Sin embargo, los ríos se volvieron más limpios, se desulfuraron los gases de escape, se introdujeron los catalizadores y la gasolina sin plomo, se reguló la recogida de residuos, incluidos los voluminosos, se prohibió el DDT (dicloro difenil tricloroetano) y se impuso un contenedor para latas y botellas de plástico, entre otros. Se trata de algunos ejemplos de las medidas que han supuesto una notable mejora del medio ambiente.

No obstante, la producción, el consumo y la prosperidad crecieron. Lo único molesto era que el llamado tercer mundo no parecía haber entendido la necesidad de proteger el medio ambiente, sino todo lo

1.   Giger, W. «Brandkatastrophe in Schweizerhalle 1986 – Rückblick und Bilanz». *UWSF-Z. Umweltchem. Ökotox* 19 (supl 1), 11-23 (2007). https://doi.org/10. 1065/uwsf2007.03.165

2.   www.spiegel.de/politik/quatsch-angefangen-a-1a4d4348-0002-0001-0000-000013530360 (Consultado el 01/09/2024).

contrario. Todo lo que ahora quedaba definitivamente desterrado a los libros de historia en Alemania florecía con mayor esplendor en países lejanos. Nada ha cambiado hasta hoy. Como es lógico, muchos de nuestros bienes sólo pueden producirse haciendo caso omiso de las normas sociales y medioambientales nacionales. No obstante, dado que la producción está prohibida en este país, la industria subcontrata la producción sucia a países cuya población tiene, comprensiblemente, otras preocupaciones antes que la destrucción del planeta. El textil, por ejemplo, puede producirse muy barato en esos países, no sólo por los salarios de *dumping* por debajo de cualquier norma social europea, sino también por la ausencia o el incumplimiento de las normas de protección del medio ambiente. Greenpeace descubrió que dos tercios de los ríos y lagos de China ya están contaminados. Y no es de extrañar, dado que, de las 435 estaciones de vertido registradas en el país, dos terceras partes vierten sus aguas residuales al mar sólo parcialmente tratadas y una de cada cuatro incluso sin tratar.[3]

Además, los residuos que producimos en la UE se pierden de vista según este principio. Sólo en 2020, 33 millones de toneladas de residuos procedentes de la UE, como los residuos plásticos etiquetados con las instrucciones de reciclaje adecuadas, acabaron en buques que llevaron la carga sucia al sudeste asiático y otros lugares en lugar de ser reciclados. Sin embargo, los vertidos rara vez se reciclan en esos lugares y a menudo se incineran de manera ilegal o simplemente se arrojan al mar. Al menos la UE quiere ahora poner coto a esta situación y reducir el flujo, pero no desconectarlo por completo; de lo contrario, nos enfrentaríamos de repente a las consecuencias de nuestros propios actos.[4]

¿Por qué lo aceptamos? Es sencillo, no vemos las consecuencias de nuestro consumo directamente *in situ*, sino que sólo se nos informa de ellas en la prensa y la televisión. Aunque esto no sólo apela al intelecto,

---

3. «Die Produzenten in China profitieren von den schwachen Umweltauflagen», *greenpeace.de*, www.greenpeace.de/engagieren/nachhaltiger-leben/textilindustrie- vergiftet-gewaesser (Consultado el 01/09/2024).
4. «Müllexport in Drittländer – EU-Parlament stimmt für strengere Regeln», *spiegel.de*, 17/01/2023, www.spiegel.de/wirtschaft/muell-export-in-drittlaender-eu-parlament-stimmt-fuer-strengereregeln-a-acaf970f-8b20-4845-9152-21 8a0cc0211f (Consultado el 01/09/2024).

sino que causa consternación a corto plazo con imágenes increíbles, y despierta de este modo nuestros instintos, estas imágenes de horror de las olas de las playas de Indonesia que parecen estar compuestas sólo de plástico quedan con rapidez eclipsadas por la visión cotidiana de nuestro paisaje, nuestro mundo supuestamente perfecto. Apenas hay basura por los alrededores, sólo unos pocos trozos de plástico meciéndose en las olas del mar del Norte.

Nuevas empresas emprendedoras fabrican mochilas o pulseras con viejas redes de pesca o plásticos recogidos en el mar, lo que ennoblece a sus portadores como héroes, aunque la cantidad de residuos reciclados de este modo ni siquiera representa la basura de un día normal.

Si sabemos que hasta el 99 % de todas las decisiones se toman de forma inconsciente y no con la razón,[5] entonces la lucha contra el cambio climático y la destrucción del medio ambiente también debe llevarse a cabo de forma mucho más emocional, lo que significa que debemos incluir ya de una vez el 99 % restante, es decir, dirigirnos al subconsciente y no simplemente dejar que haga lo suyo.

Pero ¿cómo va a funcionar? Al fin y al cabo, no podemos hablar con él, aunque lo contrario ocurra todo el tiempo. Recuerda que los sentimientos transportan el inconsciente a nuestra consciencia. También funciona al revés, pero esto es mucho más difícil y se llama aprendizaje. Si quieres dominar un instrumento musical, por ejemplo, nada ayuda más que practicar, practicar y practicar. Los movimientos de las manos y los dedos tienen que convertirse en algo natural, lo que no significa otra cosa que sumergirse en el subconsciente. En mi caso, fue el ukelele, que quería aprender a tocar por razones más bien de tipo práctico. Este pequeño instrumento es más fácil de guardar para unas vacaciones en canoa en Suecia y, sobre todo, más fácil de aprender porque sólo tiene cuatro cuerdas en lugar de seis como una guitarra. Como diestro, mi mano izquierda no es tan hábil, pero en este caso ambas manos tienen que intercambiar tareas. Las cuerdas se tocan con la mano iz-

---

5. «Die heimliche Macht des Unbewussten». *welt.de*, www.welt.de/wissenschaft/article3411612/Die-heimliche-Macht-des-Unbewussten.html (Consultado el 01/09/2024).

quierda, así que todos los dedos tienen que cambiar constantemente de posición dependiendo de la nota o el acorde deseado, mientras que la mano derecha rasguea las cuerdas, que es una función motora bastante tosca. Después de practicar durante mucho tiempo, esto acabará funcionando de forma automática, es decir, inconsciente.

El proceso es tedioso, pero aprender hechos, por ejemplo, durante la etapa escolar o universitaria, lo es aún más. El material suele presentarse de forma tediosamente seca, sin emoción ni metáforas ilustrativas. El resultado es que, para memorizar la información, hay que repetirla con una frecuencia angustiosa. Agonizante es la palabra clave; no suele ser divertido y, en lo más profundo de nuestro cerebro, solemos asociar poco de positivo con los respectivos temas.

Pero para resolver la crisis medioambiental, tenemos que aprender a vivir de otra manera. Este aprendizaje sólo puede tener éxito si es divertido, es decir, si apela a nuestros instintos. En última instancia, aprender no significa más que anclar el conocimiento en nuestro subconsciente. Debe permanecer latente hasta que podamos recurrir a él cuando lo necesitemos, y sólo cuando lo necesitemos. Si estuviéramos una y otra vez pendientes de toda la información, nuestra mente se ahogaría literalmente en ella. Sin embargo, esos recuerdos están en el subconsciente cuando tomamos decisiones.

Una nueva forma de aprender, una mayor motivación para cambiar nuestro estilo de vida, podría nacer de una mejor transmisión de los conocimientos. Hasta ahora, el consenso científico era presentar los hechos sin emoción, es decir, sin metáforas ni comparaciones vívidas. Por suerte, esto ha cambiado en los últimos años, como demuestran los comunicados de prensa redactados con emoción por institutos de investigación de todo el mundo. Sin embargo, los investigadores siguen resistiéndose a la «humanización» de la naturaleza. Pero ¿cómo vamos a desarrollar la empatía (de la que surge el respeto) si no nos identificamos con los hechos?

Un lenguaje sin emociones es un lenguaje inhumano que tiende a generar rechazo y que, en el mejor de los casos, sirve para mantener el conocimiento en la respectiva torre de marfil. No, la comunicación del conocimiento debe atrapar al público como una buena novela, es decir, apelar al cerebro y al corazón. Pero no sólo eso. Para dirigirse plenamente al subconsciente, hay que alimentarlo con más impresiones sensoriales. Un ejemplo típico de la falta de tales impresiones son las reuniones virtuales por videoconferencia. Las conversaciones a través de plataformas de Internet nunca podrán sustituir a las reuniones reales en términos de calidad; es posible que ya te hayas podido convencer de ello.

¿Qué marca la diferencia? Un sinfín de información periférica, como olores, sonidos, impresiones tridimensionales, la brisa cuando otras personas se mueven y, por supuesto, los gestos. Todo esto y mucho más determina la impresión general de una reunión real. La parte no verbal de una conversación es controvertida, pero es indiscutible que predomina. Mientras que un antiguo estudio llegó a la conclusión de que sólo el 7 % de la importancia de una conversación reside en el contenido, el 38 % en la voz y el 55 % en el lenguaje corporal,[6] desde entonces otros estudios lo han relativizado, pero también han llegado a la conclusión de que predomina la comunicación no verbal. Y esto sin tener en cuenta las impresiones sensoriales, como los olores, lo que significa que la proporción de contenido es más probable que se sitúe en el intervalo de un solo dígito.

Quedémonos con esta impresión sensorial, por completo ausente en las conferencias en línea, el olor. Es indudable que desempeña un papel, pero su influencia, por ejemplo, a la hora de elegir pareja (con un buen aroma), aún no se ha demostrado científicamente.[7] Sin embargo, lo que sí es cierto es que los olores nos ayudan a recordar durante mucho tiempo determinados acontecimientos y lugares. Por tanto, los olores pueden fijar mejor los mensajes, algo que, que yo sepa, todavía no se utiliza en la enseñanza. De este modo, el cerebro une de manera aleatoria los pares olor/información. En mi caso, uno de los primeros recuerdos vinculados de esta manera está asociado al olor del alquitrán. Cuando lo huelo, pienso en la guardería de Bonn donde me

---

6. Mehrabian, A.; Wiener, M. «Decoding of inconsistent communications». *Journal of Personality and Social Psychology*, 6 (1): 109-114 (1967), https://doi.org/10.1037/h0024532

7. www.scinexx.de/news/biowissen/partnerwahl-ziehen-sich-unterschiede-an/ (Consultado el 01/09/2024).

cuidaban los días laborables hasta los cuatro años. Más concretamente, me viene a la mente un banco de madera del gimnasio. ¿Por qué? No lo sé, quizá había una obra cerca, pero no recuerdo los detalles.

Los olores, en particular, pueden generar sensaciones intensas y fijar recuerdos mucho mejor que otros sentidos.[8] Si percibimos un olor como agradable depende de la situación en la que lo hayamos percibido por primera vez. Por ejemplo, el famoso olor a plástico o cuero de un coche nuevo no es, desde luego, lo que definiríamos espontáneamente como olor agradable. Sin embargo, cuando compramos un vehículo, lo asociamos a sentimientos de felicidad y los fabricantes de automóviles intentan sacar provecho de ello para su marca. Con los numerosos plásticos utilizados, el olor puede evolucionar con rapidez en una dirección impredecible, por lo que los especialistas lo seleccionan con cuidado mediante la elección de los materiales.[9]

Otro olor agradable es el de los libros nuevos. Suelo preguntar a mis conocidos si primero meten la nariz entre las páginas como hago yo y comprueban si huele bien. Alrededor del 50 % actúa como yo, la otra mitad nunca huele los libros. Aunque es evidente que gran parte de los lectores también aprecia el olor de los libros, a diferencia de los fabricantes de automóviles, los editores no diseñan nada olfativamente, aunque existe el típico olor a pegamento o tinta de imprenta que hace que algunos libros sean de inmediato atractivos.

El sector minorista también utiliza fragancias para aumentar las ventas. Hay toda una serie de empresas especializadas en perfumar las zonas de venta o incluso la calle delante de la tienda. Esto puede aumentar las ventas, como cualquiera puede comprobar por sí mismo cuando un delicioso olor a comida llega al estómago hambriento durante una compra. ¿Por qué no utilizar algo así para proteger el medio ambiente? Buenos olores de folletos informativos, historias emotivas y positivas sobre la conservación de la naturaleza en la puerta de casa, por ejemplo, encuentros conmovedores con animales salvajes, que motivan

---

8.   «Riechen». *Planet Wissen*, www.planet-wissen.de/natur/sinne/riechen/index.html (Consultado el 01/09/2024).

9.   «So kreieren Hersteller den perfekten Neuwagen-Geruch». *Welt* (Consultado el 06/03/2015), www.welt.de/motor/article138131980/So-kreierenHersteller-den-perfekten-Neuwagen-Geruch.html (Consultado el 01/09/2024).

a la gente a ser más considerada, por ejemplo, utilizando menos madera y destruyendo, por tanto, menos bosques.

En principio, hace tiempo que se reconoce la posibilidad de lograr cambios de comportamiento sin coacción legal, sino mediante el impulso emocional, es decir, la motivación. El término técnico de este método es *nudging*. *Nudge* es un vocablo en inglés paraqué significa «empujar». Hay que dar un pequeño empujón a las personas para que se muevan en la dirección deseada. Este método fue desarrollado por los científicos estadounidenses Cass Sunstein y Richard Thaler. Este último recibió el premio Nobel de Economía en 2017 por sus teorías sobre la economía conductual.[10]

Los empujoncitos pretenden influir de forma inconsciente en las decisiones voluntarias en la dirección deseada. No es la actitud lo que cambia, sino «sólo» el comportamiento actual. Por ejemplo, si los productos más sanos se colocan a la altura de los ojos en el supermercado, también se compran con más frecuencia. Efectos similares podrían utilizarse también en la política medioambiental para cambiar el comportamiento de los consumidores.

El método *nudging* parece ser la forma perfecta de dar la vuelta a la tortilla y poner los instintos al servicio de la razón. Esto puede y debe comunicarse abiertamente y sin señalar con el dedo. En este punto es donde entra en juego la ya mencionada diversión de aprender y cambiar de comportamiento, y en este caso volvemos a parecernos a los animales. Ellos también pueden divertirse, al menos algunas especies, como demuestran, por ejemplo, los cuervos de trineo. Un vídeo en Internet muestra a un ave de esta especie deslizándose en trineo por el tejado de una casa. Toma una tapa de lata, la arrastra hasta la cumbrera, la coloca en la pendiente y luego salta para deslizarse por el tejado. En cuanto llega abajo, vuelve a subir para el siguiente intento.[11] ¿El sentido de todo esto? Los animales pueden practicar habilidades con relativa

10. Richard H. Thaler. «Wirtschaftsnobelpreisträger 2017», *Wirtschaftsdienst*, www. wirtschaftsdienst.eu/inhalt/jahr/2017/heft/11/beitrag/richard-h-thaler-wirtschaftsnobelpreistraeger-2017.html (Consultado el 01/09/2024).

11. Rodelnde Krähe: www.spiegel.de/video/rodelvogelkraehe-auf-schlittenfahrt-video-1172025.html (Consultado el 01/09/2024).

seguridad a través de la diversión y el juego, y las estructuras sociales se consolidan jugando juntos.[12]

Por tanto, la diversión también debería ser la motivación ideal para que ensayemos comportamientos respetuosos con el medio ambiente. Ya ha habido intentos prometedores en este sentido, por ejemplo, con un contenedor de vidrio reciclable en una máquina de juego. Quien arrojaba las botellas en los huecos correctos tras encenderse un piloto de salida podía acumular puntos. El resultado fue que el contenedor se utilizó 100 veces en una noche, mientras que un contenedor sin juego sólo se empleó en dos ocasiones.[13] La diversión y los juegos son una forma especialmente agradable de incentivación y pueden flanquear las normativas legales, que a menudo se perciben como una restricción cuando se introducen.

Pero ¿no abriría tal manipulación la puerta al abuso? ¿No utilizaría precisamente estas estrategias el «otro bando», es decir, las empresas que quieren seguir impulsando nuestro consumo de materia, con bienes de consumo totalmente innecesarios, o los partidos con intenciones deshonestas y así destruir de inmediato el concepto de avanzar por fin de forma decisiva en la protección del medio ambiente a través de una nueva forma de pensar? Ya no hace falta que nos hagamos esta pregunta, porque ya ha ocurrido.

La publicidad y la propaganda utilizan estos mecanismos para incitarnos a comprar los productos anunciados o a marcar la casilla correspondiente en la papeleta electoral. Si observamos un bloque de anuncios desde esta perspectiva, nos damos cuenta de que todo el teclado emocional se toca de arriba abajo.

Se nos sugiere que los alimentos se producen en pequeñas granjas familiares cuidadas con cariño por el jefe de la granja. La pequeña granja se

---

12. Byrne, R. «The what as well as the why of animal fun». *Current Biology*, vol. 25, núm. 1R2-R4, www.cell.com/current-biology/pdf/S0960-9822%2814%2901123-3.pdf (Consultado el 01/09/2024).

13. «The Fun Theory: Spielerischer und kreativer Einsatz von Nudging im Bereich Recycling», Blog der Universität Innsbruck, www.uibk.ac.at/ibf/blog-wirtschaft-und-verantwortung/posts/the-fun-theory-spielerischer-und-kreativer-einsatz-von-nudging-im-bereich-recycling.html (Consultado el 01/09/2024).

encuentra, por supuesto, en un idílico paisaje vacacional, donde el sol brilla sobre exuberantes praderas floridas y el cambio climático y el paisaje marchito no juegan ningún papel.

Así pues, las formas negativamente manipuladoras del *nudging* se practican desde hace mucho tiempo, lo que se refleja en el tópico de que la publicidad nos incita a comprar cosas que a menudo no habríamos comprado si hubiéramos tomado una decisión del todo libre. Por tanto, tenemos un déficit masivo de *nudging* positivo, de empujones que refuerzan un comportamiento por lo general deseado (a saber, vivir de forma más respetuosa con el medio ambiente).

Si los gobiernos recurren al *nudging*, es importante que lo comuniquen de manera abierta para lograr su aceptación.

Otras medidas de protección no fueron posibles gracias a sutiles maniobras de dirección, sino a masivas emociones negativas, como el miedo al futuro. Si pensamos en la lucha contra la muerte de los bosques causada por la lluvia ácida o en la prohibición de los fluorocarburos (CFC) para cerrar el agujero de la capa de ozono, el motivo decisivo fue menos la compasión y más la preocupación por nuestra propia salud y nuestro futuro. La amenaza de desertización de paisajes enteros o de cáncer de piel debido al aumento de la radiación ultravioleta, que ya no se atenuaba por una capa de ozono intacta en los polos, era tan inmediata que surgió un amplio consenso social para introducir contramedidas. Los filtros de gases de combustión, los catalizadores y similares fueron tan eficaces que la deforestación en su forma lamentada es ya cosa del pasado. El agujero en la capa de ozono también se redujo al menos gracias a la prohibición de los CFC en refrigerantes y latas de aerosol, ya que la capa de ozono se fue recuperando de un modo gradual.

En cambio, en algunas conversaciones con personas mayores oigo que ya no quieren cambiar porque ya no es importante para el resto relativamente breve de sus propias vidas, lo cual, por supuesto, es fundamentalmente cierto. En este caso, quizá también falte una emoción, a saber, la empatía con las generaciones futuras o con las otras especies, que es menos pronunciada que los instintos que priorizan de un modo egoísta el propio bienestar.

Una salida parece ser tomar medidas que aparentemente ayuden al medio ambiente sin tener que cambiar demasiado nuestro estilo de vida. Esto sería algo así como la máquina de movimiento perpetuo (una máquina que se acciona a sí misma sin suministro de energía y sigue emitiendo energía) de la protección del medio ambiente. No sólo deberíamos seguir sintiéndonos bien, ¡sino incluso mejor! Por desgracia, tal máquina no existe en el mundo real, ni tales pseudomedidas suponen un progreso real en materia medioambiental. ¿Quieres un ejemplo?

Está el cambio de los productos desechables de plástico a los de cartón. Muchos artículos de plástico están prohibidos en la Unión Europea desde el 3 de julio de 2021, como las vajillas desechables, los vasos para llevar, las pajitas para beber y los bastoncillos de algodón.[14] La alternativa son el papel y el cartón, que tienen la imagen de la madera, materia prima respetuosa con el medio ambiente. Para enfatizarlo, muchos productos siguen siendo de color marrón claro. Sin embargo, este camuflaje no puede evitar que estos productos tengan un impacto al menos igual de nocivo sobre el medio ambiente. La única ventaja es que el papel se pudre y apenas deja residuos en el suelo si no se ha teñido. La huella de carbono, en cambio, es como mínimo igual de nefasta que de los productos plásticos, ya que los productos de madera liberan al menos tanto CO_2 al quemarse (y así es como suelen acabar la mayoría estos residuos) como los combustibles fósiles, incluidos los residuos plásticos.

Se están destruyendo enormes ecosistemas para producir papel, como los bosques de Escandinavia. Basta con hacer zum en cualquier lugar de Suecia utilizando Google Earth para ver que el paisaje se asemeja en la actualidad a una manta apolillada. Por todas partes se ven talas donde la maquinaria pesada ha compactado el suelo, causando graves daños. Ya han desaparecido gran parte de los árboles viejos, lo que repercute de una forma negativa en el enfriamiento del paisaje, las precipitaciones y la liberación de CO_2 del suelo. Además, innumera-

---

14. «Einweg-Plastik wird verboten», Pressemitteilung der Bundesregierung, www.bundesregierung.de/breg-de/service/archiv/einwegplastikwird-verboten-1763390. pdf (Consultado el 01/09/2024).

bles especies están perdiendo su hábitat, como los líquenes, que sólo pueden crecer en árboles centenarios. Todo ello se sacrifica en aras de una mayor demanda de celulosa, la materia prima del papel y el cartón.

Por tanto, nuestra buena sensación al cambiar el material de los productos desechables se debe, por desgracia, a un espejismo ecológico.

Otra falacia peligrosa es la difundida por un tipo de narrativa completamente diferente, a saber, que todo tiene un valor de mercado. La protección del medio ambiente, según los defensores de este planteamiento, funciona bastante bien cuando se pone precio a todo. En términos de política de mercado, esto puede ser correcto, por ejemplo, a través de la emisión oficial de certificados de gases de efecto invernadero. En muchos países y en la Unión Europea, sólo se expide un número limitado de certificados, que se reduce una y otra vez. Esto da lugar a una escasez gradual, lo que hace que los precios del comercio aumenten y que los costes de evitación sean menos significativos en términos relativos. El resultado es un aumento del coste de la contaminación atmosférica y la correspondiente reducción de la producción. Aunque esto apenas surtió efecto debido a que se expidió un número excesivo de derechos al principio del sistema (bajo la presión de la industria) y los precios por tonelada se mantuvieron ridículamente bajos como resultado, se ha producido un aumento significativo de los precios de negociación de los derechos de contaminación desde 2017 (y de nuevo en 2021) debido a reducciones más significativas.[15]

Sin embargo, no se trata de una narrativa, sino de un mecanismo de mercado introducido por el Estado, que no está dirigido a los sentimientos de la población, sino a las empresas.

La situación es por completo distinta en el mercado privado de gases de efecto invernadero. La diferencia fundamental es que, en este ámbito, la cantidad de CO_2 ahorrada no puede reconocerse oficialmente; se trata tan sólo de imagen. Parece lo mismo, pero no lo es, y mostraré algunos ejemplos.

---

15. www.umweltbundesamt.de/daten/klima/der-europaeische-emissionshandel#-teilnehmer-prinzip-und-umsetzung-des-europaischen-emissionshandels (Consultado el 01/09/2024).

El objetivo de las siguientes campañas es dejar claro a sus propios clientes que con los respectivos productos contribuyen menos o nada al cambio climático o, dicho de forma más sencilla, ¡seguir consumiendo como hasta ahora, pero sin remordimientos de conciencia! La conclusión es que nadie tiene que cambiar y, sin embargo, todo irá mejor, o eso hace creer la ilusión.

Esto trae a bordo de nuevo al subconsciente, que se siente como en casa, y juntos emprendemos un viaje al mundo de las ballenas. Se las considera los nuevos héroes de la eliminación de gases de efecto invernadero, pero sólo cuando mueren. La historia es la siguiente. Una ballena de gran tamaño (jorobada, cachalote, ballena azul, etc.) absorbe una media de 33 toneladas de CO_2 a lo largo de su vida gracias a su alimentación. Si un día muere, su cuerpo se hunde en las profundidades y permanece allí durante cientos de años, fijando así los gases de efecto invernadero. Esto equivale a un impacto climático de 1375 árboles.[16]

Sin embargo, esto es erróneo por varias razones y devalúa de forma equivocada no sólo a las ballenas, sino también a los árboles, al contrario de lo que es probable que se pretendiera. Para empezar, se trata de un error muy extendido. Las plantas y los animales no almacenan CO_2, sino carbono. El CO_2 es un gas que primero debe ser descompuesto por las plantas mediante la fotosíntesis y convertido en biomasa viva en forma de compuestos de carbono. Una vez que éstos han llegado a la ballena y el animal muere, esta biomasa es alimento bienvenido para osos polares, orcas, cangrejos, tiburones y otros peces, dependiendo de dónde y a qué profundidad muriera la ballena. El carbono no se fija, sino que se digiere, se transforma y, en parte, también se vuelve a respirar en forma de CO_2 y se libera a la atmósfera.

Es cierto que se da el caso de que algunas ballenas se hunden en las profundidades de los océanos y conservan así gran parte de su masa corporal en las heladas capas de agua situadas a kilómetros bajo la superficie. Pero las cuentas siguen sin cuadrar, porque ahora entran en

---

16. «Wale als CO_2-Speicher». *ZDF-Terra-X*, 12.12.2022), https://terraxplaincommons.zdf.de/video/wale-als-co2-speicher-creative-commons-clip-100 (Consultado el 01/09/2024).

juego los árboles. Un árbol adulto de las latitudes templadas septentrionales, por ejemplo, en Europa Central, puede almacenar el carbono de 20 toneladas de CO_2 a lo largo de su vida y no sólo lo almacena durante siglos durante su vida, sino también a lo largo de mucho tiempo después en forma de humus y carbono del suelo. Por tanto, dos árboles (y no 1375) superarían a cualquier ballena jorobada en este sentido.

Así, no tiene sentido comparar las ballenas con los árboles, sobre todo, porque la función de almacenamiento de carbono de estos simpáticos mamíferos marinos no es significativa en términos globales. El profesor Morten Iversen, del Instituto Alfred Wegener de Bremen, calcula que los cadáveres de ballena fijan al fondo marino 30 000 toneladas de gases de efecto invernadero al año en todo el mundo.[17] Esto corresponde a las emisiones de gases de efecto invernadero producidas por casi 3000 europeos, por lo que no es una cifra realmente relevante.

El valor de mercado de una sola «unidad de almacenamiento de CO_2 de ballena» también es bajo. A poco menos de 100 euros por tonelada, estamos hablando de 3300 euros en 2023, y ése es precisamente el quid de la cuestión. Tales afirmaciones reducen a unos animales maravillosos y únicos a un vertedero de nuestros residuos atmosféricos, aunque es probable que no fuera ésa la intención. Pero las palabras crean imágenes y, por tanto, deben elegirse con cuidado. En su lugar, ahora se puede poner una etiqueta con el precio de cada ballena, y esto empeora aún más las cosas. Porque el ridículo valor monetario degrada aún más al animal.

En este punto, podemos continuar sin problemas con la siguiente narrativa peligrosa, y es que las emisiones de gases de efecto invernadero podrían compensarse en otro lugar. Quedémonos con las ballenas por un momento antes de dirigir nuestra atención a los árboles que ya están siendo usados en gran medida para nuestros pecados climáticos.

Utilizando ballenas y sus cuerpos como almacenes de carbono, en 2023 se emitió un anuncio en horario de máxima audiencia en el que

17. «Walkot hilft dem Klima», entrevista en la revista *taz* del 12/07/2021, https://taz.de/Biologe-ueber-Artensterben-und-Klimakrise/!5784568/ (Consultado el 01/09/2024).

se animaba a la gente a donar. Inmediatamente saqué mi móvil enfadado e hice el correspondiente post en Instagram. En este caso, la comparación tenía buenas intenciones como argumento a favor del bienestar animal, pero seguía estando del todo fuera de lugar. Quizá a uno se le podría ocurrir la idea de proteger a una ballena y compensar sus propios pecados climáticos durante diez años, un trato barato. Aparte de eso, la ballena nada por el océano de todos modos, con independencia de si una persona transfiere dinero a la cuenta de otra.

¿Parece demasiado descabellado? Se lleva haciendo con otros gigantes desde hace mucho tiempo y, aunque resulte igualmente absurdo, mucha gente lo encuentra ahora del todo normal. Estamos hablando de árboles, candidatos de moda cuando se trata del moderno comercio de la indulgencia. «Compre una camiseta y plantaremos un árbol»: promesas publicitarias similares surgen por todas partes como setas en un bosque otoñal. Los árboles son vistos como los nuevos superhéroes que cargan con nuestros pecados, es decir, transforman nuestros gases de efecto invernadero en biomasa y así los eliminan de la atmósfera. Si eso funcionara, sería la solución a todos nuestros problemas. Podríamos seguir viviendo y operando como hasta ahora y el equilibrio climático general no empeoraría, sino todo lo contrario. Al fin y al cabo, los bosques no sólo almacenan carbono, sino que también enfrían el paisaje y proporcionan nubes de lluvia. Además, son ecosistemas ricos en especies y, por tanto, aumentan la superficie natural: ¡qué más se puede pedir!

Pero, por desgracia, ahora tenemos que cerrar este libro de cuentos y ver los hechos. En primer lugar, está la cuestión de la tierra disponible. Como nuestro planeta no crece y necesitamos un determinado porcentaje para asentamientos y agricultura, el modelo alcanza sus límites con gran rapidez. Al fin y al cabo, donde se está forestando ya existía antes otro tipo de aprovechamiento. Como esto se ha reconocido, la gente en Alemania, por ejemplo, simplemente se pasa al bosque.

¿Perdón? ¡Ya hay árboles en ese lugar! Eso no es del todo cierto, porque en la actualidad se están talando enormes zonas en monocultivos de coníferas. Los árboles moribundos, valiosa biomasa para el bosque posterior, se talan y los árboles se venden. Después hay que reforestar la zona, como estipula la ley. Por si fuera poco, incluso hay subvenciones estatales para los nuevos árboles.

Esto no impide que muchos propietarios de bosques y administraciones forestales utilicen las reforestaciones también con un segundo fin, es decir, como acto de relaciones públicas. Los voluntarios plantan árboles financiados con donativos y creen que están haciendo algo bueno por el medio ambiente. En realidad, tan sólo están instaurando la siguiente plantación, cuyos troncos acabarán un día en el aserradero, liberando el carbono secuestrado. A menudo incluso eligen especies de árboles no autóctonas, como el roble rojo, cuyo follaje es tóxico para la vida del suelo. Las donaciones, por su parte, suelen proceder de empresas que quieren reducir su huella de carbono con estas campañas de plantación.

Si, por el contrario, las zonas se dejaran permanentemente a la reforestación natural, se secuestraría una cantidad de carbono muchas veces mayor.[18] Sin embargo, a la mayoría de los actores de la plantación no les interesa esto, ya que, en última instancia, las plantaciones de árboles se pueden utilizar dos veces de manera económica. En definitiva, se trata más de un lavado de cara ecológico que de un alivio climático, ya que sólo alivia la conciencia.

Pero si no podemos compensar la quema de combustibles fósiles plantando árboles, ¿qué tal si los quemamos directamente? Sé que parece una locura, porque al fin y al cabo es justo lo contrario de plantar y libera enormes cantidades de CO_2 (unas 10 toneladas o más por un árbol maduro). Hay que admitir que, como estudiante de silvicultura y durante muchos años después, me creí la siguiente historia porque parece muy lógica. Se quema la madera y el siguiente árbol que vuelve a crecer absorbe el CO_2. Así que tendríamos un juego de suma cero. Si nadie cogiera madera del bosque, no se ayudaría al medio ambiente, porque los hongos y las bacterias respirarían el cuerpo muerto del árbol al descomponerse en agua y CO_2. Por tanto, el gas de efecto invernadero se liberaría mejor durante la combustión, porque entonces la made-

<hr>

18. Lewis S. *et al.* «Restoring natural forests is the best way to remove atmospheric carbon». *Nature* 568 (2019), pp. 25-28. https://doi. org/10.1038/d41586-019-01026-8

ra sustituiría al menos al carbón, al petróleo y al gas, es decir, a los verdaderos asesinos del clima.

Esta narrativa se sigue difundiendo como una rueda de oración incluso en los ministerios de medio ambiente, por ejemplo, en Renania-Palatinado, donde trabajé como agente forestal durante más de 20 años. La página web oficial afirma de manera literal: «La madera quema CO_2 de forma neutra».[19] Esto ni siquiera es químicamente posible, pero suena bien. Además, cuando un ministerio hace esa afirmación, a mucha gente le parece creíble.

En consecuencia, hicimos instalar un sistema de calefacción de pellets en nuestra casa del guarda forestal. Con la ayuda de estos pellets de madera, queríamos conseguir que el antiguo edificio tuviera un funcionamiento neutro en cuanto a emisiones de CO_2. Por desgracia, poco después, mientras investigaba para un proyecto de un libro en 2008, me di cuenta de que los estudios sobre este tema hacía tiempo que habían demostrado lo contrario. La madera es un combustible sucio porque los bosques no son ciclos de carbono en absoluto, sino auténticos acumuladores de CO_2 durante muchos siglos.[20]

Por desgracia, el maravilloso cuento forestal del ciclo eterno olvida que el árbol aserrado por lo general habría seguido creciendo. Aunque los anillos anuales siguen teniendo aproximadamente la misma anchura, a medida que el diámetro del tronco crece y el árbol gana altura adicional, su capacidad de almacenamiento de carbono incluso habría aumentado. Un estudio mundial descubrió que los árboles viejos, en particular, almacenan mucho carbono; el 1 % de los árboles más fuertes contenía una media del 50 % de la biomasa de un bosque.[21] La silvicultura, en cambio, reduce de manera repetida este almacenamiento a cero. Es más, grandes cantidades de carbono del suelo también son

19. «Brennholz und Bioenergie», página de inicio de Landesforsten Rheinland Pfalz, www.wald.rlp.de/nutzen/holz/brennholz-und-bio-energie (Consultado el 01/09/2024).

20. Carbo Europe-IP. *An Assessment of the European Terrestrial Carbon Balance*, Jena, 2009, p. 21.

21. Lutz, J. *et al.* «Global importance of large-diameter trees». *Global Ecology and Biogeography*, vol. 27 (2018), ed. 7, pp. 849-864, https://doi.org/10.1111/geb.12747

convertidas en gases de efecto invernadero como CO_2 y metano por bacterias y hongos durante la descomposición del humus en las talas, lo que empeora aún más la huella de carbono de la madera como combustible. Si además tenemos en cuenta que los bosques enfrían masivamente el aire y también garantizan más lluvias, el efecto invernadero de la quema de madera es sencillamente devastador.

Se puede ver que industrias enteras y, como resultado de sus consejos, millones de propietarios de viviendas están apostando por el caballo equivocado debido a la falsa narrativa de que quemar pellets, troncos y astillas de madera es una bendición para el medio ambiente.

A menudo escucho la siguiente sugerencia, que ya se está aplicando en zonas más extensas: «¿No podríamos proteger los bosques cultivando en los campos especies arbóreas de crecimiento rápido, como los álamos, que luego se talan cada pocos años, se trituran y se queman para producir energía? En ese caso, la energía sería neutra desde el punto de vista climático, ya que sería renovable y no contaminaría los bosques».

Desgraciadamente, es falso, porque hay que considerar qué alternativa hay para esta tierra. No se trata de tierra cultivable o plantación de álamos, sino de tierra cultivable o bosque. Debemos empezar de una vez a devolver a la naturaleza importantes extensiones de tierra, sin la horrible segunda intención de esta formulación: se permite que otras criaturas vuelvan a sus ecosistemas ancestrales, pero sólo si a cambio se nos permite seguir contaminando la atmósfera.

Podría seguir durante muchas más páginas enumerando intentos similares de protección y compensación, pero eso no nos llevaría a ninguna parte. Todos estos ejemplos sólo demuestran que nuestra mente sigue sirviendo a un subconsciente sofisticado que quiere aferrarse con uñas y dientes a los comportamientos tradicionales. Para dar el siguiente paso hacia una solución, tenemos que darnos cuenta de una vez de que nos tragamos una y otra vez historias bonitas en lugar de cambiar. Ya sea consumiendo carne o quemando leña, volando en vacaciones o haciendo pedidos por Internet, nuestra sociedad se aferra casi desesperadamente a su estilo de vida anterior e intenta compensar sus pecados medioambientales, aunque no pueda existir compensación. Sin embargo, nos complace creer lo que nos cuentan algunos pensadores de futuro sobre estas medidas de compensación, aunque los hechos hablen un lenguaje por completo distinto si se mira un poco por detrás del telón de cuento de hadas.

Estos visionarios no son en absoluto personas malvadas que sólo quieren ganar más y más dinero con avaricia. A todos los que vivimos en países ricos nos une el hecho de que nuestro subconsciente hace tiempo que se dio cuenta de que tenemos que cambiar nuestro estilo de vida para salvar el planeta, es decir, prescindir de lo que tenemos. Sin embargo, siglos de experiencia han enseñado a nuestra especie a aferrarse a lo que tenemos durante el mayor tiempo posible. Salvo en las últimas décadas, esto nunca ha sido un error, sino todo lo contrario. ¿Y ahora se supone que el subconsciente, que, recordemos, toma la mayoría de las decisiones sin que nadie se lo pida, debe reorientarse por completo? «Conmigo no», parece gritar desde las profundidades del cerebro, pero ahora se produce una colisión con la mente consciente. Ésta registra exactamente lo que hacen nuestras acciones y la razón sabe qué hacer. Sin embargo, en la mayoría de los casos, el subconsciente sigue prevaleciendo y envía sentimientos muy fuertes de aversión a las restricciones necesarias. La solución más fácil a este dilema es elaborar excusas. Ya conoces algunas de ellas, todas esas simpáticas medidas compensatorias que nos permiten seguir como antes.

¿Cómo podemos salir de este bucle, cómo podemos conseguir que nuestro subconsciente se una a nuestra mente consciente? Muy sencillo, dándole la vuelta a la tortilla y controlando nuestros instintos.

La tragedia de los bienes comunes

Si queremos frenar nuestros instintos, debemos provocar sentimientos de felicidad mediante recompensas, o de miedo mediante castigos. Estos últimos activan leyes en caso de incumplimiento, porque representan las reglas del juego de nuestra sociedad, que se hacen cumplir por la fuerza, si es necesario. La expresión «reglas del juego» quizá esté formulada con demasiada amabilidad. Las leyes son cortafuegos contra un subconsciente tan fuerte que la razón, sin apoyo, a menudo no puede con él. Las reglas del juego sin amenaza de violencia son como recomendaciones que parte de la sociedad, movida por fuertes impulsos egoístas, simplemente desatendería.

Este comportamiento social está bien descrito en la teoría del llamado dilema del prisionero. Uno de los ejemplos es el siguiente: dos personas cometen un delito y son detenidas. En interrogatorios separados, se le ofrece a cada una un programa de clemencia. La que testifica queda impune, la otra recibe la pena máxima de diez años de prisión. Si ninguna de las dos confiesa, ambas reciben una pena de tres años de prisión. Si ambas mostraran consideración por el otra, ambas saldrían beneficiadas por término medio. Sin embargo, como hay cierta desconfianza, los instintos entran en acción y el egoísmo se abre paso, es probable que ambas se decidan por confesar con la esperanza de ser la primera persona en salir libre. En total, esto se traduce en diez años frente a seis años de cárcel.

En muchas decisiones económicas y políticas, la gente actúa de forma análoga, prefiriendo las ventajas personales a una solución que sea más beneficiosa para todos.[22] La desconfianza desempeña en este caso un papel importante. Si no se sabe si los demás actuarán con la consideración que se espera de uno, entonces se prefiere no actuar en absoluto. En resumen, los instintos egoístas ganan a la confianza en la sociedad.

Éste es justo el gran problema de la protección del medio ambiente y el dilema del prisionero se extiende incluso al ámbito internacional. ¿De qué sirve que la pequeña Alemania, por ejemplo, lidere en solitario la protección del clima y que otros países como China o India, que producen muchas veces más gases de efecto invernadero, no sigan el ejemplo en la misma medida? Escucho afirmaciones como ésta una y otra vez en discusiones políticas, lo que describe a la perfección el juego, porque traducido no significa otra cosa que lo siguiente: ¿por qué debemos limitarnos si otros no pueden sumarse? Sigamos adelante (y

---

22. Muy bien descrito aquí: www.mathematik.uni-muenchen.de/~spielth/vortrae-geopen/Das%20Gefangenendilemma.pdf (Consultado el 01/09/2024).

cosechemos los beneficios a corto plazo de una economía perjudicial para el medio ambiente).

Esto es precisamente lo que un modelo de las ciencias sociales describe como la «tragedia de los bienes comunes». Los bienes comunes solían referirse a los pastos o bosques que estaban a disposición de todos los habitantes de una comunidad para su uso común, es decir, que no eran propiedad individual. En sentido estricto, se trataba de un retroceso a la Edad de Piedra, cuando los grupos de cazadores tampoco poseían tierras, sino que sólo las utilizaban. Esos bienes comunes siguen existiendo; por ejemplo, los océanos del mundo fuera de las zonas nacionales, los fondos marinos, la atmósfera, pero también la información genética de la inmensa mayoría de las especies.

En este caso se produce el mismo efecto que en el dilema del prisionero. Si todo el mundo se comporta con consideración, se puede conseguir una utilización sostenible y cuidadosa y, por tanto, el mayor beneficio posible para la comunidad. Sin embargo, como no se penaliza la crueldad de los individuos, se produce una carrera para obtener los mayores beneficios individuales posibles y, una vez más, los instintos prevalecen sobre la razón.

La pesca internacional tiene repercusiones y consecuencias. Dado que el pescado de mar «simplemente está ahí», es decir, no hay que criarlo, mantenerlo y alimentarlo, es la fuente de carne más barata. En última instancia, la captura no es más que un asalto a una tienda de comestibles, pero en este caso sigue siendo legal. Sólo se incurre en los costes de captura y transporte del pescado. Como el negocio es tan lucrativo, el número de capturas ha aumentado rápidamente en las últimas décadas.

Mientras que en 1950 se «cosechaban» 16 millones de toneladas de seres vivos, en 2020 esta cifra ya había aumentado a unos 80 millones de toneladas.[23] Mientras que en 1974 el 90 % de las poblaciones de peces se mantenían estables, esta cifra ha descendido al 65 % en la ac-

---

23. «Entwicklung der weltweiten jährlichen Fangmenge aller Meereslebewesen zwischen 1950 und 2020». *statista.de*, https://de.statista.com/statistik/daten/studie/1194464/umfrage/weltweite-fangmenge-aller-meereslebewesen/ (Consultado el 01/09/2024).

tualidad, con una tendencia aún a la baja.[24] Sin embargo, en consonancia con la tragedia de los bienes comunes, esto no significa que las empresas pesquen actualmente menos y con más cuidado; al contrario, los métodos son cada vez más complejos para, al menos, mantener estables las capturas (y saquear aún más las poblaciones en el proceso). Los bancos de peces apenas tienen posibilidades de escapar. Rastreándolos con ecosondas, se extienden frente a ellos enormes redes de arrastre con aberturas de hasta 23 000 metros cuadrados, que simplemente se tragan el banco entero y luego lo entregan a bordo.[25]

La concesión de patentes sobre organismos vivos, en la que el código genético se declara propiedad de una empresa, que sólo permite su uso a cambio de una tasa, es por completo diferente, pero sigue estando relacionada con el principio de los bienes comunes.En la actualidad se han concedido patentes para semillas, pero también para animales, lo que representa toda una nueva categoría de apropiación. De este modo, no sólo se hace negocio con los seres vivos, sino también con sus prototipos, que pueden convertirse en propiedad personal. No hay forma más profunda de utilizar la naturaleza, y estas patentes representan el culmen de la apropiación.[26]

El dilema en toda su tragedia sólo puede resolverse mediante una confianza estable, y una de esas soluciones son los contratos estancos. Si estos contratos son vinculantes e incluyen sanciones efectivas en caso de incumplimiento, los bienes comunes podrán gestionarse realmente de forma rentable y sostenible para todos.

Mientras se sigue luchando por las patentes de especies y variedades, al menos ha habido éxitos iniciales con otro bien común, la atmósfera.

---

24 «Anteil der Fischbestände innerhalb biologisch nachhaltiger Grenzen¹ weltweit in den Jahren 1974 bis 2019», https://de.statista.com/statistik/daten/studie/1191794/umfrage/ueberfischung-anteil-der-stabilen-fischbestaende/ (Consultado el 01/09/2024).

25. «Welche Fangmethoden gibt es?». *Greenpeace.de*, www.greenpeace.de/biodiversitaet/meere/fischerei/fangmethoden (Consultado el 01/09/2024).

26. Este artículo ofrece una buena visión general de la situación actual en materia de patentes de organismos vivos: www.spektrum.de/news/lassen-sich-patenteauf-lebewesen-oder-naturprodukte-erteilen/1758408 (Consultado el 01/09/2024).

Hasta la fecha, se consideraba un gran vertedero de gases de efecto invernadero que simplemente podían eliminarse hacia arriba de forma gratuita. En diciembre de 2015, 197 países acordaron en París limitar el aumento de la temperatura media mundial a un máximo de 1,5 °C, establecer mecanismos de control y, lo que es muy importante, pagar compensaciones económicas a los países más pobres.[27] Esto último es en especial importante porque los principales contaminadores se encuentran en las naciones industrializadas ricas, que pueden así compartir con la comunidad al menos una pequeña parte de los beneficios que han obtenido de esta sobreexplotación de la naturaleza. Las primeras repercusiones jurídicas ya se dejan sentir. En 2021, el Tribunal Constitucional Federal de Alemania anuló la Ley de Protección del Clima aprobada por el Bundestag alemán porque no tenía suficientemente en cuenta la reducción de las emisiones de gases de efecto invernadero para el período posterior a 2031 y, por tanto, vulneraría los derechos de libertad de las generaciones más jóvenes.[28]

Un intento de escapar a estos contratos es la introducción de la huella ecológica individual. Esto vuelve a poner la responsabilidad en todos y cada uno de nosotros, lo que debería eximir de toda responsabilidad a un grupo en particular, es decir, las empresas responsables de la mayor parte de los gases de efecto invernadero. Esta inversión de la culpabilidad nos pone a todos en el punto de mira y reduce así el deseo de responsabilizar especialmente a los grandes contaminadores comerciales del aire. La huella ecológica fue desarrollada en 1992 por los investigadores Mathis Wackernagel y William Rees,[29] pero fue descubierta y utilizada con fines de relaciones públicas por la petrolera BP en 2004.

---

27. «Abkommen von Paris», Bundesministerium für Wirtschaft und Klimaschutz, www.bmwk.de/Redaktion/DE/Artikel/Industrie/klimaschutz-abkommen-von-paris. html (Consultado el 01/09/2024).

28. «Verfassungsbeschwerden gegen das Klimaschutzgesetz teilweise erfolgreich», comunicado de prensa del Tribunal Constitucional Federal de 29 de abril de 2021, www.bundesverfassungsgericht.de/SharedDocs/Pressemitteilungen/DE/2021/ bvg21-031.html (Consultado el 01/09/2024).

29. «Wissenschaftliche Untersuchung und Bewertung des Indikators "Ökologischer Fußabdruck"», informe de investigación (Forschungsbericht) 363 01 135, UBA-FB 001089, p. 8.

BP publicó en su página web una calculadora que cualquiera podía utilizar para calcular su huella individual, un procedimiento que desde entonces han repetido millones de personas.[30]

No debemos confundirnos. Puede ser útil que nos informen sobre los comportamientos perjudiciales para el clima y que nos muestren opciones de cambio. Sin embargo, esto no cambia el hecho de que los principales actores están tomando el principio de los bienes comunes *ad absurdum*. Actúan como si todos participásemos por igual en la (sobre)utilización de la atmósfera como bien común. Pero ¿alguna vez habéis recibido dinero por contaminar el aire con combustible comprado a BP, Shell, Aral, Total, Chevron, Exxon Mobil u otras empresas? Las empresas lo han hecho, forma parte de su principio comercial y ganan miles de millones con ello.

Necesitamos empatía para lograr mejoras en la protección del medio ambiente. Un ejemplo realmente alentador en este sentido es la protección de las ballenas. La Comisión Ballenera Internacional (CBI) se fundó con este fin en 1946. Bajo su dirección, casi todos los países acordaron poner fin a la caza comercial de ballenas en 1986. Aunque desde entonces ha habido algunos países como Japón, Noruega e Islandia que han utilizado lagunas jurídicas o han abandonado por completo la máscara y reanudado la caza comercial (Japón desde 2019), las medidas han permitido que las poblaciones se recuperen.[31]

El principal motivo de la protección no era ciertamente la razón humana, sino la compasión, es decir, una fuerte emoción. Aún recuerdo cuando era adolescente, a finales de la década de 1970 y principios de la de 1980, y devoraba con avidez cada reportaje sobre ballenas y escuchaba con fascinación las grabaciones de los cantos de las ballenas jorobadas. Estos amigables gigantes de aletas blancas se convirtieron en embajadores de todas las demás especies. Estaban a punto de desapare-

---

30. «Wie der CO_2-Fußabdruck die Klima-Realität verschleiert». *ARD alpha*, www. ardalpha.de/wissen/umwelt/nachhaltigkeit/co2-fussabdruck-carbon-footprint-shell-exxon-bp-taeuschung-klima-100.html (Consultado el 01/09/2024).

31. Véase la página de inicio de la IWC: https://iwc.int/en/ (Consultado el 01/09/2024).

cer para siempre. A raíz de las protestas públicas, los jefes de Estado agacharon la cabeza y aceptaron proteger a los mamíferos marinos.

Se han logrado éxitos similares con la muerte de los bosques, la lucha contra el agujero de la capa de ozono y, al menos hasta cierto punto, con el aceite de palma y otros productos que se benefician de la tala de la selva tropical. Aún estamos lejos de alcanzar nuestro objetivo, pero la aceptación social de estos productos está disminuyendo con rapidez.

Sin embargo, también hay ejemplos de lo que ocurre cuando las leyes se modifican de forma descuidada en función de las necesidades emocionales de la población (como en el ejemplo de la prohibición de la caza de ballenas) y así sólo se crean nuevos problemas. Uno de estos ejemplos es la prohibición de triturar a los pollos macho. Es realmente difícil de soportar las imágenes de bolas de plumas amarillas y esponjosas recién nacidas siendo transportadas apretadas en una cinta transportadora hacia una planta incineradora. La única oportunidad de vida en este planeta dura sólo unos minutos para estas pobres criaturas antes de ser despedazadas por garras de acero.

Desde que se prohibió esta práctica, el mercado la evita. Se crían algunos «gallos hermanos», pero como las razas se recortan para obtener la máxima producción de huevos, estos animales apenas engordan. Los pequeños gallos magros también se crían en masa, luego apenas son comercializables e inundan los mercados africanos como productos de exportación baratos, alterando la actividad de los proveedores locales.[32] La única solución real serían las llamadas razas de doble propósito, que producen rendimientos medios de huevos y carne, lo que significa que ambos productos acabarían encareciéndose. También en este caso se recurriría al legislador, pero éste sólo ha reaccionado ante un subproblema sobre todo cargado de emotividad.

---

32. «Warum das Verbot des Kükentötens kein Erfolg für den Tierschutz ist». *Der Spiegel* 7/2023, 10/02/2023, www.spiegel.de/wissenschaft/kuekentoeten-warum-das-verbot-kein-erfolg-fuer-den-tierschutz-ist-a-a5b5d196-2a91-4a62-9a3b-7e237279df12 (Consultado el 01/09/2024).

En mi opinión, lo que falta son emociones positivas desencadenadas por normativas legales, que serían muy fáciles de aplicar, como demuestra un pequeño ejemplo de los Países Bajos.

Hasta la fecha, conectar un sistema fotovoltaico a la red ha sido un largo obstáculo para los propietarios de viviendas. Además, cuando la electricidad empieza a fluir, los complicados procesos de facturación arruinan cualquier alegría. ¿Cómo sería si el contador simplemente funcionara al revés cuando brilla el sol? Puedo explicar por experiencia los sentimientos de felicidad que esto desencadena. Ocurrió durante una pequeña fase de transición de la conexión de nuestro nuevo sistema fotovoltaico en el tejado de la cabaña del guarda forestal. Aún faltaba un día para que llegara el nuevo contador, que registra de manera independiente la electricidad entrante y saliente, y, hasta ese momento, el antiguo contador simplemente funcionaba al revés cuando daba el sol. El ahorro podía leerse de inmediato y, con cada revolución, la factura de la luz (ilegalmente) bajaba al mismo tiempo.

Esto es habitual en los Países Bajos, donde se suele permitir que los contadores funcionen al revés.[33] Es mucho más motivador que un pago del operador de la red, que llega meses más tarde y sólo abona una quinta parte de la cantidad que tenemos que pagar por kWh. Al fin y al cabo, el Ministerio Federal de Economía está estudiando si Alemania, por ejemplo, también debería utilizar este incentivo. Los costes de los operadores de red podrían compensarse con subvenciones, que siguen existiendo para las energías renovables, como la actual anulación del IVA de los sistemas fotovoltaicos, como mínimo en Alemania.

Para utilizar nuestro subconsciente, nuestros instintos, aún más a favor de la protección del medio ambiente, podríamos conceder a la naturaleza derechos similares a los de los humanos. ¿Parece exagerado? Sólo lo sería si los seres humanos y la naturaleza existieran por separado. Mientras tanto, sin embargo, la mayoría de la gente se ha dado cuenta de

---

33. «Bisher ist sie strafbar: Neue Stromzähler-Technik soll in Deutschland kommen», efahrer.com, https://efahrer.chip.de/news/bisher-ist-sie-strafbar-neue-stromzaehler-technik-soll-in-deutschland-kommen_1011576 (Consultado el 01/09/2024).

que seguimos dependiendo por completo de la naturaleza o, más exactamente, que somos parte integrante de ella. Sin la naturaleza no existirían las personas. Suena banal, pero a la vista de la gran destrucción del medio ambiente, no parece haber llegado aún realmente a la conciencia colectiva. Por eso creo que los planteamientos que vinculan la protección de la naturaleza con los derechos humanos, como los consagrados en la Ley Fundamental alemana, son los correctos.

Se puede ver cómo funciona en la práctica en Ecuador. En ese país, el Parlamento aprobó una enmienda a la Constitución con una aprobación del 64 por 100, en la que el capítulo 7 se titula «Derechos de la Naturaleza». En él se afirma que la Pachamama, la Madre Naturaleza, tiene derecho a existir, incluida la preservación y regeneración de sus ciclos vitales, así como de sus estructuras y funciones.[34]

Este capítulo no es sólo una hoja de parra decorativa sin relevancia práctica, como se demostró en noviembre de 2021. La empresa estatal Enami EP (un grupo minero) y el bosque nuboso de Los Cedros se enfrentaron en los tribunales. La empresa quería extraer cobre y oro en la selva tropical, pero el tribunal dictaminó que se trataba de una violación de los derechos de la naturaleza. Como resultado, Enami EP perdió sus concesiones mineras, una sentencia histórica.[35]

La Constitución ecuatoriana también es un buen ejemplo de cómo las leyes pueden formularse de una forma emocional. La Madre Tierra es una metáfora que se comprende instintivamente. La redacción crea empatía y deja claro que el derecho de la naturaleza no es una restricción para las personas, sino una protección elemental contra los intereses monetarios de individuos codiciosos de nuestra propia especie.

Pero el planteamiento de tratar a la naturaleza como a una persona, ¿no es una humanización inadmisible? Después de todo, no sabemos cómo se defendería la naturaleza ante un tribunal y sólo son personas las que

34. Berros, María Valeria. «The Constitution of the Republic of Ecuador: Pachamama Has Rights». *Environment & Society Portal*, Arcadia (2015), núm. 11. Rachel Carson Center for Environment and Society. https://doi.org/10.5282/rcc/7131 (Consultado el 01/09/2024).

35. Bethge, Philip. «Der Wald zieht vor Gericht». *Der Spiegel*, núm. 51, del 17/12/2022, pp. 108-110.

demandan estos derechos. Estas personas, por su parte, no están libres de intereses personales, de emociones que podrían llevarlas por un camino que la naturaleza, si existiera como una especie de persona, tal vez rechazaría en señal de protesta.

Justo por estas razones, el mejor enfoque sería consagrar el derecho a la naturaleza virgen como un nuevo derecho humano en la respectiva Constitución nacional.

También en Alemania, por ejemplo, hay ya propuestas para la correspondiente modificación de la Ley Fundamental. El profesor Jens Kersten, titular de la cátedra de Derecho Público y Ciencias Administrativas de la Universidad Ludwig Maximilian de Múnich, ya tiene propuestas concretas. Reclama una «revolución ecológica de nuestro ordenamiento constitucional», en concreto, un derecho a un medio ambiente sano, entre otras cosas. Según Kersten, para ello habría que poner límites ecológicos a la libertad económica y de propiedad y reconocer a la naturaleza como sujeto de derecho; la Pachamama le envía saludos.[36]

Pero en el camino, nuestras instituciones democráticas más importantes, los parlamentos, tienen al acecho una vieja herencia animal: los instintos arcaicos que, en defensa de intereses personales, permiten que el bien de todos pase a un segundo plano. Antes de que puedan lograrse éxitos rotundos en nuestro bien común, nuestro medio ambiente, deben introducirse normativas en los parlamentos nacionales para frenar estos instintos.

Consejos de ciudadanos: la democracia del futuro

En las democracias «[...] el pueblo ejerce el poder de gobernar. Las democracias se caracterizan, entre otras cosas, por el respeto de los derechos humanos, la separación de poderes, la responsabilidad del Gobier-

---

36. «Ich würde der Natur Grundrechte geben», entrevista con el profesor Jens Kersten, Ludwig-Maximilians-Universität Munich, 7 de junio de 2022, www.lmu. de/de/newsroom/newsuebersicht/news/ich-wuerde-der-natur-grundrechte-geben.html (Consultado el 01/09/2024).

no, la independencia de los tribunales, la legalidad de la administración, un sistema multipartidista y elecciones libres, iguales y secretas». Así es como lo explica el Bundestag alemán.[37] Esta definición describe muy bien cuál es la principal tarea de una democracia, la protección de los derechos humanos. El modo en que esto debe llevarse a cabo también figura en la breve descripción. En definitiva, se trata de garantizar que todo el mundo tenga las mismas oportunidades de autorrealización, es decir, que pueda vivir lo más feliz y contento posible. Esto, como es natural, choca con nuestros instintos.

Los políticos son humanos y, como tales, se dejan llevar por su subconsciente tanto como tú y como yo. Sin embargo, esperamos algo distinto de las personas que ocupan los parlamentos y los cargos de gobierno, es decir, que se comprometan con el bien común y tomen decisiones sensatas en consecuencia. Pero después de todo lo que hemos analizado juntos hasta el momento sobre los humanos como especie, eso es pedir demasiado.

Por supuesto, existe mucha gente altruista y feliz de servir a los demás. Pero, por desgracia, hay al menos otras tantas personas mucho más preocupadas por su propio bienestar que por el del prójimo. Desafortunadamente, bastantes de estos últimos utilizarán la violencia para imponer sus deseos, si es necesario. Ésta es la razón por la que es más probable encontrar a estos contemporáneos en la cúspide de las sociedades que a seres compasivos, ya que aquellos para los que su propio bienestar es más importante pasarán por encima de los demás con mayor facilidad. La violencia no tiene por qué ser necesariamente física; desde un tono de voz áspero a una influencia sutil, pasando por el soborno encubierto o manifiesto, se pueden concebir muchas cosas para imponer la propia voluntad a los demás.

Por desgracia, el sistema de partidos políticos favorece a la gente más despiadada, porque para llegar a la cima se libran verdaderas luchas de poder. Tienes que: a) ser capaz de soportar eso y b) ser capaz de defenderse en consecuencia; de lo contrario, no podrás hacer frente a la competencia.

---

37. www.bundestag.de/services/glossar/glossar/D/demokratie-245374 (Consultado el 01/09/2024).

Por otra parte, muchas decisiones tienen que tomarse a través de representantes. Si se celebrara un referéndum sobre cualquier cosa, el proceso político se ralentizaría aún más y sería casi imposible proporcionar a todo el mundo la información necesaria antes de la votación.

En cambio, los críticos de la democracia directa podrían señalar que las plataformas de las redes sociales y otros medios de comunicación podrían ejercer una fuerte influencia antidemocrática que acabaría torpedeando el proceso supuestamente justo. ¿De verdad? ¿Está nuestra democracia representativa mejor protegida contra las influencias? ¿No es mucho más fácil influir en diputados individuales que en el pueblo en su conjunto?

Los contactos directos, es decir, las reuniones cara a cara, son mucho más efectivos que los medios de comunicación. Son una estrategia popular para aplacar las diferencias de opinión y, como era de esperar, se basan en los instintos. Una vez que se ha llegado a conocer al otro con todos los sentidos (y no sólo por escrito o vía Zoom), es mucho más difícil tomar decisiones duras en contra del bando que esa persona representa. No en vano hay casi 6000 organizaciones y personas inscritas en el registro de grupos de presión del Bundestag alemán, por ejemplo.[38]

En uno de mis episodios de pódcast, Anton Hofreiter (miembro de Alianza 90/Los Verdes), diputado del Bundestag y presidente de la Comisión de Asuntos Europeos, me explicó cómo se hace. El trabajo más eficaz se realiza con políticos que no tienen una opinión firme sobre un tema. Es mucho más fácil que cambien de opinión y, por ese motivo, se suele dejar en paz a las personas con posturas claras.

Tal vez el ministro federal de Transportes, Volker Wissing (del Partido Liberal Democrático, FDP), sea uno de esos políticos de posición débil, pero está claro que no ha hecho ningún favor a la reputación de Alemania en la Unión Europea ni a nuestro medio ambiente al defender, contra toda razón, que los motores de combustión sigan funcionando después de 2035. En realidad, el Parlamento Europeo y los Estados miembros de la Unión Europea ya habían acordado la eliminación

---

38. Registro de Lobbies (Lobbyregister), Deutscher Bundestag, www.lobbyregister.bundestag.de/startseite (Consultado el 01/09/2024).

progresiva puertas adentro, y la aprobación de Alemania era una mera formalidad. De lo contrario, no podrían alcanzarse los objetivos climáticos, que son vinculantes en virtud del derecho internacional (que nunca se mencionará lo suficiente).

Por sorpresa, sin embargo, Volker Wissing se negó a dar su consentimiento, que se daba por seguro, e insistió en la «apertura tecnológica». Las emisiones cero también podrían lograrse mediante el uso de e-combustibles, combustibles sintéticos que pueden producirse a partir de CO_2 utilizando energías renovables, es decir, una cuasi inversión del proceso de combustión. En realidad, esto sería tan neutro para el clima como hacer funcionar vehículos eléctricos con energía eólica o solar.

Bajo su presión, la Unión Europea se movilizó un poco y abrió un pequeño resquicio para este tipo de vehículos, pero es poco probable que lleguen a existir.[39] Después de todo, ¿cómo demonios va a garantizar un fabricante que un vehículo sólo pueda quemar gasolina artificial? ¿Y quién querría comprar un automóvil así? A fin de cuentas, su consumo de energía es hasta cinco veces superior al de los vehículos eléctricos, debido a la costosa producción de estos combustibles artificiales. Un combustible de este tipo tendría que ser correspondientemente caro. Además, el proceso de combustión sigue produciendo partículas y óxidos de nitrógeno,[40] otras desventajas que sólo hacen que seguir con los motores de combustión parezca aún más extraño.

El nombre de Porsche sigue apareciendo en este contexto. Como es natural, al fabricante de automóviles deportivos le interesa que sus motores de combustión puedan seguir funcionando durante mucho tiempo, aunque ahora la empresa también ofrece versiones eléctricas. ¿Es casualidad que su colega y líder del Partido Liberal Democrático (FDP), Christian Lindner, que también es ministro federal de Finanzas, tenga afinidad con Porsche? No sólo conduce él mismo un depor-

---

39. «Wissing schlägt EU-Kommission Lösung vor». *tagesschau.de*, 16/03/2023, www.tagesschau.de/ausland/europa/verbrennungsmotor-wissing-101.html (Consultado el 01/09/2024).

40. «E-Fuels sind nicht sinnvoll für den großflächigen Einsatz bei Pkw und Lkw», Fraunhofer-Institut für System- und Innovationsforschung, www.isi.fraunhofer.de/de/presse/2023/presseinfo-05-efuels-nicht-sinnvoll-fuer-pkw-und-lkw.html (Consultado el 01/09/2024).

tivo de este tipo (modelo 911),[41] sino que también habló con el jefe de Porsche, Oliver Blume, durante las negociaciones de coalición para el nuevo Gobierno federal en otoño de 2021. Estos contactos confidenciales se hicieron públicos porque Blume se jactó ante los trabajadores de que estuvo en contacto con Lindner casi cada hora durante las negociaciones y de que Porsche desempeñó un papel clave para garantizar que el uso de e-combustibles en los motores de combustión llegara al acuerdo de coalición.

La excusa poco convincente de Lindner fue: «¿Adónde iríamos a parar si la política, incluido el Gobierno federal, no mantuviera contacto con las empresas?».[42]

Evidentemente, hay que agradecer a Volker Wissing el éxito de su bloqueo, pues Porsche ya había construido su primera fábrica de e-combustibles y, sin duda, le gustaría que esta inversión diera sus frutos. La planta está situada en el sur de Chile, en la Patagonia, y primero utilizará energía eólica para capturar el CO_2 del aire y luego producirá combustible para exportarlo a Alemania. Sin embargo, en abril de 2023, sólo funcionaba en la zona un único aerogenerador y el CO_2 se transportaba en camiones cisterna desde una fábrica de cerveza, es decir, en absoluto procedente de la atmósfera y lejos de ser neutral desde el punto de vista del CO_2.[43]

En pocas palabras, mientras el mundo entero se pasa a la propulsión eléctrica, que además es hasta cinco veces más eficiente, y la industria automovilística alemana, por ejemplo, se queda rezagada frente a la competencia y pierde una y otra vez cuota de mercado, la tecnología del motor de combustión, anticuada y de alto consumo energético, si-

---

41. «Ein fast perfekter Männertraum». *Spiegel online*, 03/08/2018, www.spiegel.de/politik/christian-lindner-und-seine-leidenschaft-fuer-autos-ein-maennertraum-a-00000000-0002-0001-0000-000158730554 (Consultado el 01/09/2024).

42. El líder del Partido Liberal Democrático (FDP), Christian Lindner, en la entrevista de verano de la ZDF del 14/08/2022, www.zdf.de/politik/berlin-direkt/sommerinterview-lindner-fdp-haushalt-ampel-5-milliarden-100.html (Consultado el 01/09/2024).

43. «Nicht ganz sauber: Porsches heikles E-Fuel-Versprechen». *Spiegel.de*, www.spiegel.de/auto/e-fuels-aus-chile-porschespotemkinsches-dorf-a-9eaf5e47-8a56-4310-b15b-b4d7cdf5fba7 (Consultado el 01/09/2024).

gue aferrándose desesperadamente a ella, a pesar de que la producción de combustible no ha superado aún la fase experimental inicial.

¿Puedes reconocer el hilo conductor de todo este proceso que deberían seguir los parlamentarios y funcionarios públicos para proteger nuestros bienes comunes? ¿Se ha aplicado en este punto el sentido común para tener un efecto lo más igualador posible en interés de la comunidad? No lo reconozco, más bien veo el dominio de los instintos, del inconsciente, para el que la razón produjo excusas demasiado transparentes a la prensa y al público en el sentido de una supuestamente necesaria «apertura tecnológica».

Lo mismo puede decirse de la decisión de impedir un límite de velocidad de las autopistas de Alemania. También en este caso, el responsable es el ministro Federal de Transportes, y también en este punto son sobre todo los conductores rápidos (de Porsche) los que tendrían que reducir literalmente una marcha. El caso Wissing es sólo uno de los casi infinitos que retrasan las soluciones en la lucha contra el cambio climático. En lugar de enumerar más ejemplos frustrantes, ahora deberíamos buscar posibles soluciones.

No quiero acusar a nadie de nada indebido, sino tan sólo decir que, en general, los particulares están sobrecargados con la administración de los bienes comunes. Por eso la carga debe repartirse entre muchos hombros y de forma que los lobistas no puedan abusar de esos hombros para trepar por la escalera de los ladrones.

Los parlamentos fueron inventados para que no todo ni nada tenga que ser votado por toda la población. El sistema está diseñado de tal manera que los instintos se extienden lo máximo posible. Cada votante, a menudo impulsado por su propio subconsciente, decide a favor del partido que tiene más probabilidades de satisfacer sus propios deseos. En definitiva, esto significa que el resultado electoral refleja la media de la república, emitida en una relación porcentual de los partidos que se presentan. A su vez, estos partidos han tratado de encontrar los puntos desencadenantes en sus programas electorales y, más aún, en sus campañas electorales, en el período previo a las elecciones, con el fin de hacer que la cruz de la cabina electoral caiga en su propia urna de la forma más perfecta posible. Hace tiempo que sabemos que muchas promesas electorales no valen ni el papel en el que están escritas. Sólo tengo que recordar que el «canciller del Clima» Olaf Scholz, tras las elecciones, no pone freno a su ministro de Transportes cuando éste actúa como perturbador europeo del cambio climático.

Los representantes del pueblo tienen la tarea, como su nombre indica, de representar al pueblo, y en este punto vuelve a entrar en juego el subconsciente. Constantemente susurra a la mente que piense primero en sí misma, lo que debería quedar descartado en virtud del cargo. El hecho de que esto no funciona lo demuestran una y otra vez los elegidos. Me viene a la mente Donald Trump, que ha perfeccionado el egoísmo en el cargo. Pero también hay muchos ejemplos en Europa, como Viktor Orbán, que está transformando con diligencia Hungría en una autocracia (una forma de gobierno extremadamente egoísta y, por tanto, instintiva, parecida a una dictadura), o el caso austriaco de Ibiza, en el que una grabación de vídeo secreta documentó lo corruptos que eran los miembros del Gobierno del Partido Liberal Democrático de Austria (FPÖ).

¿Cómo elevar la democracia a un nuevo nivel, cómo vencer la dictadura del instinto? Wolfgang Oels, director del motor de búsqueda ecológico Ecosia, ha recogido una idea que se lleva debatiendo cada vez más desde hace varios años, los llamados consejos de ciudadanos. Un consejo de ciudadanos sería representativo de la población y se constituiría por sorteo. En su libro *Democracy For Future* («Democracia para el futuro»), Oels enumera las ventajas: «Un consejo ciudadano reúne a personas que pueden ser y permanecer abiertas. No tienen que ganar un debate porque no pueden ser reelegidas. No tienen que tener en cuenta a los líderes de los partidos ni las presiones de las facciones. Tampoco tienen que encasillarse. Estas personas pueden tratar entre sí de forma abierta, curiosa y favorable. Y, por supuesto, juntas encontrarán mejores soluciones».[44] La idea de los consejos de ciudadanos no es nueva. Sus orígenes se remontan a Grecia, cuna de la democracia. Entre los años 508 y 322 a. C., en Atenas había participación ciudadana directa. Entre

---

44. Oels, Wolfgang. *Democracy For Future*, Editorial oekom verlag, Múnich, 2021, p. 84.

30 000 y 35 000 ciudadanos (aunque las mujeres estaban excluidas) podían votar en la Asamblea Popular, el equivalente al Bundestag. No todos lo hicieron, pero sí al menos 6000, número necesario para que hubiera quórum. La mayoría de los cargos se sorteaban, al igual que las magistraturas, y, a continuación, se controlaba con meticulosidad su desempeño. Todo el sistema estaba diseñado para garantizar que nadie pudiera acumular poder.[45]

Más recientemente, fue Islandia la que recurrió al instrumento de los consejos de ciudadanos en 2012, esta vez como asamblea constituyente. Para ello, se seleccionó al azar a 950 ciudadanos, que redactaron los principios básicos de una nueva Constitución para el Estado insular. Sobre esta base, un consejo constitucional redactó el proyecto definitivo de Constitución. Cualquier persona podía ser elegida para formar parte de este consejo de 25 miembros, a excepción de los miembros del Parlamento o del Gobierno. Posteriormente, la Constitución fue aprobada por amplia mayoría en referéndum, pero tuvo que ser confirmada a su vez por el Parlamento.[46]

En abril de 2022, el Gobierno alemán planificó hasta tres consejos de este tipo para la presente legislatura. El primero de ellos ya ha empezado a trabajar. Cada uno trabaja en propuestas de solución para un determinado tema. El primero aborda el tema de la «Nutrición en transición», difuso y definido a grandes rasgos. En cambio, hay que abordar cuestiones políticas y sociales muy concretas, como medidas para proteger el clima o salvar la biodiversidad.

Incluso el primer consejo sobre nutrición es limitado, porque sus resultados se presentan más tarde al Parlamento, incluso con menos fuerza que en Islandia, es decir, como una mera recomendación.[47]

45. Grundzüge der athenischen Demokratie, Bundeszentrale für politische Bildung, www.bpb.de/shop/zeitschriften/izpb/demokratie-332/248544/grundzuege-der-athenischen-demokratie/ (Consultado el 01/09/2024).

46. «Das Verfassungsreferendum in Island». *Deutschlandfunk*, www.deutschlandfunk.de/das-verfassungsreferendum-in-island-100.html (Consultado el 01/09/2024).

47. «Bärbel Bas: Vorbereitungen für den ersten Bürgerrat starten», Deutscher Bundestag, www.bundestag.de/dokumente/textarchiv/2023/kw13-buergerraete-940748 (Consultado el 01/09/2024).

Como recomendación, en mi opinión, este sistema sólo constituye un avance si el inicio de los consejos se considera una fase de prueba y se permite realmente al órgano codecidir más adelante, como propone Wolfgang Oels. Para él, los consejos ciudadanos son una tercera cámara, además del Bundestag y el Bundesrat, y los dotaría de derechos de control y veto. Esta idea me parece cautivadora porque se basa en el supuesto tácito de que no hay forma de evitar los instintos egoístas en los procedimientos actuales. Un consejo de ciudadanos, en cambio, burla esta característica humana recurriendo al azar. Nadie puede manipular su ingreso y, sobre todo, la imposibilidad de reelección deja claro que, se decida lo que se decida, el mandato termina al cabo de un período predeterminado.

Es cierto que existirían también oportunidades para influir en los miembros. Por ejemplo, los *lobbies* podrían ofrecer puestos de trabajo lucrativos durante el período posterior a la pertenencia a cambio del correspondiente comportamiento de voto. Esto requeriría una normativa que aún no se ha desarrollado y de la que se carece hoy en día. Después de todo, la práctica de trasladarse al sector económico oportuno tras ocupar un cargo político y aceptar en él empleos bien remunerados tiene, por desgracia, una larga tradición (véase el caso del excanciller alemán Schröder y la empresa Gazprom).

Pero si el libre albedrío en realidad no existe, ¿podemos siquiera concebir leyes razonables? Después de todo, un consejo de ciudadanos también está formado por personas sujetas a los susurros de su subconsciente y sólo podrán actuar racionalmente hasta cierto punto. En definitiva, esto no daría lugar a la formación de bloques con intereses alineados, como ocurre con los representantes electos, que pertenecen todos ellos a partidos que representan una opinión unificada sobre muchos temas. En su lugar, las necesidades de los diputados sorteados corresponderían a las necesidades de la población media. Pero ¿no se consolidaría de este modo el *statu quo*? El subconsciente, al fin y al cabo, se resiste a renunciar y quiere acumular cada vez más riqueza material y, por tanto, seguridad.

Creo que de todas formas habría muchas posibilidades de que se produjeran cambios de gran alcance, porque un importante factor de motivación para el Consejo sería la sensación de logro de iniciar un cambio a mejor. El hecho de hacer públicamente algo bueno para la sociedad refuerza la confianza en uno mismo. Además, en la actualidad existe un consenso social en torno a la idea de que las medidas para combatir el cambio climático y la destrucción del medio ambiente son algo positivo. Defender objetivos comunes, en caso de duda incluso a costa de nuestras propias ventajas, es a su vez una forma de actuar que nos ha hecho a los humanos tan exitosos en primer lugar.

Por tanto, el subconsciente se vería atraído por sentimientos de felicidad al apoyar objetivos comunes y, dopado de este modo, también podría decidir un proceso de reducción material. Sólo sería importante que estos sentimientos de felicidad pesasen más que los sentimientos individuales, obviamente muy fuertes, de obtener grandes ventajas personales. En este sentido, una asamblea de ciudadanos sin vínculos con los *lobbies* tendría, sin duda, grandes ventajas sobre un simple parlamento.

Sin embargo, los políticos siguen aferrándose al crecimiento económico, que ahora debe volverse ecológico. Desde un punto de vista puramente matemático, el crecimiento infinito no puede existir, pero la solución no es apartarse de este camino, sino resolver los problemas medioambientales con nuevas tecnologías.

La tecnología lo solucionará todo

Mi mujer y yo nos pasamos a la e-movilidad en mayo de 2018. Me sentí mucho mejor circulando por el campo sin gases de escape. El primer vehículo aún tenía una autonomía relativamente escasa, lo que está bien para las zonas urbanas, pero causaba bastantes molestias en el campo. En nuestro pequeño pueblo no hay transporte público, así que los viajes a Colonia, a 70 kilómetros, también los hicimos en el nuevo coche. Con una autonomía total de 180 kilómetros, esto no era ningún problema, al menos en verano. Pero en invierno, la autonomía disminuía de manera drástica debido a la batería fría y a que la calefacción también consumía mucha energía. Sobre todo, el viaje de vuelta, con su ascenso a las montañas de la Eifel, hizo que la batería se agotara hasta tal punto que sólo fue posible volver a la casa del guarda forestal con la calefacción apagada y a paso de tortuga.

Más tarde compramos un vehículo con una autonomía de 400 kilómetros y función de carga rápida, lo que significa que incluso los viajes de vacaciones al extranjero ya no suponen un problema. Al menos para el vehículo, porque no es bueno para el medio ambiente. ¿Por qué? La mayoría de las veces lo cargamos con energía solar de nuestro propio tejado, por lo que las emisiones de CO_2 durante el funcionamiento son prácticamente nulas.

De modo que podrías ir zumbando por el campo sin preocuparte de nada. Se podría. Porque la producción de este tipo de vehículos consume más materias primas y de diferentes tipos (como metales tecnológicos como el litio, el cobalto o el galio) y también más energía que la de un coche con un motor de combustión.[48]

En la primavera de 2022, el Instituto Fraunhofer (organismo alemán de investigación) publicó un estudio según el cual un coche eléctrico comprado en 2020 seguiría ahorrando en torno a un 46 % de CO_2 a lo largo de todo su ciclo de vida, mientras que se prevé que un vehículo comprado en 2030 ahorrará un 57 por 100.[49] Ahorrar suena muy bien, pero no significa gran cosa, ya que un coche eléctrico seguirá provocando un nivel de emisiones de CO_2 significativamente mayor que un viaje en transporte público.

Por tanto, el transporte privado motorizado de forma eléctrica sólo puede ser un escenario de transición en el mejor de los casos y, preferiblemente, de muy corta duración. Porque, aunque todos los propietarios se pasaran a un vehículo eléctrico, en Alemania, por ejemplo, seguirían circulando unos 50 millones de vehículos, la mayoría de los

48. «Ressourcenbilanz: Welchen Rohstoffbedarf haben Elektroautos?», Bundesministerium für Umwelt, Naturschutz, nukleare Sicherheit und Verbraucherschutz, www.bmuv.de/themen/verkehr/elektromobilitaet/ressourcenbilanz (Consultado el 01/09/2024).

49. Wietschel, M. *et. al.* «Langfristige Umweltbilanz und Zukunftspotenzial alternativer Antriebstechnologien». *Studie zum deutschenInnovationssystem*, núm. 9-2022, Berlín, febrero de 2022, p. 53.

cuales aún no se han fabricado. A nivel mundial, el número de vehículos era ya de 1300 millones en 2015,[50] y la tendencia sigue al alza.

Así, el simple cambio de la tecnología de propulsión no puede ser el factor decisivo, sino que la solución pasa por una fuerte expansión del transporte público de cercanías y, en las zonas rurales, también por el uso compartido del vehículo, tal vez también de aquellos autónomos como taxis compartidos.

Otras medidas de protección del clima demuestran una vez más que nuestras mentes son claramente incapaces de comprender situaciones complejas. Por ejemplo, pensamos que la energía verde generada con ayuda de sistemas fotovoltaicos, molinos de viento o centrales hidroeléctricas puede utilizarse sin dudarlo. Y esto es del todo erróneo por dos razones: la primera es la producción y construcción de dichas centrales. Por un lado, está la extracción de materias primas y su posterior eliminación. Esto último es un verdadero problema en el caso de los aerogeneradores, ya que los rotores no pueden reciclarse a día de hoy, aunque un acuerdo de la Unión Europea lo prevé para los aerogeneradores completos. En consecuencia, las hélices, que están fabricadas con fibra de vidrio y resina sintética, simplemente se queman como combustible en cementeras, por ejemplo.[51]

Pero la instalación también requiere intervenciones masivas en el entorno natural. Por ejemplo, hay que construir carreteras de grava anchas y muy pavimentadas en los bosques, que se consideran lugares de instalación muy apreciados. La razón oficial que se aduce es que los bosques suelen estar situados en montañas y donde el viento sopla con especial fuerza. De hecho, el viento también sopla con fuerza en las altiplanicies, por supuesto, pero la verdadera ventaja reside en la concentración de la propiedad de la tierra en pocas manos. El Estado y las autoridades locales poseen alrededor del 52 % de la superficie forestal de Alemania, a menudo en grandes parcelas contiguas. En estas zonas,

---

50. https://de.statista.com/statistik/daten/studie/244999/umfrage/weltweiter-pkw-und-nutzfahrzeugbestand/ (Consultado el 01/09/2024).

51. «Neues Recyceln alter Windräder: Wenn Rotorblätter zu Gummibärchen werden». SWR2, www.swr.de/wissen/recycling-alter-windraeder-wenn-rotorblaetter-zu-gummibaerchen-werden-100.html (Consultado el 01/09/2024).

las vías de acceso y los lugares de instalación de varios aerogeneradores pueden planificarse y autorizarse negociando con una sola persona de contacto. La propiedad dispersa, con pequeñas parcelas que pertenecen a muchos propietarios forestales, es molesta porque bastan unos pocos alborotadores para poner en peligro todo el plan.

Las turbinas y sus vías de acceso, que siguen siendo necesarias para las labores de mantenimiento, alteran en gran medida el equilibrio natural. Nuestros bosques ya están muy fragmentados y ahora serán talados aún más. El aire frío que los árboles se han esforzado en producir fluye hacia el exterior a través de las anchas pistas. El bosque se calienta más y sufre tensiones. Además, el agua del suelo apenas puede drenarse bajo tierra porque los caminos compactados actúan como presas.

Pero nada de esto frena el avance triunfal de la energía eólica en los bosques, sino todo lo contrario. Ahora que el cambio climático y los escarabajos de la corteza están arrasando las plantaciones de coníferas, el fracaso de la silvicultura industrial está siendo tratado incluso descaradamente como una ventaja de localización por quienes ayudaron a causar la miseria. Se ha convencido al público (yo incluido) de que estas plantaciones de árboles no naturales no son bosques de verdad. ¡Estupendo! Entonces, ¡no hay nada malo en erigir hileras de turbinas eólicas en las zonas despejadas! Sólo temporalmente, por supuesto, tras el período de funcionamiento y el posterior desmantelamiento de las ruedas, podrá volver a desarrollarse en este lugar un bosque estable y rico en especies. Se pasa por alto de manera deliberada el hecho de que los ecosistemas forestales sensibles, que ya están luchando por recuperar su equilibrio en el nuevo período cálido, no podrán recuperarse de esta manera.

No tengo nada en contra de la energía eólica, sino todo lo contrario. Para mí es un complemento sensato, pero en las zonas industriales, a lo largo de las autopistas y/o en las vastas zonas de agricultura intensiva, es decir, allí donde la naturaleza ya ha ido de, perdón por la expresión, capa caída.

Por otro lado, quizá la razón más importante sea la fijación en el CO_2. Para reducir sus emisiones, no sólo estamos aceptando enormes daños medioambientales durante la producción, el funcionamiento y la eliminación. La utilización de la energía generada es un problema al menos igual de importante.

Supongamos que todos los argumentos de la primera razón (extracción y eliminación de materias primas, instalación, etc.) se resolvieran de un modo milagroso y ya no tuvieran ningún impacto negativo en el medio ambiente. ¿No podríamos entonces consumir electricidad sin preocupaciones y para siempre? No, claro que no, porque ¿qué hacemos con esa energía? Multiplicamos nuestras fuerzas. Ése ha sido siempre el objetivo principal, incluso con el fuego de la Edad de Piedra. Ayudaba a despejar paisajes enteros, ahuyentaba a enemigos y depredadores, facilitaba la digestión de los alimentos y calentaba el cuerpo.

Hoy en día, excavamos paisajes enteros, incluso empezamos a explotar los fondos marinos y seguimos sellando con alegría la tierra y el suelo. Que todo se haga con energía «verde» o no tiene importancia para el clima, pero mucho menos para el grado de destrucción del medio ambiente.

No nos confundamos, la tecnología no sólo puede, sino que debe ser parte de la solución a la crisis medioambiental, pero no en el sentido de que nos permita seguir consumiendo la misma cantidad de energía que antes. Debemos reducir el consumo y utilizar fuentes de energía renovables. Por desgracia, hemos desaprovechado por completo la oportunidad de incluir en parte los procesos de combustión a la vez que reducimos el consumo. Tras millones de años de fuego, que fue una parte esencial de nuestro desarrollo, ahora tenemos que despedirnos de él para siempre.

La historia de las nuevas tecnologías entusiasma a mucha gente, pero el debate sobre prescindir de ellas no suele gustar. Sin embargo, hay ámbitos en los que incluso pequeñas restricciones podrían tener un gran impacto. Puede que lo hayas adivinado ya, hablo de reducir el límite de velocidad en las autopistas. Alemania es uno de los pocos países del mundo que aún permite el exceso de velocidad sin restricciones.

Lo difícil que es para nosotros como sociedad dar este paso tan pequeño lo demuestra el acalorado debate que se ha desatado una y otra vez durante muchos años. Mientras que muchos políticos se imaginan un límite de 130 km/h, su número disminuye cuando se trata de 100 km/h (y 80 km/h en carreteras nacionales). Aunque todo, pero realmente todo desde el punto de vista racional, habla en favor de esto. Sólo la reducción del límite de velocidad a 120 km/h en las autopistas y 80 km/h en las carreteras principales reducirá las emisiones de gases de efecto invernadero en unos 5 millones de toneladas al año, según la Agencia Federal de Medio Ambiente. Si se tiene en cuenta los efectos colaterales, como un cambio en la elección de rutas (porque ya no se circula tan rápido por autopista y el trayecto por carreteras comarcales es más corto) o el mayor uso del transporte público, el efecto se eleva a unos 8 millones de toneladas.[52]

Si el límite de velocidad se reduce a 100 km/h, estos efectos también aumentarán. Al mismo tiempo, se reducirán las emisiones de óxidos de nitrógeno, que siguen causando graves daños a los bosques. También se reducirá el riesgo de accidentes, aunque esto no es fácil de demostrar. Sin embargo, existe un impresionante ensayo de campo realizado en la zona de Brandenburgo. En ese estado se introdujo un límite de velocidad de 130 km/h en un tramo de autopista tras una acumulación de colisiones graves en un tramo de 67 km de largo. Este límite de precaución supuso por sí solo una reducción del 57 % en el número de accidentes.[53]

Otras ventajas, como una reducción del presupuesto doméstico, menos ruido para los vecinos o el descenso, en gran medida, de la formación de partículas, nada de esto cuenta para mucha gente. No es a la mente, sino al subconsciente, a quien le gusta hacer realidad su sensación de libertad a través del coche y, al parecer, no se deja convencer ni con los mejores argumentos.

Mientras esas soluciones de acción rápida para reducir los gases de efecto invernadero se pudren en un cajón, los políticos buscan la salvación en tecnologías dudosas porque, al parecer, se ha impuesto la idea de

---

52. Límite de velocidad: www.umweltbundesamt.de/themen/verkehr/nachhaltige-mobilitaet/tempolimit (Consultado el 01/09/2024).
53. Límite de velocidad: www.quarks.de/technik/mobilitaet/faq-tempolimits/ (Consultado el 01/09/2024).

que simplemente no podemos frenarnos antes de que las cosas se vuelvan catastróficas. Por supuesto, nadie lo plantearía así, sino que dicen que necesitamos tecnologías de transición y los correspondientes períodos de adaptación.

Una de estas tecnologías es la CAC (captura y almacenamiento de carbono). La cautivadora idea consiste en filtrar el CO_2 del aire y almacenarlo de forma segura en algún lugar para que la concentración en la atmósfera ya no aumente tanto o, en el mejor de los casos, incluso disminuya. Sin embargo, es dudoso que esto en realidad funcione. Por supuesto, sería estupendo, porque si la tecnología se utilizara a gran escala, se podrían recoger con rapidez grandes cantidades de gases de efecto invernadero y frenar el cambio climático en un futuro previsible. Sin embargo, es importante tener en cuenta que se necesita alrededor de un 40 % de energía adicional para filtrar el CO_2, por lo que el consumo aumenta en consecuencia.

A continuación, el gas se bombea a depósitos de gas vacíos, por ejemplo, donde puede almacenarse de manera permanente o no. También podría escaparse de nuevo y, por ejemplo, empujar el agua salada hacia arriba, pudiendo dañar las aguas subterráneas o incluso el suelo. Por cierto, entonces se habría desperdiciado el aporte energético adicional. Además, todavía no es posible comprobar si funciona porque falta la tecnología de control correspondiente.[54]

Una planta en Islandia, que entró en funcionamiento en septiembre de 2021, parece más prometedora. Aspira CO_2, lo mezcla con agua, lo calienta y lo bombea al subsuelo, donde se convierte en roca. La planta funciona con energía geotérmica, lo que la hace en gran medida neutra desde el punto de vista climático. Sin embargo, no se trata de una solución para el futuro, sino como mucho de una pequeña contribución, porque ¿quién dispone de la roca adecuada bajo tierra y de energía geotérmica? Las 4000 toneladas que la planta puede filtrar cada año sólo equivalen a la huella de CO_2 de 500 personas, por lo que se trata de una contribución ridícula a la protección del clima que difícilmente

<hr>

54. «Carbon Capture and Storage». Umweltbundesamt, 23/05/2022, www.umweltbundesamt.de/themen/wasser/gewaesser/grundwasser/nutzung-belastungen/carbon-capture-storage#grundlegende-informationen (Consultado el 01/09/2024).

puede incrementarse de forma significativa. A esto hay que añadir los fríos inviernos, a consecuencia de los cuales la planta ni siquiera alcanzó la cantidad prevista.[55]

Sin embargo, no habrá forma de evitar la captura de CO_2 incluso después de 2050, fecha prevista para una economía libre de gases de efecto invernadero en Alemania, por ejemplo, porque determinados sectores de la economía, como la industria cementera, difícilmente sobrevivirán sin emisiones.

¿Y ahora? ¿Acaso no lo conseguiremos porque las posibilidades técnicas son muy inciertas y arriesgadas? Quizá lo logremos si implicamos a nuestros amigos verdes, los árboles, en la absorción del carbono. El proceso se ha probado durante 300 millones de años y está garantizado que no tiene efectos secundarios. Sin embargo, no es seguro en términos de almacenamiento final porque los bosques también se debilitan en épocas de cambio climático y es más probable que mueran o ardan. Está claro que se necesitarán ingentes cantidades de dinero en investigación, construcción, control y energía para poder almacenar parte de un gas altamente peligroso. ¿No sería mejor invertir ese dinero en investigación sobre la psique humana, en campañas políticas y en procesos democráticos para poder cambiar las cosas lo antes posible, lo que beneficiaría a todos (aparte de a nuestro subconsciente y sus deseos)?

Por desgracia, hay toda una serie de otros campos para el uso de la tecnología, algunos de los cuales parecen aún más sombríos que la captura de gases de efecto invernadero. Uno de ellos es la ingeniería genética para la producción de alimentos. La bióloga Christiane Nüsslein-Volhard, galardonada con el premio Nobel, es una firme defensora de esta técnica. Ella es partidaria de recurrir menos a la agricultura ecológica y más a la ingeniería genética. Su argumento es que para trabajar de forma respetuosa con la naturaleza se necesitan superficies más grandes, ya que el rendimiento por hectárea de la agricultura ecológica es menor. En su lugar deben utilizarse métodos convencionales. Para

---

55. «Riesiger CO₂-Staubsauger schwächelt». *efahrer.com*, https://efahrer.chip.de/news/riesiger-co2-staubsauger-in-island-schwaechelt-es-liegt-am-wetter_107777 (Consultado el 01/09/2024).

obtener plantas más robustas y con mayor rendimiento, que además sean resistentes a los parásitos y a los daños causados por los animales, hay que recurrir a la ingeniería genética, ya que la mejora convencional tiene sus límites.

Debido a las actividades de mejora genética, las variedades cultivadas han perdido muchas propiedades de defensa importantes, en algunos casos de forma deliberada, porque de lo contrario también serían venenosas o no comestibles para nosotros. Se supone que la ingeniería genética nos ayudará a salir de este dilema produciendo plantas comestibles, de alto rendimiento y resistentes. Nüsslein-Volhard también plantean el problema del tiempo; la mejora lleva mucho tiempo, va de generación en generación de plantas y sólo puede acelerarse mediante cruces o, a lo sumo, irradiación. En su opinión, la modificación selectiva de genes no plantea problemas, no difiere de las modificaciones genéticas de reproducción y hasta ahora no ha mostrado en la práctica consecuencias negativas para el ser humano o el medio ambiente.[56] Esta afirmación me parece muy problemática por varias razones.

Si queremos mejorar la nutrición, es decir, producir más calorías, primero deberíamos examinar la agricultura en general antes de echar mano de las tijeras genéticas. Según un estudio de la Universidad de Oxford, el 83 % de la superficie agrícola mundial se utiliza para producir sólo el 18 % de las calorías, es decir, productos animales.[57] Si deseamos aumentar la producción de alimentos, primero tendríamos que reducir (no prohibir) el consumo de carne y lácteos para crear más terreno para los productos vegetales. Me gusta plantearlo al revés para que queden claras las dimensiones: hasta la fecha, el 82 % de las calorías se produce en forma de alimentos vegetales en el 17 % de la tierra.

56. Nüsslein-Volhard, C. «Warum wir Gentechnik auf dem Acker brauchen». *Der Spiegel*, 52/2022 www.spiegel.de/wissenschaft/nobelpreistraegerin-ueber-bio-landwirtschaft-warum-wir-gentechnik-auf-dem-acker-brauchen-a-aafcbbe3-83db-4067-91b7-48970cb73495#bild-f9414fc1-fdb0-41b3-8ea0-01adf48c-b6a2 (Consultado el 01/09/2024).

57. Poore, J.; Nemecek, T. «Reducing food's environmental impacts through producers and consumers». *Science*, vol. 360, núm. 6392, pp. 987-992, https://doi.org/10.1126/science.aaq0216 (Consultado el 01/09/2024).

También hay que tener en cuenta que la ingeniería genética de los cultivos agrícolas conduce a la erradicación de especies silvestres autóctonas afines a través del mestizaje. Un ejemplo de ello es la colza. Algunas variedades se modifican de tal manera que se vuelven resistentes al glifosato, un herbicida que se sigue utilizando ampliamente. Esto permite rociar los campos con el producto químico y eliminar las malas hierbas sin que afecte a la colza.

Las variedades modificadas genéticamente aún no están autorizadas en la Unión Europea, pero sí en Canadá y muchos otros países. Pero los piensos y alimentos producidos a partir de ellas también están autorizados en la Unión Europea.[58] Eso no sólo parece un tanto deshonesto, sino que lo es. Después de todo, a la naturaleza no le importa si las empresas canadienses o europeas están jugando con fuego. A pesar de todas las normativas y controles, siempre cabe esperar que se produzcan errores humanos, de modo que esas semillas podrían, o pueden, llegar a los campos nacionales.

El 21 de diciembre de 2018, la Oficina Federal de Protección del Consumidor y Seguridad Alimentaria de Alemania tuvo que informar de que también se habían encontrado y sembrado pequeñas cantidades de semillas modificadas genéticamente en semillas convencionales. Además de Francia, también se vieron afectados Alemania, la República Checa y Rumanía. Aunque se organizó la destrucción de los lotes afectados y de los cultivos sembrados, incluidas inspecciones plurianuales,[59] sigue existiendo, no obstante, una incómoda sensación de lagunas en la red.

---

58. «In der EU zugelassene Produkte aus gentechnisch verändertem Raps». Bundesamt für Verbraucherschutz und Lebensmittelsicherheit, www.bvl.bund.de/DE/Arbeitsbereiche/06_Gentechnik/02_Verbraucher/03_Genehmigungen/01_Inverkehrbringen/04_Raps/gentechnik_inverkehrbringen_Raps_basepage.html (Consultado el 01/09/2024).

59. «Saatgut aus Frankreich mit Spurenanteilen des gentechnisch veränderten GT73 Rapses gelangte nach Deutschland», notificación técnica de la Oficina Federal de Protección del Consumidor y Seguridad Alimentaria de fecha 21 de diciembre de 2018, www.bvl.bund.de/SharedDocs/Fachmeldungen/06_gentechnik/2018/2018_12_21_Fa_Spurenanteile_GT73.html (Consultado el 01/09/2024).

¿Cuál sería el problema si los genes artificiales de la colza consiguieran introducirse en la naturaleza? Podemos pasar del subjuntivo al pretérito, porque esto ya ocurrió en 2022 en la provincia canadiense de Quebec. En esa zona, unos agricultores que nunca habían cultivado colza se dieron cuenta de que en sus campos se estaban extendiendo plantas resistentes al glifosato. Se trataba de colza común, pero no era la única. *Brassica rapa*, pariente silvestre de la colza, también se encontraba entre las hierbas insensibles a los herbicidas, pero eso no era todo. El rábano de campo, también emparentado con la colza, se había cruzado con la colza modificada genéticamente, al parecer varias veces. Basándose en pruebas de laboratorio, se había asumido previamente que estos híbridos no eran capaces de sobrevivir, un error, como las plantas han demostrado ahora de forma impresionante.[60]

¿Es realmente tan trágico? Estas plantas sólo tienen ventaja sobre otras hierbas silvestres en los campos fumigados y, por tanto, pueden propagarse mejor en el paisaje agrícola tratado de manera intensiva. Pero para sorpresa de los investigadores, estas hierbas tenían ventaja sobre otras plantas incluso cuando no se rociaba glifosato.[61] Éste es un ejemplo aterrador del hecho de que la ingeniería genética en la naturaleza no es ni remotamente controlable.

Además, no hay que olvidar que las plantas modificadas genéticamente también modifican el ecosistema.

Incluso si las plantas modificadas genéticamente fueran seguras y pudieran aumentar la producción de alimentos, esto seguiría siendo sólo una primera victoria. El medio ambiente reacciona ante las nuevas especies, que en sentido estricto lo son. Al principio, la reacción puede ser muy negativa, como demuestra una variedad artificial de maíz. En sus genes se han insertado fragmentos de la bacteria del suelo *Bacillus*

60. Laforest, M. *et al.* «Distribution and genetic characterization of bird rape mustard (*Brassica rapa*) populations and analysis of glyphosate resistance introgression». *Pest Management Science,* vol. 78, ed. 12, pp. 5471-5478, https://doi.org/10.1002/ps.7170

61. Laforest, M. *et. al.* «Distribution and genetic characterization of bird rape mustard (*Brassica rapa*) populations and analysis of glyphosate resistance introgression». *Pest Management Science,* vol. 78, ed. 12, pp. 5471-5478, 06/09/2022, , https://doi.org/10.1002/ps.7170

thuringiensis; el maíz se llama maíz Bt para abreviar. La bacteria produce toxinas que tienen un efecto letal sobre algunos insectos. Los organismos unicelulares viven en las raíces de las plantas, se benefician de sus compañeras verdes y les proporcionan protección contra los depredadores de seis patas.

El maíz Bt produce ahora también la proteína tóxica y, por tanto, es inmune a la infestación del piral del maíz, una plaga temida en los grandes monocultivos. Este gusano se abre paso a través del tallo del maíz hasta las raíces, provocando que la planta se desprenda con facilidad.[62] El maíz modificado está ahora prácticamente lleno de veneno y, por tanto, es mortal para las larvas de la pequeña mariposa. Pero no sólo para el piral del maíz. El Bt también afecta a mariposas como la mariposa pavo real o la cola de golondrina a través del polen del maíz.

Las plantas también liberan la toxina en el suelo por medio de las raíces o de las partes podridas de la planta después de la cosecha, donde mata a otros organismos vivos; y aún no se ha investigado lo bastante. Sin embargo, la cantidad de toxina es enorme. En comparación con una sola pulverización de un preparado Bt (que en realidad se utiliza de manera regular como pesticida), las plantas de maíz producen entre 1500 y 2000 veces la dosis por hectárea.[63]

Tal cantidad de veneno provoca una enorme presión evolutiva sobre el mundo de los insectos, en primer lugar, por supuesto, sobre la especie que depende urgentemente del maíz, el piral del maíz. ¡Y está cambiando! En todo el mundo aparecen informes sobre la aparición de piral del maíz resistente. La ingeniería genética sigue el ejemplo de manera natural y desarrolla nuevas variedades. Está en marcha una carrera con los insectos que, por desgracia, no deja tiempo suficiente para mirar a diestro y siniestro a las otras muchas especies que viven en libertad.

62. https://web.archive.org/web/20120517134746/http://www.innoplanta.de/fileadmin/user_upload/Pdf/LaWi_Anbau/Projektpraesentation_Maiszuensler.pdf (Consultado el 01/09/2024).

63. www.bund.net/themen/landwirtschaft/gentechnik/risiken/insektenresistente-pflanzen/ (Consultado el 01/09/2024).

Algo parecido podría decirse del gusano del algodón, el barrenador de la caña de azúcar[64] o el cogollero del maíz, que también infesta justamente el maíz en más de 100 países.[65]

Otro ejemplo de los peligros de la ingeniería genética es el SARS-CoV-2, también conocido como coronavirus. Aún no está claro si se escapó del laboratorio de unos científicos en Wuhan (China), o si fue modificado para que resultara peligroso para los humanos. Desde 2020, esta teoría ha aparecido una y otra vez, pero, en primer lugar, no puede demostrarse y, en segundo lugar, hay muchos indicios de que se originó en animales salvajes.

Pero contemplemos con atención el escenario de la creación artificial. Es un hecho posible y la pandemia resultante tal vez sería justo como la conocemos. Lo que quiero decir es que, si este virus hubiera sido creado genéticamente, ya fuera por curiosidad o como arma biológica, el intento habría sido un completo fracaso y habría recaído en el país de origen, provocando cientos de miles de muertes. No obstante, aunque haya muchos argumentos en contra de la teoría del laboratorio, el SARS-CoV-2 es un terrible ejemplo de cómo los virus, una vez liberados de la caja de Pandora (o del murciélago), pueden volverse rápidamente incontrolables.

Por desgracia, algo así puede ocurrir en cualquier momento, ya que laboratorios de todo el mundo se dedican a juguetear con los genes de estos diminutos organismos y bacterias. Es imposible imaginar nuestra vida cotidiana sin estas últimas, ya que los organismos unicelulares modificados se utilizan desde hace tiempo para producir vitaminas, fármacos (como la insulina) o enzimas para la industria alimentaria. Pero que esto se lleve haciendo desde hace años no significa que el proceso sea seguro.

Aunque los alimentos y piensos producidos a partir de ellos deben estar por completo libres de bacterias modificadas genéticamente, sólo

---

64. www.transgen.de/anbau/1463.gentechnik-resistente-schaedlinge.html (Consultado el 01/09/2024).
65. www.bayer.com/de/news-stories/der-herbst-heerwurm-der-kampf-gegen-eine-weitere-verheerende-plage-inmitten-der (Consultado el 01/09/2024).

en la Unión Europea han salido a la luz en los últimos años varios casos que afectan a más de 20 países. Estos casos se referían, entre otras cosas, a bacterias modificadas que tienen genes de resistencia a los antibióticos y que pueden ser transferidos a agentes patógenos.[66] No obstante, se sigue jugando y jugando, incluso con bacterias que capturan dióxido de carbono del aire.

Cuando uno se da cuenta de que la vida tal y como la conocemos hoy en día no es posible sin las bacterias y de que estas pequeñas criaturas intercambian información genética, puede dar miedo. En definitiva, la liberación de estas criaturas es como un juego de azar que unos pocos investigadores están jugando con la existencia de todos nosotros.

Los experimentos arriesgados ni siquiera se detienen en los insectos. Ya en 2012, científicos del Instituto Max Planck de Biología Evolutiva en Plön (Schleswig-Holstein, Alemania) criticaron que varios países hubieran liberado insectos modificados genéticamente, entre ellos las islas Caimán, Malasia y Estados Unidos. Investigaron las condiciones y encontraron deficiencias en la calidad científica de los documentos de autorización. Entre otras cosas, se liberaron mosquitos manipulados.[67] Bajo el nombre de «Oxitec», hoy en día también rondan por Estados Unidos y Brasil mosquitos cuyos machos portan genes que provocan la muerte de sus crías. El objetivo es erradicar las enfermedades transmitidas por estos insectos junto con las criaturas voladoras de seis patas.

Sin embargo, los científicos advierten de los riesgos imprevisibles para los ecosistemas afectados.[68] ¿Cuáles son las consecuencias de las picaduras de estos mosquitos para la población? ¿Cuáles son los efectos sobre las plantas y los animales que dependen de estos insectos? ¿Ganas de más de la caja de Pandora? ¿Qué tal burbujas de plástico en el espa-

---

66. «Gentechnik-Bakterien gefährden Lebensmittelsicherheit», Testbiotech e.V., www.testbiotech.org/aktuelles/gentechnik-bakterien-gefaehrden-lebensmittel-sicherheit/ (Consultado el 01/09/2024).

67. Reeves, R. *et al.* «Scientific Standards and the Regulation of Genetically Modified Insects». *PLOS* Negl Trop Dis 6 (1)/2012: e1502. https://doi.org/10.1371/journal.pntd.0001502

68. «Blockierte Fortpflanzung: Mit Gentechnik gegen unerwünschte Insekten». *transgen.de*, www.transgen.de/tiere/1509.gentechnik-insekten-blockierte-fortpflanzung.html (Consultado el 01/09/2024).

cio para reducir la radiación solar? Eso es lo que propone un equipo de investigadores del Instituto Tecnológico de Massachusetts (MIT). Las burbujas, producidas y colocadas en el espacio, podrían interceptar el 1,8 % de la radiación solar y reducir de este modo la temperatura en la Tierra. Esto podría invertir por completo el cambio climático actual.[69]

Sin embargo, esto plantea un problema. Si se reduce la radiación solar, también se limita en consecuencia el crecimiento de las plantas, como advirtieron los investigadores de otro proyecto. Estudiaron una propuesta similar, pero esta vez con materiales a base de dióxido de azufre que podrían atenuar la luz solar.[70] Esto no sólo supondría la pérdida de cosechas, sino que también reduciría el almacenamiento de carbono por parte de las plantas y, por tanto, perjudicaría el funcionamiento de los bosques, por ejemplo.

En la práctica, estas intervenciones tienen consecuencias imprevisibles. Un simple ejemplo a la vuelta de la esquina demuestra lo poco profesional que pueden ser incluso las intervenciones menores para solucionar las alteraciones humanas. La «extinción de los bosques» es el nombre del espectro que hay que desterrar. Hasta la década de 1980, los contaminantes, residuos de combustión procedentes de la industria, de los hogares y del transporte, llovieron sobre los árboles en forma de ácido. Sus raíces y su follaje sufrieron graves daños y durante décadas se deterioraron. Gracias a los convertidores catalíticos y a las medidas de adaptación de las centrales eléctricas y los quemadores domésticos de petróleo, las precipitaciones son hoy mucho menos contaminantes y la consiguiente muerte de los árboles se ha detenido. Sin embargo, algunos suelos forestales están tan acidificados debido a los pecados del pasado que importantes estructuras de éstos se están descomponiendo. El almacenamiento de nutrientes apenas es posible, por lo que las plantas que crecen en él mueren.

<hr>

69. «MIT Scientists Propose Space Bubbles to Reverse the Worst of Climate Change», Gizmondo, https://gizmodo.com/mit-spacebubbles-climate-change-1849065455 (Consultado el 01/09/2024).

70. Proctor, J. *et al.* «Estimating global agricultural effects of geoengineering using volcanic eruptions». *Nature* 560, pp. 480-483 (2018). https://doi.org/10.1038/s41586-018-0417-3

Pero los científicos tuvieron también en este caso una solución que parecía ingenua, casi infantil. Incluso en las clases de química se aprende que el ácido se neutraliza con cal. Así pues, ¿qué podría ser más obvio que esparcir toneladas de cal en el bosque para regenerar el suelo o, al menos, protegerlo de la carga ácida de nuevas precipitaciones? No hace falta decir que la industria de la cal también estaba entusiasmada con esta propuesta. Con miles de kilómetros cuadrados, la superficie tratada cada año en Alemania era tan grande que hubo que desplegar helicópteros. Se calculó que 300 toneladas de cal por kilómetro cuadrado darían al bosque un respiro de diez años. Hasta el día de hoy, los políticos están convencidos de que esta medida contribuirá a proteger los bosques.

Sin embargo, existen muchos motivos para dudar de ello. Hay un viejo dicho en agricultura que también puede aplicarse al bosque: la cal enriquece a los padres y empobrece a los hijos. En otras palabras, este tipo de tratamiento del suelo puede resultar una terapia de choque, en la que los rendimientos aumentan con brusquedad durante un breve período de tiempo para caer permanentemente por debajo del nivel inicial. Los científicos han observado lo mismo en algunos suelos forestales. El encalado hace que los organismos más pequeños del suelo alcancen su máxima forma.[71] Su alimento favorito, las partes de plantas en descomposición, también conocidas como humus, son ingeridas y descompuestas a gran velocidad. Sin embargo, el humus desempeña un papel importante en la retención de agua en el suelo.

A largo plazo, los suelos calcificados se secan con más rapidez, lo que supone una grave amenaza para los árboles en vista del cambio climático. También hay una serie de bosques que tienen suelos ácidos incluso sin intervención humana. En ellos se han desarrollado ecosistemas muy especiales durante miles de años, que son destruidos por las operaciones con helicópteros. Por ello, muchas explotaciones ecológicas se abstienen de tratar sus bosques de esta manera.

El estado del bosque suele determinarse por el aspecto externo de los árboles. Si pierden sus hojas y acículas en verano, es un claro signo

---

71. «Waldökologie, Landschaftsforschung und Naturschutz». *Cuaderno* 14/2014, p. 8.

de enfermedad. Los árboles que encuentran muy poca agua en el suelo reaccionan de la misma manera. Es posible que el abono con cal sea un intento de combatir las causas que se derivan de esta medida.

Particularmente extraño es el hecho de que la descomposición del humus también libera enormes cantidades de dióxido de carbono, de modo que los bosques encalados modifican la atmósfera como las centrales industriales. Por último, se ignora una importante fuente de acidez. Se trata de las agujas ácidas de abetos y pinos, que forman una alfombra tan difícil de digerir en el suelo que la vida que se desarrolla en él apenas puede procesarlas.

Por desgracia, todo este pensamiento aún no ha conducido a una solución técnica para la crisis medioambiental. Pero el propio pensamiento podría mejorarse técnicamente mientras tanto, en concreto mediante el enorme desarrollo de la inteligencia artificial (IA).

Yo mismo me quedé asombrado cuando probé ChatGPT por primera vez. Este programa se comunica con los usuarios, responde con lógica y, sobre todo, mejora con el aprendizaje. Los periodistas y la industria editorial ya temen que en el futuro los textos puedan escribirse de forma totalmente automática o con poca ayuda de los ordenadores. Pero la IA no se detendrá ahí. Pintar cuadros, hacer películas y desarrollar nuevas tecnologías son tareas que estos programas podrían hacer pronto mucho mejor que los humanos.

Pero ¿y si la inteligencia artificial nos arrebata por completo las riendas? Puede parecer descabellado, pero es fácil de entender si pensamos en el enorme poder político de las plataformas de las redes sociales, que influyen en elecciones enteras y, por tanto, también en la política estatal. ¿Qué pasaría si programas como ChatGPT formaran opiniones publicando de forma óptimamente influyente? La IA también podría llegar a ser poderosa o incluso demasiado poderosa en el sector económico (comercio de acciones), en la ingeniería genética o en influir directamente en todos nosotros en la vida cotidiana, como, por ejemplo, en el control del tráfico, la prevención de accidentes mediante vehículos que reaccionan automáticamente (con la decisión de quién muere en caso de duda).

¿Y qué pasaría si dichos programas llegaran a la conclusión de que hay demasiada gente y que se debería proceder a una drástica regulación de nuestra población para salvar a la humanidad y al medio ambiente? El astrofísico Stephen Hawking ya había pensado en esto poco antes de su muerte en 2018, y llegó a la conclusión de que la inteligencia artificial podría reproducirse a sí misma y convertirse así en una nueva forma de vida que sería capaz de sustituir por completo a los humanos.[72]

Una declaración de destacados expertos en el tema también demostró cuánta razón podría haber tenido con su advertencia. «Reducir el riesgo de aniquilación por la IA debería ser una prioridad mundial junto a otros riesgos de dimensiones sociales, como las pandemias y la guerra nuclear». Entre los firmantes se encontraban los inventores de los programas actuales, como Sam Altman, director de la empresa OpenAI (ChatGPT).[73]

Sin embargo, la tecnología también podría ayudar de forma completamente distinta a un nivel inferior, por ejemplo, en la visualización del cambio climático, mediante dispositivos que muestren el contenido de CO_2 del aire exterior. En la actualidad, el cambio se mide en ppm (partes por millón) y el público en general sólo registra el cambio a lo largo de un período de años. Sin embargo, no reconocemos los cambios extremadamente lentos como una amenaza (aunque lo sean).

Por tanto, necesitaríamos aparatos de medición precisos para los profanos interesados, que representan una amplia clientela. Un ejemplo que muestra con claridad cuánta gente se interesa por los procesos atmosféricos y climáticos son los numerosos modelos de estaciones meteorológicas disponibles en el mercado. Mediante una aplicación, es posible seguir en directo y en color en un teléfono inteligente cómo

---

72. Stephen Hawking. «Neue Lebensform wird Kern der Menschheit auslöschen». *bw24.de*, www.bw24.de/wissen/stephenhawking-warnung-ausloeschung-menschheit-neue-lebensformvorhersage-90983177.html (Consultado el 01/09/2024).

73. «KI so gefährlich wie Pandemien oder Atomkrieg». *tagesschau.de*, www.tagesschau.de/wirtschaft/technologie/ki-chatgpt-100.html (Consultado el 01/09/2024).

cambian todos los factores (desde las temperaturas a las precipitaciones, pasando por la velocidad del viento y la humedad en torno a nuestra propia casa o piso). ¿Por qué lo hace la gente (yo también, por cierto)? Hay buenos informes meteorológicos que son muy fiables a corto plazo y hacen que invertir en un equipo propio sea del todo superfluo. Sencillamente, mucha gente quiere seguir lo que ocurre en el lugar donde vive y le encanta vigilar de cerca el tiempo.

Sobre todo en veranos calurosos y secos, muchas conversaciones entre aficionados a la naturaleza se centran en las temperaturas máximas y los niveles de precipitaciones en su propia localidad. Un dispositivo sensible de medición del CO_2 podría ampliar estos debates y, de este modo, afianzar las causas de la crisis climática en el pensamiento cotidiano. Pero ¿tiene de verdad sentido? Al fin y al cabo, todo el mundo mediría lo mismo, a diferencia de la lluvia y el viento, que pueden variar mucho de un lugar a otro.

No es exactamente así si se observa, por ejemplo, la curva mundial de los gases de efecto invernadero. Es irregular como una sierra; con una fuerte tendencia al alza, pero con fluctuaciones estacionales extremas. En el hemisferio norte, el contenido den CO_2 del aire disminuye en verano, mientras que aumenta en invierno. Como es lógico, entonces la vegetación también está inactiva y las plantas inactivas respiran oxígeno sin fotosíntesis y liberan CO_2 a la atmósfera. Pero ¿no es verano en el hemisferio sur al mismo tiempo? ¿No producen los bosques de esa zona oxígeno para equilibrar el invierno en el hemisferio norte? No, porque la masa terrestre del hemisferio norte es significativamente mayor, y también lo son los bosques.

Así pues, existen fluctuaciones globales, pero también locales. Por ejemplo, se podría medir con precisión el contenido en gases de efecto invernadero del aire local, suponiendo que se disponga de equipos de medición precisos, ya que también depende de la masa de plantas que hacen la fotosíntesis, sobre todo en los meses de verano. Además, los ecosistemas forestales intactos conservan la humedad durante más tiempo y, por tanto, pueden permanecer activos y almacenar carbono durante más tiempo que los prados y campos marchitos, incluso en los veranos calurosos y secos. Resultaría al menos tan apasionante averiguar estas diferencias en los debates como lo sería conocer las precipitaciones y las temperaturas.

Ya se están realizando mediciones en interiores. La importancia que tiene para nuestra salud nos queda clara de inmediato, ya que cuando aumenta el contenido de CO_2, nos adormecemos y también se incrementa el número de agentes patógenos debido a la falta de intercambio de aire.

No me interesa seguir en directo la catástrofe en curso, sino todo lo contrario. Estas mediciones también pueden motivarnos para aumentar la superficie forestal a nivel local y observar cómo se recupera la naturaleza.

En cuanto a otros parámetros, esto ya es posible gracias a los datos por satélite, cuyo tratamiento es cada vez más eficaz y comprensible para los profanos. Una de estas oportunidades se dirige a los interesados en los bosques. La Academia de Bosques Naturales de Lübeck (Alemania), por ejemplo, ofrece un monitor forestal con el que se puede ver el estado de los bosques locales. Se puede consultar el nivel de estrés por sequía, el balance hídrico, la pérdida de biomasa e incluso los incendios forestales en curso.[74]

También existen ofertas similares en otras páginas web. Por ejemplo, el Monitor de Sequía del Centro Helmholtz de Investigación Medioambiental (UFZ), una página web que muestra el balance hídrico del suelo hasta una profundidad de 1,80 metros, sobre todo, durante los veranos secos. Lo que falta es una aplicación que combine los datos medioambientales y los muestre con más detalle. ¿No sería genial que las medidas de tu propio jardín o calle residencial pudieran visualizarse de inmediato, porque así también cambiarían los datos del microclima?

En teoría, esto es posible, ya que los datos por satélite con una resolución de 10 x 10 metros están disponibles gratuitamente; incluso podrían utilizarse para representar árboles individuales. La Agencia Espacial Europea (ESA) ya ha lanzado al espacio varios satélites de la serie

---

74. https://map3d.remote-sensing-solutions.de/waldmonitor-deutschland/ (Consultado el 01/09/2024).

Sentinel para recopilar datos medioambientales en el marco del programa Copérnico y ponerlos a disposición del público.[75] Pero, por desgracia, de momento no se puede hacer nada con ellos, porque para ello habría que escribir programas y crear páginas web, lo que nos lleva de nuevo a la aplicación que falta, que debería funcionar de un modo tan fácil como las de previsión meteorológica.

En este caso no hace falta legislar (recordemos la aplicación del coronavirus); el libre mercado puede tomar las riendas. Si el Gobierno difunde un espíritu de optimismo y establece incentivos positivos y emocionales para la protección del medio ambiente, seguro que los correspondientes programas de telefonía móvil para implicarse no tardarán en llegar.

Sin embargo, la mera observación no es suficiente. Se debe motivar a la gente para que actúe en su entorno más cercano.

Poner orden en casa

La protección del medio ambiente funciona especialmente bien cuando no se lleva a cabo en nuestra propia casa, por ejemplo, mediante donaciones para la protección de tierras en otros países. Entonces nadie tiene que cambiar nada en este país, como por ejemplo despejar terrenos agrícolas o forestales y devolvérselos a la naturaleza, lo que supondría una feroz resistencia local y, por tanto, riesgos políticos.

Pero tiene que ser delante de nuestra propia casa, y ni siquiera eso será suficiente, incluso tenemos que entrar y sentarnos a la mesa. Se trata de lo que ponemos en el plato y, en efecto, es probable que ya lo hayas adivinado, se trata de la carne. Si ahora te estás encogiendo un poco; es que tu subconsciente ha vuelto a actuar, porque sospecha algo desagradable. Sin embargo, nuestro consumo de carne es un elemento clave para superar la actual crisis medioambiental. Aunque muchas personas son bastante reacias a cambiar sus hábitos alimentarios, éste

---

75. www.esa.int/Applications/Observing_the_Earth/Copernicus/The_Sentinel_missions (Consultado el 01/09/2024).

es, con diferencia, el ámbito con mayor capacidad de influencia y el potencial de aplicación más rápido.

A continuación veremos por qué. En primer lugar, echemos un vistazo a la solución actual. En estos momentos se está abordando esta cuestión desde el otro lado. En la Conferencia Mundial sobre la Naturaleza (CDB COP 15) celebrada en Montreal en diciembre de 2022, la comunidad internacional acordó el pacto 30 x 30 por el que el 30 % de la superficie terrestre y el 30 % de la superficie marina deberán estar bajo protección para 2030.[76]

Éste es el planteamiento correcto, y reconoce el hecho de que formamos parte de la naturaleza y no sobreviviremos sin ella. Ahora bien, se puede discutir si el porcentaje es lo bastante ambicioso, ya que significa que el consenso es reservar y explotar el 70 % de toda la superficie de la Tierra, incluidas las profundidades marinas, para una sola especie, la nuestra. Sin embargo, es un enorme paso adelante, perdón, lo sería si no existieran enormes lagunas. Las zonas protegidas pueden seguir utilizándose, por ejemplo, como reservas de la biosfera. Se emplearán y gestionarán de forma «lo más respetuosa posible con la naturaleza»,[77] conceptos blandos difíciles de controlar (¿qué significa «lo más respetuosa posible con la naturaleza»?). La auténtica conservación de la naturaleza, es decir, la protección de procesos que en gran medida no se ven afectados por el ser humano, debe existir en al menos el 3 % de la zona, lo que a la inversa significa que hasta el 97 % puede seguir utilizándose, aunque con restricciones.[78]

La situación es similar en las zonas Natura 2000, otra categoría de protección a escala de la Unión Europea. En la actualidad ya protege

---

76. «15. Weltnaturkonferenz (CBD COP 15) beschließt neue globale Vereinbarung, die Naturzerstörung stoppen und Trendwende einleiten soll», comunicado de prensa del Ministerio Federal de Medio Ambiente, Protección de la Naturaleza, Seguridad Nuclear y Protección de los Consumidores, 19 de diciembre de 2022, www.bmuv.de/pressemitteilung/montreal-moment-fuer-die-natur (Consultado el 01/09/2024).

77. www.unesco.de/kultur-und-natur/biosphaerenreservate (Consultado el 01/09/2024).

78. «Biosphärenreservate», Bundesamt für Naturschutz, www.bfn.de/biosphaeren-reservate (Consultado el 01/09/2024).

oficialmente el 17,5 % de la superficie terrestre de la comunidad internacional y hace que nos aproximemos bastante al compromiso de Montreal. En este caso también se permite la gestión, pero sólo de forma que no se ponga en peligro el objetivo de conservación definido, normalmente vinculado a la presencia de especies raras.

Sin embargo, si se mira más de cerca, la construcción resulta ser una gran farsa, como yo mismo he experimentado varias veces. Por ejemplo, en estos bosques protegidos siguen existiendo talas incontroladas e incluso enormes desmontes, a menudo llevados a cabo por oficinas forestales estatales, que en realidad deberían impedir que esto ocurriera. Como casi nadie en Alemania se preocupa por esto, mi mujer y yo hemos fundado una sociedad anónima sin ánimo de lucro para tomar medidas al respecto; ya se ha presentado un primer caso ante la Comisión de la Unión Europea.[79] En muchas zonas Natura 2000 se cometen infracciones similares; por ejemplo, en santuarios de aves creados para estos fines, se talan árboles durante la época de cría, lo que no es beneficioso para las especies que anidan en las copas.

Si seguimos aplicando los acuerdos internacionales de forma tan chapucera, o incluso socavándolos, perderemos nuestra credibilidad. Por la puerta de atrás, el Acuerdo de Montreal vuelve a situar en el foco el uso de los paisajes cultivados; los espacios naturales, es decir, las zonas sin gestión, como nos gustaría que fuera el caso de las selvas tropicales, por ejemplo, se limitan a superficies minúsculas. Por minúscula se entiende el término literal, ya que, por desgracia, esa naturaleza genuina sólo existe en el 0,6 % del territorio nacional.[80]

La afirmación de que no se debe seguir degradando el ecosistema en las zonas Natura 2000 y las reservas de la biosfera debería ser una realidad para toda la zona. No se trata, ni mucho menos, de una verdadera protección del medio ambiente, sino simplemente de una necesidad de supervivencia. Si Tanzania y Kenia siguieran el ejemplo europeo, lo justo sería permitir la presencia de pastores de ganado en los parques

---

79. «Montabaurer Höhe, Kahlschläge durch das staatliche Forstamt», www.wald-wildnis.de/projekte/montabaurer-hoehe (Consultado el 01/09/2024).

80. Wildnis, Bundesamt für Naturschutz, www.bfn.de/wildnisgebiete (Consultado el 01/09/2024).

nacionales, lo que tal vez supondría el fin de las grandes manadas de antílopes, ñus y cebras, por no hablar de depredadores como leones y leopardos.

La cuestión que se plantea es cómo pueden encontrarse soluciones para la conservación de la naturaleza. Cualquiera que establezca objetivos de uso de la tierra sin restringir simultáneamente el consumo de recursos está intentando desatar el nudo gordiano, que, según cuenta la leyenda, no se consiguió y al final se tuvo que cortar con una espada. Asimismo, para muchas personas, renunciar a la carne se asemeja, por desgracia, a un golpe de espada.

A diferencia del nudo citado, el problema podría resolverse con relativa facilidad, es decir, con sustitutivos. Confieso que a mí también me encantaba comer carne, aunque desde finales de 2018, renuncié a ella con el corazón encogido por motivos de bienestar animal y también medioambientales. Incluso hoy en día, a veces sigo echando de menos el sabor, y esa es justo la cuestión: para la mayoría de la gente, sin duda, no se trata de matar animales, sino del placer de comer. Para defender este placer (¡de eso se encarga el subconsciente!), la mente consciente inventa todo tipo de excusas. Excusas porque es científicamente indiscutible que comer carne en la escala actual tiene serias desventajas para la salud, al menos para la parte más rica de la población mundial.

Teniendo en cuenta el equilibrio ecológico y de salud, unido a la empatía por el prójimo que suele estar presente, el consumo de productos animales tendría que caer en picado. Sin embargo, esto sólo ocurre hasta cierto punto, por lo que deberíamos enfocar la cuestión de otra manera. En este caso, sería necesario un control político, pero no la imposición de prohibiciones.

Hagamos un experimento mental. Sabemos que sólo el 18 % de las calorías se obtiene del 83 % de la superficie agrícola, es decir, en forma de carne.

En Alemania, por ejemplo, la superficie reservada a este fin es de unos 100 000 kilómetros cuadrados, más o menos el mismo tamaño que la superficie cubierta por bosques.[81] Si redujéramos este consumo, podrían liberarse superficies considerables para la creación de espacios naturales. Ya lo he calculado en mi anterior libro, *La profunda respiración de los árboles*. Si sólo comiéramos carne una vez a la semana, como era habitual hace décadas con los asados de los domingos, y sólo productos lácteos y quesos de vez en cuando durante la semana, se podría crear en Alemania una superficie aproximada de 87 000 kilómetros cuadrados de zonas protegidas.[82] Eso supondría alrededor del 25 % de la superficie de Alemania y se acercaría bastante al objetivo prometido en Montreal.

Estas áreas no se perderían porque, nunca podremos insistir lo suficiente, seguimos dependiendo de la naturaleza, como cualquier otra especie animal, y tales medidas evitan el colapso del ecosistema tan necesario para nosotros. Aparte de eso, estas zonas ni siquiera son económicamente inútiles, sino todo lo contrario. Además del turismo, los terratenientes podrían recibir subvenciones climáticas en lugar de agrícolas, es decir, convertirse en anfitriones climáticos. El efecto refrigerante de una vegetación cada vez más prístina e incluso de la biomasa creciente en el paisaje puede medirse con facilidad por satélite, de modo que la naturaleza salvaje resultante podría contabilizarse de forma justa y parcela por parcela. Estos paisajes también almacenan más agua y tienen un efecto positivo en la recarga de las aguas subterráneas, mejorando así nuestros bienes comunes.

Pero aún más importante es la activación de nuestro subconsciente en un sentido positivo. La acción genera confianza porque estamos moldeando activamente nuestro futuro y combatiendo el cambio climático. Ver los resultados ante nuestros propios ojos, es decir, en el paisaje a la vuelta de la esquina, puede ser muy motivador. Los cambios son bastante fáciles de observar en los primeros años de la transición de tierras cultivadas a espacios naturales. Cuando aparecen los primeros árboles y arbustos, que ganan entre medio metro y un metro de altura

---

81. Página web del Centro Federal de Información Agrícola, www.landwirtschaft. de/tier-und-pflanze/pflanze/nutzpflanzen-allgemein/was-waechst-auf-deutschlands-feldern (Consultado el 01/09/2024).
82. Wohlleben, P. *La profunda respiración de los árboles*. Ediciones Obelisco, 2022.

cada año, se puede experimentar de primera mano el regreso de los bosques.

Mientras que un bosque primigenio apenas cambia con el paso de las décadas, el impetuoso retorno de la naturaleza salvaje con la llegada constante de nuevas especies animales puede tener un efecto casi eufórico si se acoge como un cambio deseado. Los veranos cada vez más frescos y lluviosos acompañan el crecimiento de los árboles y ponen de relieve el acierto de las acciones de la comunidad en términos sensoriales.

Por tanto, el giro hacia el bien puede ser experimentado con todos los sentidos, no sólo con la mente y las necesidades escritas.

Sé que todo esto parece revolucionario y difícil de aplicar, al menos de momento. Por eso ayuda echar un vistazo a uno de los países más pobres y, a su vez, más densamente poblados del mundo y a su enfoque de la naturaleza, a saber, Ruanda. Entre otras cosas, en este país se protegen los últimos gorilas de montaña, una especie que fue salvada por la apasionada científica del comportamiento Dian Fossey. Tras su asesinato en el santuario, se rodó la película *Gorilas en la niebla*, protagonizada por Sigourney Weaver, que atrajo la atención mundial sobre los simpáticos simios y el trágico final de la investigadora.

En septiembre de 2022 pude visitar el pequeño país sin salida al mar de África Oriental junto con biólogos de la Universidad de Coblenza (Alemania). Habían bautizado con mi nombre una especie de árbol recién descubierta[83] y me propusieron un viaje conjunto para ver esos árboles y varios proyectos de conservación que necesitaban urgentemente más atención. Lo dudé durante mucho tiempo, sobre todo por el largo vuelo y las emisiones de gases de efecto invernadero que conllevaba. En retrospectiva, tengo que decir que tuve suerte de aceptar la invitación, porque la experiencia que adquirí en Ruanda fue inestimable para mi trabajo de protección de los bosques. Todo empezó cuando llegamos. Nos habían advertido de antemano de que no lleváramos bolsas de plástico. Su uso está severamente penalizado en Ruanda, al

---

83. www.uni-koblenz-landau.de/de/koblenz/fb3/organisation/ifin/abteilungen/ abt-biologie/meldungen/2022/carapa_wohllebenii_10_ 2022 (Consultado el 01/05/2023).

igual que tirar basura en general. Durante nuestra estancia no encontramos basura en el campo, algo que echábamos de menos al volver a Alemania, cuando vimos las primeras latas y botellas de plástico al borde de la carretera.

Ruanda es un país muy pobre y la gente vive fuera de las grandes ciudades como se hacía en Europa hace siglos. Las chozas de barro cubiertas de chapa ondulada se extienden desde el valle hasta las montañas y brillan bajo el sol tropical. Aparte de algunas zonas pantanosas en los valles fluviales, ya no hay naturaleza, sino que la tierra se excava y se cultiva con simples azadas. No se ven tractores, ni siquiera arados para ganado. Las mercancías se transportan cabeza abajo o en bicicleta, y el tráfico de cercanías en la capital, Kigali, se realiza sobre todo a pie.

Nuestro grupo viajó en un pequeño autobús a la zona fronteriza con Burundi para visitar el Parque Nacional de Nyungwe y las especies de caoba recién descubiertas. Me impresionaron varias cosas. En primer lugar, la estricta protección de la zona; sólo se permitían excursiones con cita previa y acompañados por guardas forestales. En segundo lugar, no todo el parque ha sido urbanizado, sino todo lo contrario, alrededor del 90 % de la selva tropical de montaña aún no ha sido explorada. Una zona tampón, en la que la población local puede, por ejemplo, obtener leña, se encuentra fuera del parque y no dentro del propio parque nacional, como ocurre en Alemania, por ejemplo. Una protección tan estricta es notable dada la pobreza de la población, sobre todo si este planteamiento se compara con el de las zonas protegidas europeas y su continua utilización, a veces incluso ilegal.

Hablando de eso, Ruanda ha conseguido proteger estrictamente alrededor del 8 % de su territorio, es decir, 13 veces más de lo que en la actualidad se permite que se convierta en espacio natural en Alemania.

Por supuesto, no podía faltar la atracción estrella, los gorilas de montaña. Ya habíamos visto la película *Gorilas en la niebla* en el vuelo de ida para ponernos a tono, y teníamos muchas ganas de poder observar a estos fascinantes animales en las montañas Virunga, en la frontera con el Congo. No explico este episodio del viaje para presumir de él, sino porque el turismo de gorilas, a diferencia del de la selva tropical de Nyungwe, plantea un problema particular que se da en la mayoría de las zonas protegidas del mundo. ¿Qué pasará con las especies amenazadas si no hay turismo?

Si se quiere poner fin a la crisis climática o, al menos, no agravarla aún más, entonces el turismo de masas a los arrecifes de coral o a la sabana de África también debe someterse a escrutinio, es decir, restringirse de manera drástica. La población que vive directa e indirectamente de los huéspedes ricos tendría entonces pocas razones para prescindir de las posibles tierras de cultivo o de la carne de caza.

Por cierto, la crisis del coronavirus no fue una prueba de fuego en todas partes a este respecto. Después de todo, se esperaba (y con razón, como resultó) que los visitantes regresaran en gran número una vez superada la pandemia. Durante el período de escasez, es decir, los cierres mundiales, había que preservar las zonas protegidas y a sus animales. Por ello, en muchos casos, las organizaciones de protección del medio ambiente se encargaron de pagar a los guardas para que pudieran seguir cuidando de los animales en las reservas.[84] Cuando esto no fue posible, la situación se deterioró con rapidez a partir de 2020. En todo el mundo, unos 120 millones de puestos de trabajo se vieron amenazados y la presión sobre los espacios naturales aumentó de manera brusca.[85]

Los viajes en avión ya no serán sostenibles a largo plazo, porque no creo que se puedan producir a medio plazo suficientes e-combustibles para los vuelos vacacionales, que sólo en 2022 transportaron a 10,42 millones de viajeros privados alemanes, por ejemplo.[86] La producción de estos combustibles supone, como ya se ha descrito, un enorme derroche de energía, porque se consume cinco veces más electricidad que

---

84. Como en este ejemplo de NABU: www.nabu.de/natur-und-landschaft/naturschutz/weltweit/27858.html (Consultado el 01/09/2024).

85. «Naturschutzarbeit in Gefahr», *WWF*, 08/02/2022, www.wwf.de/ nachhaltiges-wirtschaften/tourismus/tourismus-und-covid-19 (Consultado el 01/09/2024).

86. Número de personas en Alemania que han viajado en avión por negocios o placer en los últimos 12 meses, de 2018 a 2022, *statista.de,* https://de.statista.com/statistik/daten/studie/36495/umfrage/wohnflaeche-je-einwohner-in-deutschland-von-1989-bis-2004/ (Consultado el 01/09/2024).

para los propulsores eléctricos, por lo que apenas habrá electricidad disponible para los viajes vacacionales en los próximos años. Por tanto, las zonas protegidas no podrán o, ni siquiera se les permitirá, depender del turismo a largo plazo.

La solución para los países más pobres sólo puede residir en una compensación económica por parte de los países más ricos que, como Alemania, han pisoteado a menudo su patrimonio salvaje y se complacen en animar a los demás a no hacer lo mismo.

Renunciar para ser más feliz en la vida

Volvamos a la pregunta inicial de este libro. ¿Conseguiremos liberarnos de los grilletes que atan a todas las demás especies animales al consumo de recursos y a la dinámica demográfica? ¿Podemos elevarnos por encima de nuestros instintos o utilizarlos de tal manera que su efecto se invierta, al menos en algunos ámbitos? ¿Nos ha proporcionado la naturaleza más sentido del necesario para explotar con especial eficacia nuestro nicho ecológico, de modo que aún nos queden ideas para protegerlo a tiempo?

Existe una línea imaginaria que tenemos que cruzar para poder responder de manera afirmativa a estas preguntas, y esta línea fronteriza es en la actualidad objeto de acaloradas disputas. Marca el ahorro necesario de gases de efecto invernadero y materias primas para volver a estar por debajo del sobregiro de la Tierra. Como demuestran los rodeos políticos, aún estamos lejos de conseguirlo. Los responsables suelen decir que hay que acompañar a la gente, no sobrecargarla, evitar las dificultades sociales y no poner en peligro los puestos de trabajo. Además, sigue siendo importante no frenar el crecimiento económico y no perjudicar la localización industrial.

Algunas de ellas son obviedades (dificultades sociales y empleo), otras son humo y espejos. El titular de un comunicado de prensa del grupo parlamentario de la Unión Cristianodemócrata (CDU/CSU) en el Bundestag rezaba: «Proteger el clima como es debido: la movilidad y la vivienda deben seguir siendo asequibles».[87] ¿Y si no es así? ¿Abandonaremos entonces la protección del clima y llevaremos finalmente al medio ambiente contra la pared? ¿Serían entonces más asequibles la movilidad y la vivienda? Por supuesto que no, y por eso es deshonesto establecer tales contraposiciones. De hecho, es al revés. Las penurias sociales son mucho más fáciles de evitar si por fin se da prioridad a la protección del clima y del medio ambiente.

Es tarea de los políticos informar a la población sobre las realidades y los problemas resultantes y hacer campaña para encontrar soluciones, en lugar de crear realidades ilusorias y actuar en consecuencia. Se trata de una forma encubierta de la siempre popular procrastinación, la tendencia humana a posponer los problemas, que cuesta un tiempo del que ya no disponemos. Por desgracia, en el caso de la crisis climática y la degradación del medio ambiente, es imposible dejar de lado el problema; tales retrasos hacen que resulte cada vez más grave. Esto dificulta aún más las soluciones futuras, porque los cambios y la rapidez con que habrá que actuar entonces serán aún más difíciles de comunicar de lo que ya es el caso hoy.

Otro aplazamiento de este tipo es la confianza en los procesos basados en el mercado en lugar de en las normativas legales. En las argumentaciones políticas, éstas suelen equipararse a las prohibiciones para activar viejos instintos como, por ejemplo, ¿a quién le gusta que le prohíban algo, sobre todo un estilo de vida del que ha disfrutado hasta ahora? Pero eso es exactamente lo que se puede esperar de un gobierno democrático, que prohíba algo que supone un gran peligro para todos nosotros o, al menos, que lo restrinja hasta tal punto que ese peligro siga siendo manejable. Cuando se trata de drogas o armas de fuego, casi ningún político se queja de que haya demasiada economía planificada; en cambio, cuando se trata de comportamientos perjudiciales para el clima, se saca a relucir este garrote argumental y se le dice al mercado que supuestamente lo solucionará. Esto es evadirse de la realidad para no ahuyentar a los votantes.

---

87. Comunicado de prensa del grupo parlamentario CDU/CSU en el Bundestag a partir del 15 de julio de 2021.

Ya que hablamos de líneas que debemos cruzar, también tendría sentido hablar de objetivos, no para la protección del clima, sino para nuestras vidas. ¿Qué es importante y qué no lo es? Puede que ya lo hayas adivinado, porque es muy sencillo. No se trata de cosas materiales, sino de sentimientos como el amor y la felicidad. Hace poco tiempo, el Ministerio Federal de Economía de Alemania ha presentado algunas propuestas. En el futuro, el informe económico anual no sólo versará sobre el crecimiento, sino también sobre el bienestar de las personas.[88] Los éxitos en la protección del clima, la justicia social, la igualdad de oportunidades para todos los niños: parece casi como si el ministro alemán Robert Habeck estuviera eludiendo el concepto de felicidad. Pero ¿por qué no debería situarse en el centro de los esfuerzos políticos? Aunque las medidas de protección del medio ambiente suponen a menudo sacrificios materiales, también generan numerosos sentimientos de felicidad a través del alivio emocional, la ausencia del apocalipsis y el gran número de experiencias emocionalmente poderosas en un paisaje en recuperación con mágicos avistamientos de animales. Hasta ahora, sólo el pequeño Estado de Bután (Asia) se ha atrevido a introducir el Índice de Felicidad Nacional Bruto (FNB) y establecer así la felicidad como objetivo nacional.[89]

No obstante, debemos abordar una vez más el tema del elefante en la habitación, el crecimiento de la población. Si queremos evitar el colapso mundial, debemos llegar pronto al final del excedente de natalidad, aunque casi nadie quiera hablar de ello con tanta claridad. Cuándo y con cuánta gente se superará el pico antes de que se inicie un proceso de reducción se calcula de forma diferente. Según el escenario, es probable que se superen los diez mil millones en torno al año 2100

---

88. «Nicht nur Wachstum soll Maßstab sein». *tagesschau.de*, www.tagesschau. de/wirtschaft/habeck-jahrewirtschaftsbericht-101.html (Consultado el 01/09/2024).

89. «Bhutan: Glück, Klima- und Naturschutz als nationaler Wert», WWF, www. wwf.de/themen-projekte/projektregionen/himalaja-region/bhutan-glueck-klima-und-naturschutz-als-nationaler-wert#:~:text=In%20Bhutan%20wei%-C3%9F%20man%20um,f%C3%BCr%20immer%20bewaldet%20sein%20m%C3%BCssen. (Consultado el 02/09/2024).

antes de que se inicie un declive.[90] La cuestión es si podemos rebajar algo este umbral y cómo. Los métodos escandalosos utilizados por las autocracias, como la política china del hijo único, no pueden ser una solución aceptable desde el punto de vista de los derechos humanos. Los niños forman parte de la vida humana; limitar su número por la fuerza es una intromisión masiva en los derechos humanos. Un debate sobre esta cuestión es superfluo al menos mientras haya opciones mejores.

Además, ya existen métodos mucho más elegantes y democráticos que se han probado a lo largo de la historia. Echemos primero un vistazo a la tasa objetivo. Con una tasa de natalidad de 2,1 hijos por mujer, el crecimiento demográfico sería cero. La cifra no es exactamente dos porque hay un ligero excedente de varones y algunas mujeres mueren antes de llegar a la menopausia.[91]

Por lo tanto, la cifra de 2,1 es el valor decisivo que debe ser alcanzado o incluso reducido. Volvemos al plan de pensiones del exministro-presidente de Prusia Otto von Bismarck y su inesperado descenso de la natalidad, que demostró por primera vez que la clave puede estar en las medidas sociales. El nivel educativo y la igualdad de oportunidades también son factores importantes, como puede verse incluso en Alemania, por ejemplo. El 31 % de las mujeres con un nivel educativo bajo tienen tres o más hijos, mientras que esto sólo ocurre con el 13 % de las mujeres con un nivel educativo alto.[92]

La educación superior, junto con una mayor igualdad de oportunidades en el mercado laboral, hace que la planificación familiar se posponga cada vez más, de modo que la edad media de las madres que

---

90. «Weltbevölkerung – stoppt der Anstieg bei 11 Milliarden?». Informationen zur politischen Bildung Nr. 350/2022, *Bundeszentrale für politische Bildung*, www. bpb.de/shop/zeitschriften/izpb/demografischer-wandel-350/507786/weltbevoelkerung-stoppt-der-anstieg-bei-11-milliarden/ (Consultado el 02/09/2024).

91. «Methodische Erläuterungen zur Erfassung und Bewertung von Indikatoren zur Fertilität», Statistisches Bundesamt, www.destatis.de/DE/Themen/Gesellschaft-Umwelt/Bevoelkerung/Geburten/Methoden/GeburtenratenTempoeffekt.html (Consultado el 02/09/2024).

92. «Kinderzahl», Bundesinstitut für Bevölkerungsforschung, www.demografie-portal.de/DE/Service/Impressum/Impressum.html (Consultado el 03/09/2024).

tienen su primer hijo supera ya los 30 años en nueve países de la Unión Europea, y la tendencia sigue en aumento. En conjunto, estos factores dan como resultado una tasa de natalidad actual de 1,53 de media en la Unión Europea, que está muy por debajo de la tasa de reemplazo,[93] por lo que la población disminuiría sin inmigración.

También se observa una evolución similar en países cuya tasa de natalidad sigue estando muy por encima de la tasa de reemplazo, como Etiopía. En este país, las mujeres sin educación escolar tienen una media de seis hijos, mientras que la cifra correspondiente a las mujeres que han asistido a la escuela al menos hasta los 15 años es de sólo dos.

Aunque también se apunta al descenso de la mortalidad infantil, la mejora del desarrollo económico y la anticoncepción como razones, según Wolfgang Lutz, catedrático de Estadística Social de la Universidad de Viena, el factor decisivo es el aumento del acceso de las mujeres a la educación.[94] En este sentido, también queda claro dónde podemos dejar nuestra herencia animal. No se conocen efectos similares de autorregulación con mejora simultánea de las condiciones de vida en ninguna otra especie. Sin embargo, los instintos también están muy implicados en ello. El número de hijos disminuye porque las mujeres pueden realizarse mejor a nivel profesional. Hasta qué punto esto va unido a una vida más feliz es todavía objeto de debate. La reducción del número de hijos también podría estar relacionada con el hecho de que a las mujeres trabajadoras les preocupa no ser buenas madres y, por tanto, se abstienen de tener hijos en caso de duda. Sin embargo, según un estudio encargado por el Gobierno alemán, otras prioridades también podrían ser la causa. Según el estudio, la realización profesional y las actividades de ocio suelen tener prioridad sobre la creación de una familia.[95] Si éste es un factor clave del fin del crecimiento demográfico (y todo

---

93. «Das erste Kind kommt immer später», Statistisches Bundesamt, www.destatis.de/Europa/DE/Thema/Bevoelkerung-Arbeit-Soziales/Bevoelkerung/Alter-bei-Geburt.html (Consultado el 03/09/2024).

94. «Kinderzahl stark von Bildung beeinflusst». *ORF*, https://sciencev2.orf.at/stories/1691083/index.html (Consultado el 03/09/2024).

95. «Kinderkriegen so unattraktiv wie nie». *Spiegel online*, www.spiegel.de/politik/deutschland/deutschland-studieuntersucht-gruende-fuer-sinkende-geburtenrate-a-873264.html (Consultado el 03/09/2024).

apunta a ello), entonces la comunidad internacional debería hacer todo lo que esté en su mano para dar prioridad a la igualdad de derechos para las mujeres y, al mismo tiempo, fomentar la compatibilidad de trabajo y familia, aunque ello signifique que la tasa de natalidad descienda algo más lentamente; provocar miedo no debería ser una opción.

Para mí, éste es el ejemplo más hermoso de cómo la mente (que hace tiempo que ha reconocido la necesidad de frenar) utiliza los instintos (la felicidad de la autorrealización) tomando las medidas adecuadas. Con la Agenda 2030, las Naciones Unidas acordaron por primera vez (sí, más vale tarde que nunca) el objetivo de la igualdad de género como uno de los 17 objetivos globales para el desarrollo sostenible en 2015. Sin embargo, aún queda mucho camino por recorrer antes de que se haga realidad, como afirma incluso el Gobierno federal alemán. Aunque se ha logrado la igualdad jurídica entre mujeres y hombres, aún se está trabajando en la igualdad real.[96]

En este contexto, también debemos volver al tema de los ancianos. Sé que esto es muy delicado, pero se convertirá en la cuestión clave de las próximas décadas, junto con la natalidad. Como integrante de la cohorte de 1964 con la tasa de natalidad más alta, pronto me veré confrontado a este problema y, por tanto, estoy especialmente atento a lo que ocurre.

Si la población mundial va a disminuir (y lo hará en algún momento), esto significará naturalmente que habrá una proporción en especial alta de ancianos durante las próximas décadas. Con una escasez simultánea de mano de obra cualificada debido a la jubilación de los *baby boomers*, la consecuencia lógica parece ser que la edad de jubilación debe retrasarse aún más. No hay otra forma de gestionar esta transición. Mientras que en 1960 todavía había seis cotizantes por cada pensionista, en la actualidad sólo hay 1,8 personas y, según las previsiones,

---

96. «Gleichstellung von Frauen und Männern», Bundesregierung, www.bundes regierung.de/breg-de/themen/nachhaltigkeitspolitik/rechtliche-gleichste-llung-841120 (Consultado el 03/09/2024).

sólo 1,3 en 2050 que se encarguen económicamente de los mayores (y, por supuesto, de los jóvenes).[97]

La prolongación de la vida laboral puede tener un efecto moderador sobre la esperanza de vida, según un estudio realizado en España. Las ocupaciones con un alto riesgo de accidentes (como la construcción) se ven bastante afectadas, mientras que los trabajos con un alto nivel de cualificación, sensación de logro y reconocimiento no tienen un impacto negativo en este sentido. La solución, de la que ya hablamos en el capítulo 2, es una edad de jubilación flexible, que puede incluso reducir el riesgo de muerte, según los investigadores.[98] En combinación con el aumento de la productividad y la afluencia de trabajadores más jóvenes, debería ser posible un aterrizaje suave.

Sin embargo, los más jóvenes no sólo tendrán que pagar las pensiones, sino también, y cada vez más, los cuidados de las generaciones mayores, cada vez más frágiles. El número de personas necesitadas de cuidados podría pasar de 4,1 a 4,5-5 millones para 2030, es decir, en un plazo de tiempo muy corto, y se prevé que la tendencia continúe.[99] Esta situación no podrá resolverse tan sólo prolongando la vida laboral de quienes aún puedan trabajar a tiempo completo o, en su caso como mínimo, a tiempo parcial.

Sin embargo, también existe una evolución mucho más preocupante para reducir los costes, por ejemplo, de las personas cuya vida corre grave peligro (y, por tanto, a menudo de edad avanzada). Este tema ya es objeto de acalorados debates. Se trata de la reducción de los servicios de urgencias y de la densidad hospitalaria por razones de costes; si esta tendencia continúa, la esperanza de vida volverá a disminuir, como en

97. «Staatliches Rentensystem zunehmend unter Druck». *statista.com*, https://de.statista.com/infografik/25320/verhaeltnis-von-altersrentnernzu-beitrags-zahlern-in-der-gesetzlichen-rentenversicherung/ (Consultado el 03/09/2024).

98. Bellés-Obrero, C. *et al.* «The Effect of Removing Early Retirement on Mortality, Discussion Paper Series – CRC TR 224». *Discussion Paper,* núm. 410, Project A 02, C 01.

99. «Rente, Pflege, Kranken- und Arbeitslosenversicherung», Institut der deutschen Wirtschaft, www.iwkoeln.de/themen/verteilung-und-oeffentliche-finanzen/rente-pflege-kranken-und-arbeitslosenversicherung.html (Consultado el 03/09/2024).

Brandeburgo en 2018, por ejemplo. En este estado, el tiempo de respuesta, es decir, el período que transcurre desde la llamada a emergencias hasta la llegada de los servicios de urgencias, debía aumentar de 15 a 17 minutos.[100] Lo que esto significa para los infartos de miocardio y los accidentes cerebrovasculares (ambas enfermedades cardiovasculares y, por tanto, la primera causa de muerte en Alemania[101] y otros países occidentales) se explica rápidamente. Si el hospital más cercano está un poco más lejos en caso de urgencia y el tratamiento correspondiente para los infartos de miocardio o los accidentes cerebrovasculares empieza más tarde, esto repercute en la esperanza de vida media del conjunto de la población. En el municipio donde se encuentra mi pueblo natal, el hospital local cerró hace poco por motivos económicos, es decir, por los costes.[102] La página web *medconweb* parece una página de terror en la sección «Muertes en clínicas» y da una idea de lo que nos puede esperar, tanto en términos de costes como de atención médica.[103]

Esto también parece cínico y, por supuesto, nadie está argumentando que reduciría la densidad de población, sino sólo los costes, pero, si somos sinceros, se reduce a lo mismo. Largos tiempos de espera para las citas, menos elección de remedios y ayudas, menos comodidad durante la fase de curación. Todo esto tiene, sin duda, repercusiones en el estado de salud y, por tanto, en la esperanza de vida. Ésta sigue aumentando,[104] pero eso no relativiza la afirmación, ya que, sin duda, sería algo mayor sin medidas de reducción de costes.

No obstante, si no se pone fin con rapidez al crecimiento demográfico, nos enfrentaremos a problemas del todo distintos, sobre todo para

---

100. «Scharfe Kritik an längerer Hilfsfrist», maz-online, www.mazonline.de/brandenburg/scharfe-kritik-an-laengerer-hilfsfrist-3FO4VP3 LFCMIOHD6W7KXC-YEMSU.html (Consultado el 03/09/2024).

101. «Todesursachen», Statistisches Bundesamt, www.destatis.de/DE/Themen/Gesellschaft-Umwelt/Gesundheit/Todesursachen/_inhalt.html (Consultado el 03/09/2024).

102. www.swr.de/swraktuell/rheinland-pfalz/koblenz/schliessungsankt-josef-krankenhaus-adenau-100.html (Consultado el 03/09/2024).

103. www.medconweb.de/blog/kliniksterben/ (Consultado el 03/09/2024).

104. «Entwicklung der Lebenserwartung in Deutschland», Statistisches Bundesamt, www.destatis.de/DE/Themen/Gesellschaft-Umwelt/Bevoelkerung/Sterbefaelle-Lebenserwartung/sterbetafel.html (Consultado el 01/09/2024).

las personas mayores, cuya salud corre un riesgo especial durante los veranos calurosos, por ejemplo. Si es posible frenar el crecimiento demográfico mediante una mayor educación y una mayor igualdad de ingresos, entonces queda claro que nosotros, como habitantes de los países ricos, debemos ceder parte de esta riqueza a los habitantes de las regiones más pobres para resolver en ellas los problemas más acuciantes. Sin embargo, ceder riqueza material no tiene por qué significar una reducción de nuestra propia felicidad, sino todo lo contrario. Si podemos cambiar el dinero por menos malas noticias, por avances esperanzadores en la protección del medio ambiente, por un paisaje más intacto y, por tanto, por experiencias más relajantes de la naturaleza a la puerta de casa, entonces la vida merece, como mínimo, la misma pena.

Aprender de los árboles

Cuando por fin hayamos aceptado que seguimos formando parte de la naturaleza, que seguimos siendo animales de corazón, sujetos a las mismas reglas que el resto de criaturas, entonces podremos bajar poco a poco de nuestro trono y echar un vistazo a nuestro alrededor para ver cómo lo hacen los demás.

El egoísmo y la utilización consecuente del hábitat no son fundamentalmente negativos mientras no conduzcan a la destrucción del propio medio de vida. Nuestros maestros en este sentido podrían ser los árboles. Ya han demostrado en el pasado que no temen exterminar a los grandes herbívoros para proteger a su propia descendencia y transformar la estepa posglaciar en bosque. La palabra clave es «transformar». Los árboles no destruyeron el hábitat en el proceso de hacer valer sus intereses; al contrario, lo mejoraron a su favor al fusionarse con millones de otras especies para formar bosques. En este proceso de 300 millones de años, se eliminó todo lo que no reforzaba el sistema a largo plazo.

Survival of the fittest, es decir, la quintaesencia de la teoría de la evolución de Darwin, se ha traducido a menudo como la supervivencia del más apto; en realidad, sin embargo, es la supervivencia del más fuerte. Los que encajan bien y hacen avanzar el sistema permanecen a bordo. Así es como el ecosistema terrestre más rico en especies pudo desarrollarse y hacerse cada vez más fuerte. Nosotros, en cambio, hemos tenido el efecto contrario con todas nuestras actividades, es decir, la biodiversidad se está reduciendo, el ecosistema se daña y se vuelve menos eficaz.

¿Podemos copiar los bosques con sus nuevas especies en constante aparición, trasladar su modo de acción a nuestro paisaje cultural al combinar más especies o incluso crear otras nuevas mediante ingeniería genética y atajar de este modo algo? No, porque los bosques son ecosistemas que, como todos los demás sistemas naturales, es probable que nunca lleguemos a comprender del todo. Innumerables especies, la inmensa mayoría de las cuales tal vez ni siquiera hayamos descubierto aún, trabajan juntas en él y actúan como una gran comunidad, como un organismo común. Alterarlo sería perturbarlo y destruirlo. En su lugar, deberíamos tomar como ejemplo los árboles, pero no a todos, ya que, con más de 73 000 especies, son demasiados para eso.[105]

Escojamos mi especie favorita, quizá lo hayas adivinado, el haya. Las hayas no pueden formar bosques por sí solas, pero son una parte importante de ellos. Sobre todo, son sociales, se apoyan las unas a las otras, ayudan a los débiles y enfermos, crían a su prole, desarrollan estrategias conjuntas, modifican el clima local a su favor y, junto con todas las criaturas del bosque, siguen mejorando su hogar. Pero si pudieran hablar, sin duda, faltaría un término en su vocabulario, el egoísmo.

Los árboles estabilizan las condiciones ambientales, compensan las fluctuaciones de temperatura y humedad, no se reproducen de forma tan temeraria como para que su hábitat se resienta y, por tanto, rara vez se ven amenazados por derrumbes catastróficos.

Para nosotros, los humanos, esto mismo fue cierto básicamente durante siglos, sólo que, en el último período, más o menos corto, las cosas se nos fueron de las manos. Si seguimos comportándonos como nos dictan nuestros instintos de la Edad de Piedra, si continuamos destruyendo nuestro nicho ecológico, entonces la naturaleza se hará

---

105. Gatti, R. *et al.* «The number of tree species on Earth». *PNAS*, 31 de enero de 2022, 119 (6): e2115329119 https://doi.org/10.1073/pnas.2115329119.

cargo de la regulación, lo que podría conducir a un final bastante abrupto de este tipo de civilización. No seríamos diferentes de las mariposas, por ejemplo, que se reproducen en masa en los árboles de hoja caduca y cuya población se desploma casi por completo en pocas semanas debido a la aparición de enfermedades. Si, por el contrario, logramos controlar nuestros instintos en favor de nuestro intelecto, es posible que consigamos un aterrizaje suave. De hecho, seríamos la primera especie en suavizar las duras reglas de la naturaleza y evitar una reducción repentina de la población.

Si queremos aprender de los árboles, tenemos que volver a dar más espacio al resto de las especies salvajes de la Tierra, más oportunidades para reconstruir y preservar su hábitat y, por ende, el nuestro. Debemos reconocer que seguimos viviendo en comunidad con ellos, que nos beneficiamos de ellos y que también debemos darles algo a cambio. Con esto en mente, convirtámonos todos en una pequeña haya.

Índice